"十四五"普通高等教育本科部委级规划教材

U0747213

服装消费心理学
课程思政案例教程

景晓宁　荆妙蕾　主编

蒋　蕾　刘红娈　马大力　副主编

中国纺织出版社有限公司

内 容 提 要

本书是针对服装类专业开设的《服装消费心理学》课程教材，主要研究在课程思政建设形势下，《服装消费心理学》课程的思政教学设计、案例汇总分析、思政内涵剖析等内容，以辅助课程学习，增加教学深度和广度。以期在思政指导下对课程体系构建、教学方案设计、课程内容完善、课程案例建设、培养目标达成进行深入研究和资料构建。本书主要内容包括：《服装消费心理学》课程思政教学案例模块设计，结合服装消费心理学教学章节的思政案例解读、教学方案设计等。作为课程教学的好帮手，可以提供素材帮助教师扩展课堂内容，便于理论结合实际。同时，让学生拥有方便的学习工具，对于课程学习和作业辅导有参考价值。

本书适用于高校服装相关专业的学生及教师、服装消费心理研究学者参考使用。

图书在版编目（CIP）数据

服装消费心理学课程思政案例教程 / 景晓宁，荆妙蕾主编 ； 蒋蕾，刘红変，马大力副主编 . -- 北京：中国纺织出版社有限公司，2024.8

"十四五"普通高等教育本科部委级规划教材

ISBN 978-7-5229-1770-2

Ⅰ. ①服… Ⅱ. ①景… ②荆… ③蒋… ④刘… ⑤马… Ⅲ. ①高等学校–思想政治教育–教案（教育）–中国 Ⅳ. ①G641

中国国家版本馆 CIP 数据核字（2024）第 094049 号

责任编辑：宗 静　　特约编辑：渠水清　朱冠霖
责任校对：寇晨晨　　责任印制：王艳丽

中国纺织出版社有限公司出版发行
地址：北京市朝阳区百子湾东里 A407 号楼　邮政编码：100124
销售电话：010—67004422　传真：010—87155801
http://www.c-textilep.com
中国纺织出版社天猫旗舰店
官方微博 http://weibo.com/2119887771
三河市宏盛印务有限公司印刷　各地新华书店经销
2024 年 8 月第 1 版第 1 次印刷
开本：787×1092　1/16　印张：17.75
字数：330 千字　定价：59.80 元

前言
PREFACE

　　《服装消费心理学》是服装设计与工程专业培养学生职业能力与素养的一体化综合性课程，也是根据服装市场营销及其相关工作岗位职业能力分析所开设的专业课程。目前，该课程教学普遍缺乏政治理论支撑，大多是针对专业知识而进行的案例讲解，没有将课程的培养目标提升到一定的政治理论高度，并融入实际的教学体系、教学方案和教学内容中，欠缺理论与实践的有机结合，落地性不强。案例在教学中有着非常重要的作用，是理论联系实际的重要媒介。该课程相关的思政案例教材目前尚且欠缺，不能满足思政课程建设需要及新时代人才培养目标的达成。因此，对于《服装消费心理学》课程思政教学案例教材的建设十分必要。本书的建设旨在通过《服装消费心理学》课程思政教学体系的建设，讲授必要的知识体系和理论基础；通过案例的甄选以及思政内涵的提炼，使学生掌握通过现象挖掘本质的方法，并且培养学生运用课程专业知识进行实战分析的能力，从而建立科学的价值观和方法论，通过课程学习，培育具有专业水平和职业素养的新时代服装人。

　　本书建议依据章节知识点讲解，结合章节学习目标、培养目标、能力目标、素质目标进行案例的分析和讨论，并根据章节内容和案例特点，参照推荐的教学方法组织教学过程，安排好课前、课中、课后等环节的学习任务。

本教材主要由景晓宁执笔，对于整体思路的梳理由荆妙蕾和马大力负责；思政理论的甄选和提炼由蒋蕾负责，教学方法的设计与编排由刘红变负责，案例资料的搜集整理由祝家妮和姚瑶两位同学完成，特别感谢胡艳丽教授对于思政方面的指导；感谢中国纺织出版社有限公司的宗静老师对文稿的认真审阅。总之，本书出版离不开各位老师和同学的倾力相助和大力支持，在此表示衷心的感谢！

由于笔者知识及水平有限，书中难免存在不足之处，敬请各位读者斧正。

景晓宁

2024年2月

教学内容及课时安排

章/课时	课程性质/课时	节	课程内容
第一章 （2课时）	理论（2课时）	●	**课程思政教学概述**
		一	课程简介
		二	思政元素与课程教学内容的融合
		三	基于思政元素的课程教学内容延伸
		四	思政案例教学设计方案
第二章 （4课时）	理论（2课时） 讨论（1课时） 课程设计作业 （1课时）	●	**在"消费者心理活动过程"中的思政案例设计**
		一	思政解读
		二	教学设计
		三	案例设计
		四	实践目标
第三章 （3课时）	理论（1课时） 讨论（1课时） 课程设计作业 （1课时）	●	**在"消费者气质与行为差异"中的思政案例设计**
		一	思政解读
		二	教学设计
		三	案例设计
		四	实践目标
第四章 （3课时）	理论（1课时） 讨论（1课时） 课程设计作业 （1课时）	●	**在"消费者动机与需要"中的思政案例设计**
		一	思政解读
		二	教学设计
		三	案例设计
		四	实践目标
第五章 （3课时）	理论（1课时） 讨论（1课时） 课程设计作业 （1课时）	●	**在"消费者群体与消费心理"中的思政案例设计**
		一	思政解读
		二	教学设计
		三	案例设计
		四	实践目标

章/课时	课程性质/课时	节	课程内容
第六章 （3课时）	理论（1课时） 讨论（1课时） 课程设计作业 （1课时）	●	在"社会文化与消费心理"中的思政案例设计
		一	思政解读
		二	教学设计
		三	案例设计
		四	实践目标
第七章 （4课时）	理论（2课时） 讨论（1课时） 课程设计作业 （1课时）	●	在"商品因素与消费心理"中的思政案例设计
		一	思政解读
		二	教学设计
		三	案例设计
		四	实践目标
第八章 （4课时）	理论（2课时） 讨论（1课时） 课程设计作业 （1课时）	●	在"营销因素与消费心理"中的思政案例设计
		一	思政解读
		二	教学设计
		三	案例设计
		四	实践目标
第九章 （3课时）	理论（1课时） 讨论（1课时） 课程设计作业 （1课时）	●	在"服装商业伦理"中的思政案例设计
		一	思政解读
		二	教学设计
		三	案例设计
		四	实践目标
附录 （1课时）	讨论（1课时）	●	课程思政案例教学效果分析
		一	各章节思政案例设计方法与目的
		二	教学效果分析

注 各院校可根据自身教学特点和教学计划对课程时数进行调整。

目录
CONTENTS

目录

第一章

课程思政教学概述

📖 **课题内容：**

　　1. 课程简介

　　2. 思政元素与课程教学内容的融合

　　3. 基于思政元素的课程教学内容延伸

　　4. 思政案例教学设计方案

⊙ **课题时间：** 2 课时

◎ **教学目的：**

　　1. 知识目标：了解课程性质、教学内容、教学方法、对学情进行分析、设定预期教学效果。

　　2. 能力目标：理解思政案例教学设计方案的设计思路、案例分类和选取的方法、具体方案研究过程和方法、教学预期目标等。

　　3. 素质目标：掌握思政元素与课程教学内容的融合方法，理解思政内涵，培养基于思政元素对课程教学内容进行延伸的能力。

📊 **教学方式：** 理论教学，案例举例。

✏ **教学要求：** 了解案例设计背景、目标、思路、方法；理解案例背后的思政理论；掌握案例设计与分析方法、达成教学目标。

👤 **课前（后）准备：**

　　1. 课前进行相关思政理论的学习，案例资料的搜集整理、章节心理学知识点预习、相关概念理解。

　　2. 课后完成配套练习、案例设计与分析方法的学习，结合专业技能培养目标进行课程实践。

第一章　服装消费心理学
课程介绍PPT

第一节　课程简介

一、课程性质

　　"服装消费心理学"是培养服装专业学生职业能力与素养一体化的课程，是一门具有综合性、应用性、发展性特点的学科，主要研究消费过程中消费者心理与行为的产生、发展及其规律，并探讨在市场营销活动中各种心理现象之间的相互关系。它是前期《服装市场营销》课程的延伸，也是后续《服装商品企划》课程的基础与铺垫。课程结合教学内容及服装行业实际需求，将思政内涵融于课程的培养目标中，通过课程体系构建、教学方案设计、课程内容完善、教学方法改革、课程案例建设、培养目标达成等方面，使高素质专业人才培养计划落到实处。

二、教学内容

　　目前，服装消费心理学相关的知识体系包括消费者的心理活动过程、消费者动机与需要、消费者气质与行为差异、消费者群体与消费心理、社会文化与消费心理、商品因素与消费心理、营销因素与消费心理、服装商业伦理等方面的理论内容和实践案例。

三、教学方法

　　"服装消费心理学"课程由理论课、案例分析课与现场教学等环节构成，将理论知识与实际操作巧妙结合，提高学生对所学知识的融会贯通和灵活应用能力。以教材为核心，对课程教学使用的相关教学资料进行梳理和完善，结合服装行业及消费市场发展丰富教学内容及案例资料，包括按章节设计的PPT课件材料以及相关案例材料等。教学手段主要包括调查研究和实验、课题研究与项目参与、案例分析、课程设计与作业、习题与课堂讨论等；教学导入法主要包括情景导入、概念导入、案例导入、故事导入、事件导入、问题导入、市场调查、文献调查等；教学方法包括直观演示、案例分析、任务驱动、讲授法、讨论法、自主学习法、现场教学、阅读指导等。

四、学情分析

该课程面向服装设计与工程专业大三年级本科生，年龄在19～21岁，该群体学生由于年龄及专业特点，喜好个性、潮流、休闲类服装，注重服装品牌文化内涵，一般通过选择不同的服装来彰显内在的性格态度。

课程中涉及理论知识较多，一些心理学概念较为晦涩，为了培养学生的学习兴趣和积极性，应注重实践环节的设计，通过加大师生互动与学生参与丰富课堂形式；设计编排教学内容相关的案例练习，通过调研、设计、实践、分析、思考等内容加深学生对理论知识的理解，掌握实践应用方法，培养理论联系实际和利用专业知识揭开现象探讨本质的能力，以启发式教学和案例分析，让学生参与其中，切身体会案例内容。案例要新要活，要与专业理论知识紧密结合，与时俱进，让学生有共鸣和兴趣。优化课程体系，适应时代要求。

在专业课程学习中，应培养学生进行专题调研和问卷调查分析的能力，使学生具备案例分析的基础技能。在课程学习观察中，应培养学生自主学习能力，提升思维的灵活性，增强对知识的转化能力。

教师可在案例专题设计中根据学生特点，有针对性地给予指导和建议，发挥学生特长，激发其学习兴趣。尤其是关于专业理论知识的运用、案例编排的典型性、学生角色分工安排、汇报关键内容等，针对学生容易产生困惑的问题予以重点指导，制订有针对性的教学策略。

此外，大学生作为中国社会主义的建设者和接班人，应在课程教学中培养其正确的价值观和方法论，注重课程思政教育，在理论内容与实践环节中融入思政指导思想，挖掘思政内涵，通过课程学习培育具有专业水平和职业素养的新时代服装人。

五、预期效果

（一）理论认知培养

掌握服装消费者的行为特征，掌握消费者心理的研究方法，掌握特定消费群体的消费特征调研方法，熟练运用专业理论分析服装消费群体的行为及心理特征。

（二）价值观引领

掌握正确价值观在服装消费心理学中的指导方法，分析现有国情下服装消费特点，分析消费者行为及心理，制订促进服装市场消费水平的科学营销策略；根据服装消费者行为和心理特征，做到以人为本，制订合法守规的营销策略，坚守职业道德，抵制违法违规行为。在提高教学效率和教学质量的同时，使学生的思想道德水平得以提升，掌握正确的价值观和方法论，使学生掌握通过现象挖掘本质的方法，并且培养学生运用课程专业知识进行实战分析的能力，通过课程学习使学生树立正确的消费观，成为具有专业水平和职业素养的新时代服装人。

（三）实践能力培养

了解科学营销的积极作用以及对于消费者心理和行为的影响力，能够结合正反面案例进行分析；了解社会文化对服装消费者心理和行为的影响，理解不同文化下消费习惯的差异性和多样性，能够分析此类案例的社会背景与消费特征的关系，有针对性地制订营销策略。

第二节　思政元素与课程教学内容的融合

一、举例说明——正能量的体现

正能量是社会生活中一切予人向上和希望、促使人不断追求、让生活变得圆满幸福的动力和感情。

正能量的提出对于弘扬社会正气、改善人民精神面貌、营造良好社会风气具有重要意义。正能量的提出不仅可以整饬社会风气，还可以通过批判现存的失范现象重塑道德规范，促使人们的行为符合必要的社会规范。正能量作为一种社会规范和价值取向，是外在于个人的、具有普遍性的，可以通过提倡和培育社会正能量来重塑和发挥道德的制约作用。道德规范对于个人而言，不仅表现在对个人欲望和消极行为的限制以及对越轨行为的惩罚，更重要的是，它可以对个人欲望进行积极的引导，帮助个人自觉地将内心的欲望转化为特定的阶段目标，在不断实现阶段目标的同时获得一种相对满足感，使个人感受到人生的意义，从而维护整个社会的和谐稳定。此外，正能量的提倡和培育有助于驱散拜金主义等不良思潮，重塑良好的社会风气。通过人与人之间的正能量互动，对个体产生刺激，使个体从中学习到有价值、有意义的行为方式，并且在不同群体之间传递开来，从而在个人、群体、社会三个层面形成良好的示范作用。

服装消费与人们生活息息相关。然而，消费文化是把双刃剑，对国家、社会、人民产生正面影响的同时也存在一些负面影响。在文化多元化、经济全球化的环境背景下，受到消费主义、拜金主义、保护主义等思想的侵蚀，一些有悖于正能量传播的消费行为和现象也逐渐显现。消费文化越来越多地掺杂着西方意识形态的渗透和侵略，我国的精神文明建设正面临着多方面严峻的挑战。在服装消费市场中传播正能量，摒弃不良的消费行为和习惯，对于行业的良性发展、企业的长远经营、市场的稳定繁荣、和谐的消费环境都能起到积极的作用。

在全部课程教学内容中，以正能量的传播为宗旨进行案例的搜集、分析、讲解，可以帮助学生鉴别消费陷阱，摒弃不良消费行为和习惯，树立正确的消费观念。

二、时政分析——生活中的价值判断

中国古语所说："天下熙熙，皆为利来；天下攘攘，皆为利往。"价值判断曾被等同于利益判断，是权衡相对于个人利益的轻重得失而决定弃取的判断。百度百科将价值判断解释为：某一特定的主体对特定的客体有无价值、有什么价值、有多大价值的判断，即人们对各种社会现象、问题，做出好与坏或应该与否的判断。由于这种判断与人们的价值观直接发生关系，所以被称为价值判断，具有社会历史性、阶级性和主体性的特征。价值观作为一种社会意识，对社会存在具有重大的反作用，对人们的行为具有重要的驱动、制约和导向作用。从"谁知盘中餐，粒粒皆辛苦"之劳，到"位卑未敢忘忧国"之忧；从"安得广厦千万间，大庇天下寒士俱欢颜"之盼，到"昼出耘田夜绩麻，村庄儿女各当家，童孙未解供耕织，也傍桑阳学种瓜"之安，无一不以精湛的艺术彰显了深厚的人民情怀，体现了正确价值观的导向作用。正确的价值判断和价值选择要符合社会发展的客观规律，体现最广大人民的根本利益。

在"消费者心理活动过程"课程教学内容中，结合时政分析当今服装消费观念中的价值判断以及对于消费者心理与行为的影响作用，比如对明星代言服装实际使用价值的理性判断，引导消费者避免因盲目跟风追星而购买不实用或不需要的昂贵物品。分析掌握科学价值判断对于服装消费市场良性发展的积极作用，引导消费者树立科学消费观念，抵御不良的价值观诱导，维护发扬优秀传统价值观念，弘扬优良的社会风气与行为准则。

三、观点评述——树立正确的价值取向

千年华夏，国韵悠悠。"少年智则国智，少年强则国强"是一句亘古不变的箴言。青少年是社会的一个缩影，他们浓缩着社会的精神，标志着社会的风格，凸显着社会的品质，展示着社会的追求。青少年的思想趋向、价值取向关系着社会进步、国家富强。价值观的形成是一个极其复杂的漫长过程。引导大学生树立正确的价值观，必须

从大学文化建设、人的精神生活和人生意义等更高、更广的层面上，采取立体交叉式的大格局教育引导措施，才能起到事半功倍的理想效果。大学文化作为社会认同的一种社会规范和意识形态，有着极强的育人功能。通过培育大学文化，可以促进学生树立正确的价值取向和行为规范，全面、自由、充分、和谐、健康地发展。

生命教育、生存教育、生活教育是完善大学生价值取向、提升大学生行为规范标准、促进大学生健康成长的过程，体现了学习实践科学发展观。全面推进素质教育，是增进大学生身心健康、实现社会和谐、家庭幸福的必然要求，也是学校教育应尽的义务和责任。生命观是大学生价值取向的前提和根本，是价值观的基础，珍爱生命才能孝敬父母、尊重他人、报效国家，价值观决定一个人的价值取向。可见，加强生命教育不仅是尊重生命、珍爱生命、发展生命的教育，更重要的是与自我、他人、社会和自然建立和谐关系，提升生命质量、领悟生命价值、实现生命意义的教育。生存观是大学生价值取向的基础和关键，是实现人生价值取向的基础。个人的一切活动都必须以生存为前提，没有生存的活动是不存在的。加强生存教育既要帮助大学生学习生存知识、掌握生存技能、把握生存规律、提高生存能力，又要帮助大学生正确认识与他人、社会、自然的关系，树立保护人类生存环境的意识，判断和选择和谐的生存方式，勇敢面对生存挫折。生活观是大学生价值取向的目的和方向。在以人为本的现代社会，健康生活是人类存在的真正意义和价值，一切生产活动都是以实现人类健康美好的生活为目的。加强生活教育不是让学生享受生活、沉迷生活、浪费生活，而是让学生能够正确认识物质生活与精神生活、个人生活与公共生活、职业生活与社会生活的关系，处理好收入与消费、学习与娱乐、工作与休闲的问题，减少生活压力，健康、幸福地成长。

中国优秀传统文化是中国五千年的历史积淀，内涵丰富，是我国宝贵的财富和遗产，散发着经久不息的魅力。当代大学生正处于我国社会转型期和改革的深水期，各种文化思潮充斥其中，影响着他们的价值观和世界观。优秀传统文化的继承和发扬对于当代大学生树立正确的价值观、养成良好的道德操守、坚定社会主义理想信念、增强爱国主义精神和社会责任感具有重要作用。而当代大学生能否养成正确的道德观和价值观，直接关系到我国的社会主义建设，关系到中华民族的伟大复兴和中国梦的实现，所以优秀传统文化与大学生思想政治教育的结合具有重要意义。

崇尚道德是中国传统文化的首要价值取向。在崇尚道德思想的规范下，德行构成文化教育的中心内容，将其放在主导地位的教育思想对当代大学教育仍有借鉴意义。优秀传统文化为大学生提供了优秀的道德典范，对大学生价值观的形成具有重要的导向作用。如孔子的思想与言行以及文天祥、梁启超等仁人志士们身上迸发出来的高尚情操和爱国主义精神，对大学生具有重要的教育作用，为大学生提供了道德实践的参考和典范。大学生可以从古代先贤身上吸收很多为人处世的道理。

消费是人们生活中必不可少的一部分，每个人的消费观念都不尽相同。而大学生是消费群体中比较特殊的一部分，他们没有自己的固定经济收入，但又是一个有消费需求的群体。大学生属于消费群体中重要的年轻消费群体，他们处于经济快速发展、改革开放的新时代，走在时尚新潮、新异的前沿，是祖国的未来和希望，所以他们的消费方式和观念与其他社会阶层的成员有着很大的不同，同样也存在着许多值得人们深思的问题。帮助大学生树立正确的价值观，使其成为人类知识能力传承、生命意义领悟、高尚行为规范和社会文明实践的继承者与创新者。例如，在"服装商业伦理——服装企业的价值取向"课程教学内容中，探讨服装企业环保策略与企业价值取向的案例，鼓励学生表达个人观点，通过讨论理解企业战略价值与社会价值统一的重要性，了解正确的价值取向对于行业的振兴蓬勃、企业的生存发展、市场的繁荣稳定的重要作用。

四、审美追求——树立正确的审美观

人的生活离不开美，更离不开审美。美对于生活是极其重要的，只有树立正确的审美观，才能更好地发展社会精神文明。

审美观是指人们在认识和改造世界时，以审美的方式满足主体需求程度的普遍性和根本性观点。审美观的培育有利于大学生的世界观和人生观的形成。审美观是审美创造的追求目标，它决定了事物对人的审美意义，也制约着人的审美态度。当然，审美观是人们在审美创造中发现的。人们还可以通过创造性的实践来理解和发展事物的审美观。社会主义核心价值观的培育应注重审美在价值观建设中的作用。要使审美价值与人生价值相统一，这样才能促进大学生正确的审美观的形成，使大学生学会欣赏美的事物，抵制低俗的事物。应重视对大学生的美育教育，培养大学生积极的人生价值观，树立正确的审美观。大学生社会主义核心价值观的培育要注重审美崇高与道德崇高的兼容性，通过审美崇高培育道德崇高。

以满足广大消费者审美体验为旨归的审美经济，带来了我国空前繁荣的消费市场。但刚刚走过以满足实用需求为目标的传统经济的消费者，面对繁荣和富足还存在很多审美误区。为了提高国人的消费能力，促进积极、文明的消费，必须建立适应审美经济的消费审美观。

在"商品因素与消费心理"课程教学内容中，例如，在服装新产品研发、设计、命名和包装中，既要明确性能和功能需求，又要关注消费者对服装商品的美学需求。人们消费心理的多维性和差异性决定了商品包装必须有多维的情感诉求才能吸引特定的消费群体产生预期的购买行为。销售包装是推销策略的缩影，包装设计的心理策略是非常逻辑化的促销创意，它不仅要从视觉上吸引特定的消费群体产生预期的购买行为，更要从心理上捕捉消费者的兴奋点与购买欲。根据不同消费群体的心理需求，设计商品包装的外观和功能，对于营销会产生积极的作用。通过相关案例教学，可以使学生了解服装商品包装的心理策略，理解运用艺术手法与工艺结合提升服装商品包装的战略价值，创造出美感与实用并存的设计效果，培养学生艺术审美及设计能力，实现智育、美育协同发展。学生在学习过程中，应注重对自身艺术与科学素养的协同培养，养成艺工融合的思维方式，培养对社会美的正确观点和感受社会美的能力。通过工程和艺术的融合、逻辑思维和情绪体验的结合，使学生了解要顺应服装市场和消费需求的发展趋势，应对新时代的挑战，更好地服务于人民群众。

五、人格培养——树立健康的人格和精神世界

在新时期，高校思想政治教育工作的目标之一就是使当代大学生形成符合中国实际的社会主义理想政治人格。所谓中国社会主义理想政治人格，就是在政治观念、政治品德、政治情感和政治行为上形成与中国特色社会主义制度相适应的理想人格。这种人格，实质上就是有理想、有道德、有文化、有纪律的，集协调性、创造性、进取性、超越性于一身的中国现代共产主义理想人格。我们从马克思主义人格学原理得知：必须有四种强大的人格力量，即思想道德力量、智慧力量、意志力量、反省力量来构成健全的人格。这四种人格力量与四种社会主义现代化素质相对应：思想道德力量与协调性精神品质相对应，包括高度的责任感、仁爱精神、遵守规则的品质，正确的政治观、世界观、价值观、道德观，公正、公平、正直、善良等；智慧力量与创造性精神品质相对应，包括创造性知识结构、创新性的思维方式、创造性心理、创造性的能力等；意志力量与进取性精神品质相对应，包括果断、勇敢、自制力、坚持性、冒险精神、挫折耐力、竞争性等；反省力量与超越性精神品质相对应，包括慎独、知耻、反思、改过等。综上所述，我们将高校思想政治教育的理想人格目标概括为：具有协调性、创造性、进取性和超越性的四种现代化人格素质的理想人格。我国目前正面临着人格模式的新发展，塑造由协调性、进取性、创造性和超越性组合而成的全面发展的人格，是时代的需要，也是全面建设小康社会的需要。

艰苦奋斗是中华民族的美德，也是中国共产党的光荣传统。在社会主义现代化建设的新时期，仍然要提倡艰苦奋斗的精神，要坚持对人民群众进行艰苦奋斗精神的教育。进行艰苦奋斗精神的教育，就是要使人民群众不尚奢华、埋头苦干、不怕困难、百折不挠，为实现党所确定的社会主义初级阶段的目标而努力奋斗。反对奢侈豪华的

"高消费"，提倡满足人民基本生活需求的合理的、健康的消费。把艰苦奋斗精神的教育作为高校思想政治教育一个长期重要的内容。

消费与每个人息息相关，并受消费者不同的人格影响形成不同的消费人格。良好的消费人格不仅对于消费者个体有益，对于整个消费市场环境的稳定也具有重要的作用。在服装消费中，应明确科学、健康的消费观，塑造消费者健康的消费心理和人格，形成科学的消费行为，成为健康文明的社会公民。通过"消费者气质与行为差异"课程内容学习，使学生树立量入为出、适度消费、避免盲从、理性消费、保护环境、绿色消费、勤俭节约、艰苦奋斗、智慧消费的消费观念，培育健康的消费人格和精神世界。

六、情感表达——表达家国情怀或对美好事物的热爱

爱国主义是人们在社会生活中必须遵守的基本道德规范和重要政治原则。作为道德规范，其主要调整个人与国家利益的关系，强调个人利益、小团体利益服从国家利益，要求人们把爱国、报国、兴国、强国、救国等看作是爱国主义的高尚美德。作为政治原则，其主要强调个人与国家在政治上的关系，强调个人对国家的政治责任、政治义务，要求人们按照法律的规定，履行维护国家统一、安全、荣誉和利益，维护民族团结，保卫祖国，抵御侵略等法律义务。爱国主义的道德规范与爱国主义的政治原则是密切联系、相辅相成的。

爱国主义作为一种精神，还可以激发人们热爱祖国，憎恨叛国、辱国行为的强烈情感，产生维护祖国独立与尊严的坚强意志，形成为祖国富强而奋斗不息的崇高信念，并将始终不渝地为国效力，从而经得起任何艰难困苦的考验，甚至为国牺牲也在所不惜。

在"社会文化与消费心理"课程教学内容中，中国自主品牌的发展过程，充分展现了中华民族踏实奋进、与时俱进、开拓创新的精神，年轻一代服装人有责任和义务继续传承与发扬。同时，消费者对于中国自主品牌认可度的提升，也反映了中国自主服装品牌的发展壮大以及国人的民族自信和爱国主义、国家荣誉感的增强。在服装品牌文化中融入中国传统文化精髓，激发消费者的情感消费，将中国服饰文化发扬光大，是中国自主服装品牌建设的目标。

此外，随着经济社会的发展进步，人们精神需求的增长正在主导着人们消费观的变迁，消费态度与行为越来越多地表达着人们对于精神愉悦和美好生活的追求。品质消费是广大消费者追求美好生活最直接的体现。随着消费者收入水平的提高以及社会发展的进步，品质消费将成为扩大内需、促进消费增长的重要新动能。新生代消费者面对消费决策，正加速完成从功能型向情感型、价值型消费的转变。他们乐于接受新

鲜事物、对消费品有更高的品质要求，习惯于通过社交网络与同好分享消费体验，也追求更加愉悦的购物体验，通过着装来表达自身的文化信仰、生活态度和美好追求，同时也增强了品牌的认同感与归属感。在"消费者心理活动过程——情感心理"课程教学内容中，通过分析国货服装消费热潮产生的原因与消费心理，使学生理解家国情怀对于服装文化的价值与消费的推动作用，以及对于中国自主品牌发展建设的重要意义。

七、优良作风——理性消费观与适度消费

大学生应当加强道德修养，坚决抵制和克服享乐主义思想，以艰苦奋斗、艰苦创业作为价值实现的根本途径，在艰苦奋斗、艰苦创业中创造和发展人生价值，报效祖国和人民。

在"消费者心理活动过程"课程教学内容中，通过对"攀比心理""炫耀心理"等案例的讲解，使学生理解继承艰苦奋斗的中华民族传统美德的重要意义，培养学生理性消费和适度消费的观念以及艰苦奋斗的优良作风。

第三节　基于思政元素的课程教学内容延伸

一、伟大成就——在服装方面取得的建设发展成就

盛世有华服，太平舞霓裳。一个年代的服饰是一个年代的文化语言，它不仅记录着社会政治、经济及文化的变迁，还承载着科技材料在服饰上的更迭和创新。纺织纤维、染料和纺织印染助剂是发展服装工业必不可少的三类重要原材料。改革开放以来，服装色彩从20世纪70年代末的"蓝白灰"到现在的极大丰富，面料从棉、麻、皮革到化纤、混纺，再到21世纪各种新材料的开发和应用，让服饰更能彰显个性并拥有更多的功能。

服装消费品正向着高层次全方位发展。按照"科技、时尚、绿色"的产业新定位，深入实施"三品"战略，在持续提升服装产品个性化、时尚化、品质化水平的基础上，协同产业链，重点发展抗菌防螨、阻燃、抗紫外线、抗静电、导湿、抗皱、发热等系列化、多功能的服装消费品，以及柔性可穿戴、环境自适应等智能服装，不断提升产品科技水平。服装智能制造技术迅猛发展，基于5G、人工智能和数字孪生等

新技术，重点突破高精度轻型机械手衣片抓取、传送、操作及缝制单元设备协同加工技术，研发服装设计、裁剪、缝制、仓储等智能模块化单元，推进智能模块化单元集成应用，实现大类服装主要部件无人化加工，打造服装智能模块化缝制单元集成生产线；大规模服装定制产业链逐步健全，完善大规模定制领域技术改造、模式创新等方面的标准和规范，推进交互平台技术、模块化设计、便携式三维人体测量技术和装备的研发与应用，加强服装3D可视化及模拟技术精准性和实用化，研究并应用服装3D虚拟现实技术下的设计与研发模式，实现定制全流程的数字化无缝连接；工业互联网数据平台建设逐步完善，利用大数据、云计算、人工智能等技术，建设"规模化+小微型"数据中心，开发服装工业大数据分析平台、应用开发工具和工业微服务组件，并行推进设备级、企业级和产业链级应用，打造一批自主可控的数字化平台，以助力企业成本、质量及效益实现优化；复合型专业人才培育工程蓄势待发，依托教育资源，优化跨学科专业设置，加大通识教育、专业基础教育及创新教育，打造复合型人才培养示范基地。构建以产业为支撑、以企业为平台、以院校为载体的"三位一体"人才培养体系框架，实施产教融合人才培养模式，培养一批具有跨界思维的复合人才。

作为服装生产大国、出口大国、消费大国，近年来，我国整体消费能力的优势凸显，品牌意识正在逐步增强。尤其是"十三五"以来，打造中国品牌已经上升到了国家层面。毫无疑问，品牌成了一种国家实力的象征。我国正从"制造大国"向"制造强国"迈进，"中国制造"要想在世界站稳脚跟，就必须全方位升级中国品牌。因此在学习中，应注重激发学生积极进取、发展国有品牌的意识，让学生认识到品牌兴则产业兴、品牌强则中国强的内涵，进一步提高中国服装品牌在国际市场的传播力和竞争力。通过案例讲解，重塑学生对本土品牌的认同感，培养学生的品牌自信意识。

构建人类命运共同体，无论从环境、资源还是产业发展的角度，都要求学生具备全球和全局的视角，结合全球经济与国际局势，对我国服装产业所处竞争地位进行分析，以动态发展的角度和科学客观的方法关注我国服装业现状与未来趋势。还要运用全局意识与逻辑思维分析服装消费现象，处理服装消费问题，着眼行业发展和市场繁荣的大局方向，以专业技能助力大众正确消费观念的培养以及和谐消费环境的营造。结合消费心理学理论和先进技术赋予行业在新时期的发展原动力，学生无论是在学科知识学习还是在自我发展完善的过程中，都应具备全局观和逻辑观，以及科学分析问题的角度和能力。

二、导入理论——新发展理念

党的十八大以来，创新、协调、绿色、开放、共享的新发展理念深入人心，绿色发展作为关系我国发展全局的一个重要理念，与其他四大发展理念相互贯通、相互促进，成为我国长期以来经济社会发展的一个基本理念。党的十九大报告进一步指出，必须加快生态文明体制改革，推进绿色发展，建立健全绿色低碳循环发展的经济体系，形成节约资源和保护环境的空间格局、产业结构、生产方式、生活方式，提供更多优质生态产品以满足人民日益增长的对优美生态环境需要。党的二十大报告中提出，必须完整、准确、全面贯彻新发展理念。这是关系我国发展全局的一场深刻变革。全党同志要充分认识这场变革的重大现实意义和深远历史意义。创新、协调、绿色、开放、共享的新发展理念，是管全局、管根本、管长远的导向，具有战略性、纲领性、引领性。新发展理念，指明了"十三五"乃至更长时期我国的发展思路、发展方向和发展着力点，要深入理解、准确把握其科学内涵和实践要求。

我国纺织服装产业是国民经济的重要力量，是我国具有国际影响力和竞争优势的传统产业，一直以来高度重视绿色发展，在新形势背景下越加强化产业与科技的共生关系、产业与生态的依存关系、产业与消费的鱼水关系，由此也提出了产业发展的新定位——"科技、时尚、绿色"，即创新驱动的科技产业、责任导向的绿色产业、文化引领的时尚产业。其中"绿色"，即要坚持绿色发展，强化绿色低碳循环发展理念，以绿色原料、绿色设计、绿色生产、绿色流通等为抓手，建立相应的研发体系、采购体系、生产体系、物流体系，提升可持续发展能力。纺织服装专业市场是我国纺织服装产业不可或缺的组成部分，绿色发展也必将成为专业市场的发展目标和要求。

创新是引领发展的第一动力。必须把创新摆在国家发展全局的核心位置，实施创新发展驱动战略，让创新贯穿党和国家一切工作，让创新在全社会蔚然成风。引导学生培养自身的创新意识，发挥科技创新支撑引领作用，通过科技赋能，不断提高服装行业的科技含量，在已有技术发展的基础上继续技术革新，推动服装行业新一轮发展。

设计点亮生活，创新引领时尚。提高自主创新能力，在工程设计或产品开发中能够考虑社会、健康、安全、法律、文化以及环境等制约因素。能够设计针对服装设计与工程领域复杂工程问题的解决方案，满足特定需求并体现创新意识，考虑社会、健康、安全、法律、文化以及环境等因素。

绿色是永续发展的必要条件和人民对美好生活追求的重要体现。必须坚持节约资源和保护环境的基本国策，坚持可持续发展，加快建设资源节约型、环境友好型社会，人与自然和谐发展，推进美丽中国建设，为全球生态安全作出新贡献。

以"衣"的方式见证国家的发展，将新时代国人的精神风貌和对美好生活的向往展现在世界面前。了解目前服装行业面临的问题及发展趋势，敦促学生树立"科技、时尚、绿色"的服装发展理念，同时助力科技创新发展，成为服装领域人才。科技发展、技术进步。培养可持续发展的生态意识，以科学为指引，合理有序地保持生态平衡，以达到既能有效保护环境，同时也能发展社会工程活动满足人类需求的目的。

此外，了解我国辉煌灿烂的文化与如今取得的辉煌成就，一方面帮助学生加深对我国历史、文化的认同感，另一方面让学生具备基本的专业历史知识，对于行业发展的历史进程、发展现状、发展趋势有所了解，增强民族自豪感与自信心。同时，让学生了解我国纺织服装产业在世界上的重要地位以及本土品牌取得的成就，让学生感受民族自豪感和历史使命感、社会责任感；增强道路自信、理论自信、制度自信、文化自信；培养行业自信、专业自信。

三、经验总结——以科学态度、辩证思维解决实际问题

随着时代的发展、技术的进步以及生活环境的变化，服装消费需求在不断升级变革，服装产业的数字化转型势在必行。数字化转型不仅要进行理念升级、系统升级、能力升级，而且要进行组织升级。同时，"科技、时尚、绿色"的服装发展理念受到更多的关注。作为服装从业者，从消费者需求出发，与时俱进，研发科技赋能的新产品，提供科技服务，是今后努力的职业发展方向。教师通过向学生介绍目前的服装需求及服装产业技术发展趋势，敦促学生树立科技创新、科学发展的职业理念，成为服装领域的人才。

中国服装消费者群体正在成为一股影响世界的力量。随着消费者越来越成熟，越来越"挑剔"，普遍性的市场增长时代逐渐走向尽头。消费形态正从购买产品到购买服务，从大众产品到个性商品转变。另外，消费者开始寻求更为均衡的生活方式，健康、家庭和体验成为主要关注点。服装消费意愿、消费形态、消费方式和消费渠道也都随之产生新变化。通过案例分析研究服装消费需求升级的方向和策略，以科学发展的理念融入服装产品研发、营销服务等环节，使学生树立科学发展观，为成为具备科技创新能力的专业人才而努力。

科学的发展、技术的进步离不开服装从业人员创新思维的支持。从业者应针对服装消费新需求以及潜在需求进行创新研发、创新服务，提升服装消费市场的水平和高度，增强消费者着装体验及满意度，实现服装产业升级，提高自主品牌核心竞争力。教师在教学过程中，应注重培养学生的创新思维，鼓励学生开拓思路，实践探索，立志为服装行业发展革新努力学习、增长技能，从而贡献力量。

服装消费需求升级对与之相匹配的技术与创新理念提出新要求，服装行业人才创新思维的培养对于行业发展、技术攻坚、品牌助力以及消费需求满足、潜在消费需求挖掘有着重要意义。通过案例学习，可以培养学生创新意识，提高服装产品研发和营

销服务中的创新能力，使其成为具备创新思维的职业人才。

四、价值追求——树立并坚持正确的价值观

存在决定意识。一定的政治、经济、文化制度必然要求一定的价值观念与之相适应，一定的价值观念也必然反作用和影响一定的政治、经济、文化制度体制。所以，建立社会主义市场经济体制必然要求树立和建设社会主义的价值观念。为此，党的十四届六中全会通过的《中共中央关于加强社会主义精神文明建设若干重要问题的决议》强调要重视和加强社会主义精神文明建设，引导人们树立正确的世界观、人生观、价值观。

树立正确的价值观，首先，应重视思想教育，通过思想认识的提高，在实践中不断树立起来；其次，要善于舆论引导，告诉人们什么是美、什么是丑、什么是荣、什么是辱、什么值得提倡、什么应该反对，把人们引导到正确的方向上，并使之由不自觉到自觉、由非理性到理性，以树立正确价值观为荣，以奉献人民为人生重要价值，从而把人们的思想、行动统一到建设有中国特色社会主义的伟大事业上来；再次，要严格法律法规，用法律手段对价值观进行正确的引导，从法律规范中得出什么是高尚的价值观，什么是卑微的价值观，抵御非社会主义核心价值观侵蚀，运用正反典型案例来加强教育，通过榜样的力量来进行说服教育，同时通过反面案例为人们敲响警钟，免蹈覆辙；最后，加强政策调控，充分体现在社会主义原则下，在价值导向方面要代表人民的根本利益，鼓励什么、提倡什么、限制什么、禁止什么、反对什么，都要以推动社会进步为宗旨。

社会主义核心价值观是社会主义核心价值体系的内核，体现社会主义核心价值体系的根本性质和基本特征，反映社会主义核心价值体系的丰富内涵和实践要求，是社会主义核心价值体系的高度凝练和集中表达。要以培养担当民族复兴大任的时代新人为着眼点，强化教育引导、实践养成、制度保障，发挥社会主义核心价值观对国民教育、精神文明创建、精神文化产品创作生产传播的引领作用，把社会主义核心价值观融入社会发展各个方面，转化为人们的情感认同和行为习惯。

在课程教学中，应注重正确价值观的指导作用，培养学生以社会主义核心价值观作为行动和思考准则，培育具备较高道德水平和职业素养的服装人。例如，在"服装消费者群体与消费心理"的研究中，对于根据不同因素划分的不同类型消费者群体，在提供产品以及营销服务的过程中，都要遵循平等的价值观，让每个消费者群体都能感受到平等的消费体验；在不同性别服装消费群体行为和心理的研究中，科学看待男性与女性消费群体心理与行为的差异，在提供产品及营销服务中遵循平等价值观，结

合两个群体的不同需求，有针对性地进行产品研发和营销策划，满足不同的消费心理，让消费者感受到平等的消费体验。培养学生的平等价值观，培育良好社会心态。鼓励学生在行动中体现出公民主人翁意识，发挥公民民主监督的作用，敢于同不公平、不正义现象做斗争，学会拿起法律武器维护自己合法权益，为践行社会主义核心价值观贡献自己的力量，促进社会公平正义，共同建设和谐社会。

在教学内容中，应注重诚信教育，通过案例讲解使学生了解服装消费现象中诚信价值观的影响作用，理解诚信对于服装行业、服装企业、消费市场以及消费者个体相互之间和谐共处的重要意义。使学生自觉践行社会主义核心价值观，从个人做起，从诚信做起，在认识、改造自然和社会的活动中，尊重客观事实，信守承诺，反对虚妄和欺骗，共同营造诚信的社会风尚。

相关教学案例能够使学生了解商品价格的功能以及对消费者心理的影响，理解价格的心理功能，树立诚信价值观，维护服装消费市场稳定发展。

应通过相关教学案例，使学生理解服装设计应遵循可持续发展的理念。所有遵循可持续理念的设计，都是人与自然和谐共处的表现活动，这样的设计完美符合当前人们的物质生活需求并且不危及后代利益，得到了世界上大部分设计者的一致认同。在21世纪经济全球化、文化全球化的背景下，可持续创意设计所肩负的任务十分重大，并成为广大设计者的追求目标。如何兼顾可持续和创意理念，在保证创意足够新颖的同时，避免资源过度开发，保证环境最大限度的平衡，是我们研究和探索的重要课题。

在服装营销服务与消费心理的教学案例内容中，通过对营销服务涉及因素的分析，使学生了解服装营销服务包含的主要内容、营销策略以及职业规范；了解营销人员职责，树立服务至上的营销理念，平等互惠，诚信无欺，恪守销售承诺，廉洁奉公；理解诚信经营、质量保证对于服装企业发展的重要意义；培养学生诚信观念，践行诚信价值观，提高职业素养。

五、文化传统——传统文化体现的物质与精神财富

中国文化的基本精神，是在中国传统文化中，长期受到人们尊崇、成为生活行动最高指导原则的思想观念和固有传统，在历史中起到推动社会发展的作用，是历史发展的内在思想源泉。中国文化的基本精神呈现出两个特点：一是广泛的影响；二是保证民族的生存和发展，促进社会进步。传统文化融入当代大学思想政治教育，有助于大学生树立正确的世界观、人生观、价值观。在科技和经济飞速发展的时代，更应该呼唤人文精神，在创造物质文明的同时要加快建设社会主义精神文明。大学生在向科

学进军时，要努力提高自己的人文素养。

在课程内容"社会文化与消费心理"中，应注重对学生进行中国传统文化认知的培养，提升文化自信，加强文化继承与发展的使命教育，善于运用中国传统文化丰富自身的精神世界，并在服装创新、研发中体现文化的传承与创新。

六、时代旋律——改革精神、时代精神、创新精神

铸就、培育、塑造、提炼一种精神，就是卓越不朽的贡献。自改革开放以来，中国共产党带领中国人民开启并不断推进改革开放伟大实践，逐步形成了稳定性的精神品质，即伟大改革开放精神。其内涵包括：革故鼎新的超越精神、披荆斩棘的革命精神、敢为人先的创新精神、只争朝夕的追赶精神、敢闯敢试的攻坚精神、脚踏实地的务实精神、直面难题的担当精神。

对于服装行业来讲，工匠精神包含着改革精神的多层次内涵，同时它还是一种职业精神，是职业道德、职业能力、职业品质的体现，是从业者的职业价值取向和行为表现，包括敬业、精益、专注、创新等方面的内容。工匠精神作为一种优秀的职业道德文化，它的传承和发展契合了时代发展的需要，具有重要的时代价值与广泛的社会意义，是社会文明进步的重要尺度、中国制造前行的精神源泉、企业竞争发展的品牌资本、员工个人成长的道德指引。通过学习，使学生牢记细节决定成败，培养严格严谨、追求卓越的工匠精神。发扬爱岗敬业、争创一流、艰苦奋斗、勇于创新、甘于奉献的劳模精神，崇尚劳动、热爱劳动、辛勤劳动、诚实劳动的劳动精神，执着专注、精益求精、一丝不苟、追求卓越的工匠精神。劳模精神、劳动精神、工匠精神是以爱国主义为核心的民族精神和以改革创新为核心的时代精神的生动体现，是鼓舞当代大学生风雨无阻、勇敢前进的强大精神动力。使学生理解工匠精神在服装新产品研发、设计等方面的重要意义，应注重培养精益求精、执着专注的职业原则。

时代精神反映的是社会发展某一阶段的时代需求，是在社会实践过程中形成的为社会成员广泛认同的文化观念和价值追求，具有鲜明的时代特征和时代内涵，彰显了时代的主旋律，影响着社会发展的方向。改革开放以来，在全面建设中国特色社会主义现代化国家的伟大实践中，形成了以改革创新为核心的时代精神，它是中华民族精神的时代升华，为马克思主义理论注入了新的活力。大力弘扬以爱国主义为核心的民族精神和以改革创新为核心的时代精神，要求我们必须坚定信念，振奋全民族的精气神，要调动各方力量，通过教育引导、舆论宣传、文化熏陶、实践养成、制度保障等，使社会主义核心价值观内化为人们的精神追求，外化为人们的自觉行动。

创新是一个民族进步的灵魂、是一个国家兴旺发达的不竭动力。在服装新产品研

发中需要创新精神，要大胆尝试，理论联系实际，增强创新意识，始终保持年轻人的蓬勃朝气、昂扬锐气和浩然正气，永不满足于固守成规，坚持不懈地追求更高、更新、更优、更好的目标。服装业的创新可从科技、品牌、绿色、人才等多方面进行。创新和发明一直是推进世界科技进步的重要力量，科技创新是我们实现经济高质量发展的战略支撑和根本要求，也是行业发展的根本驱动力。通过培养学生的创新思维意识，使其通过专业学习具备服装设计、生产等方面的创新思维能力和实践能力，从而提升服装消费市场水平。面对知识经济的挑战，善于学习，敢于实践，善于团结合作和自我挑战。培养学生的科技创新意识，发挥科技创新支撑引领作用，通过科技赋能，不断提高服装消费市场的科技含量。使学生具备科技赋能服装新产品的研发意识，在工程实践中，合理利用现代信息技术推动服装产业的智能化发展，满足消费者日益增长的对于服装的科技需求。

第四节　思政案例教学设计方案

一、设计思路

（一）消费决策因素分类

在消费心理学中，影响消费者购买决策心理和行为的因素十分广泛。从微观角度来看，根据消费过程中的参与程度大致分为五类，即消费者自身因素、商品因素、商家因素、文化背景因素、社会群体因素。其中，社会群体因素与文化背景因素对消费心理有十分重要的影响。

1.消费者自身因素

消费者作为服装消费过程中最为主要的参与者之一，通过购买产品而满足自身需求。需求是一种缺失性的心理状态，因此，个人需求与动机是消费者做出购买决策的决定性因素。消费者的性格、个性对消费过程有着重要影响，性格会使消费者形成偏好，影响消费者的消费态度、购买行为以及对营销者的情绪。

此外，消费者的态度与信念也起着关键作用，信念是消费者基于自己的经验产生的对客体的主观认识，态度则是个体对其他客体所持有的一种稳定的认知、评价和情感倾向，消费者的态度与信念也将影响消费过程。在信念和态度形成的过程中，个体知觉起着重要的作用，消费者看到一件服装的颜色、款式等信息，在头脑中形成主观经验，继而形成对该客体的态度与信念，而每个消费者的知觉带有一定的个人色彩，知觉会因个人经验的不同而对该客体产生不同的意义解释，从而形成不同的态度。

生活中的每个人都会拥有自己的标签，即自我概念。自我概念是个体经过自身过往的经验所形成的对自己的总体认识和看法，由个体的价值观、态度与信念等因素构成。自我概念贯穿个体的所有思维与行动，并与个人行为习惯、思想观点统合在一起，形成整体观念系统。自我概念会影响一个人的穿着方式，继而影响其消费倾向，人格特质和个体的自我实现是影响个体服装购买行为的重要因素。

综上，消费者在购买过程中会受到自身需求与动机、性格、个性、态度与信念、知觉、感觉、错觉、自我概念等心理的影响。

2.商品因素

服装自产生以来，对人们的意义也在发生变化，从最初的遮羞保护功能，逐渐演变到现在实用美观的作用。现代社会，人们对生活质量的要求日益提高，在购买过程中也越加重视服装面料的舒适性、板型的合体性和设计的时尚美观性。从面料上来说，改革开放初期，我国服装面料多为棉麻，色彩也以深蓝色为主，而随着与世界各国的交流日渐加深，牛仔、涂料珠片等新兴面料也进入了大众的视野，越来越多的消费者想要尝试新兴商品。此外，人们对于服装的板型与设计也日渐重视，所追求的服装的造型美感，也是影响服装消费者决策的重要因素。

因此，新时代的消费者在服装的购买决策中，在个人因素的基础上会更加侧重从商品自身因素考虑，最终影响购买行为。

3.商家因素

在购买过程中，消费者首先根据自身需求产生购买欲望，随后进入收集信息的阶段。在此阶段，消费者将接收到大量的营销信息。商家推广自己产品的主要方式是利用媒体宣传，传统的媒体形式有电视广告、纸媒广告等，新兴传播形式有网络营销、直播带货、明星代言、"种草"营销等，此外还有与大数据技术相结合的网络推荐系统，通过消费者信任与产品参与程度来影响消费者的决策。商家通过以上手段使自己的商品进入广大消费者的视野。此外，折扣的不确定性与购买冲动有着明显关联，而商家通过制订折扣等营销策略使消费者产生购买冲动。上述的宣传与营销手段都会直接或间接对消费者的购买决策产生影响。

除了营销推广外，商家在门店装潢、橱窗陈列设计、包装选取等方面，也会影响消费者的购买行为。

4.文化背景因素

文化是一种社会意识形态，是人们在历史发展中所创造的物质和非物质财富的统合，有物质文化与精神文化之分。人们的日常生活时刻受到文化的影响，对于服装消费来说，设计、款式等都是文化的体现，在不同文化环境影响下，人们形成了不同的价值观念与风俗习惯，这也造就了不同文化背景下，人们在穿着习惯与观念上的差别。纵观中国历史，不同时代的文化氛围都会通过服装显现，从夏商周时期具有阶级区分性的上衣下裳，到隋唐五代华丽清新的半袖，再到清王朝时期的满族旗装，乃至近现代彰显自由与个性解放的现代服饰，都体现着各个时代的文化背景。服装的兴盛具有时代性与地域性，受文化影响的消费者在购买过程中，其购买行为也将具有某种文化特性。

5.社会群体因素

首先，人具有社会性，在日常生活中总是从属于某个群体，在行为过程中难免会受到群体因素的影响。群体压力与群体规范影响着人们的消费行为，有研究表明，消费者在购物过程中会模仿参考群体行为，进行从众消费。流行是一种无组织的群体行为，服装流行是一种流行现象，流行的产生与群体从众现象密不可分。在社会背景下，消费者可能具有集体主义价值观，这意味着消费者重视他人（如家庭成员、朋友和同事）的行为将影响其购买决策。

其次，人们在群体中扮演着一定的角色，如年龄角色、性别角色、职业角色等，一方面，不同的角色对人的着装要求是不同的，如不同年龄的群体，在服装风格上就有很大的差异；另一方面，服装对于社会角色也起着标志性与强化性作用，如白大褂是医生的标志，军装是士兵的标志。同时，每个人在群体中都处于一定的社会地位，服装则可以通过材料、设计等方面体现一个人的社会地位。

最后，处于群体之中的人们每天都需要和他人进行社会交往，人的着装成为其在社会交往中的名片，个性、经济状况等信息可以通过着装表现出来。人际交往中的因素也会对人的服装需求产生一定的影响。

（二）案例分类

通过对上述几种消费决策因素的统合分析，从实践教育目标入手，可对案例进行如下分类。

（1）树立正确的消费观：从常见的消费观念入手分析消费者在服装消费过程中的心理状态。

（2）树立健康的消费人格：分析消费者群体的个性心理对服装消费的影响。

（3）树立正确的审美观：从产品的角度探讨商品因素对消费者的影响。

（4）以人为本、与时俱进的消费需求：基于马斯洛需求层次理论，从消费者需求与动机的角度分析消费过程。

（5）不同消费群体的消费需求：根据消费者的不同特征来划定不同的群体，分析不同群体的心理差异。

（6）服装行业工匠精神与诚信创新：从产品开发与营销的角度讨论商家的营销策略对于消费者心理和行为的影响。

（7）科技对服装营销的影响：从科技服务为商家带来新型营销手段入手，分析不同的营销环境与营销方式对满足消费需求升级的影响。

（8）树立爱国情怀文化自信：从文化因素入手，讨论各类文化背景下对服装流行的影响。

（9）现代可持续发展理念对服装行业的影响：探讨在当代社会可持续发展背景下，服装行业及消费者消费理念的变革。

（10）服装行业的责任担当：从社会责任与人文关怀的角度出发，分析商家的社会责任感与企业发展之间的关系。

（三）典型案例选取

以上述主题为核心，根据近几年的消费现象与群众关注的热点话题，可以在每个主题下选取一些具有代表性的案例，从案例描述、案例分析、消费心理剖析、案例思考等方面进行设计。每个主题中甄选案例如下。

1. 树立正确的消费观

（1）在"晕轮效应"中论明星代言的价值取向。

（2）在"攀比心理"中论正确的大学生消费观。

（3）在"冲动消费"中论购物狂欢节与直播秒杀背后真相。

（4）在"猎奇心理"中论服装盲盒的消费心理。

（5）在"从众心理"中论买家秀的积极引导。

（6）在"炫耀心理"中论"李宁"品牌的自豪感。

（7）在"情感心理"中论国货服装消费热潮。

2. 树立健康的消费人格

（1）以女装品牌为例论服装品牌人格塑造。

（2）以消费者气质与服装偏好解析服装设计需求。

（3）以消费者气质与购物行为解析营销策划技巧。

（4）以消费者气质与退货行为解析售后服务方式。

3. 树立正确的审美观

在"新产品消费者类型"中论破洞牛仔裤的兴起与风靡。

4. 以人为本、与时俱进的消费需求

（1）在"生理需求满足再升级"中论智能服装如何制胜未来。

（2）在"安全需求保障新课题"中论纺织服装产品质量安全与企业职责。

（3）在"归属需求内涵深挖掘"中论亲子装、情侣装设计概念突破。

（4）在"尊重需求服务更周到"中论特殊人群的服装设计与营销。

（5）在"自我实现需求高层次"中论定制服装的极致服务战略。

5.不同消费群体的消费需求

（1）在"不同性别消费群体心理差异"中分析男性、女性服装消费行为。

（2）在"不同年龄消费群体心理差异"中分析中、青年服装消费行为。

（3）在"特别关爱消费群体"中分析儿童、老年人服装消费需求。

6.服装行业工匠精神与诚信创新

（1）在"新产品设计与消费心理"中论服装行业的工匠精神。

（2）在"新产品研发与消费心理"中论"歌力思"的品牌文化。

（3）在"商标与消费心理"中论山寨服装如何刺激了消费痒点。

（4）在"产品命名与消费心理"中论服装品牌命名的"点睛"与"避雷"。

（5）在"产品价格与消费心理"中论"双11"的服装价格战术。

（6）在"产品质量与消费心理"中论"3·15"曝光网购服装质量问题与消费者维权。

7.科技对服装营销的影响

（1）在"营销环境与消费心理"中论线下各规模服装零售模式的优劣。

（2）在"陈列与消费心理"中论各类服装品牌的陈列法则。

（3）在"橱窗设计与消费心理"中论"之禾"的陈列创意。

（4）在"营销体验与消费心理"中论家居用品的体验式购物模式。

（5）在"营销模式与消费心理"中论"太平鸟"线上线下协同新营销模式。

（6）在"营销信息与消费心理"中论"海澜之家"的POP广告设计。

（7）在"营销服务与消费心理"中论电商服装品牌售后服务举措。

8.树立爱国情怀文化自信

（1）文化自信视角下国潮服装品牌建设实例。

（2）社会文化影响下的服装流行变迁与中国服装民主化进程。

（3）在"外来文化与消费心理"中论嘻哈文化服饰的流行。

（4）在"本土文化与消费心理"中论中国传统、民族文化在服装中的传承创新。

（5）在"社会文化差异与消费心理"中论各国服装色彩偏好。

（6）在"消费习俗与消费心理"中论中国各民族服装风格差异。

9.现代可持续发展理念在服装行业的营销

（1）在"产品包装与消费心理"中论"LV"的包装策略。

（2）在"服装时尚与伦理观念"中论皮毛服装的消费心理。

（3）在"服装企业的价值取向"中论服装公司的环保战略。

10.服装行业的责任担当

（1）在"服装行业的社会责任"中论社会责任与纺织服装行业可持续发展。

（2）在"服装品牌的人文关怀"中论特殊人群消费心理守护。

二、具体方案

通过案例描述、案例分析、案例思考等环节的设计，创造情境，深入理解案例，分析各方面因素对消费行为及消费心理的影响。在案例分析中，结合事件情况，从成因与影响方面进行分析，并对商家的营销手段提出合理建议，深入挖掘案例问题根源。同时，注重社会主义核心价值观等思政理论的指导作用，以思政指导思想帮助消费者与商家树立科学的价值观和方法论，进行正确的营销策略分析。

三、教学预期

（一）总体目标

经过各章节知识点的梳理，结合思政元素，在基础课程的教学设计过程中，积极探索"服装消费心理学"课程知识点与思政要素之间的内在联系，根据其专业特征和教学特点，提炼七个维度的思政教育目标，即政治认同、家国情怀、文化自信、科学精神、法治意识、职业素养、公民品格。

（二）具体目标

1.认识职责与使命

通过联系实际问题，使学生了解国家建设取得发展、人民生活全面改善的大背景，认真思考和理解国家强盛、行业振兴、经济腾飞的根本原因，认识自己的职责与使命。

2.体会深刻内涵

通过调查研究和实验，使学生深刻体会科学态度、求实精神、刻苦钻研、追求真理的深刻内涵，并且在实际工作中身体力行，内化于心。

3.树立五个精神

通过课题研究和参与项目，使学生树立五个精神：团队意识和合作精神，精益求精的工匠精神，克服困难的奋斗精神，勇于创新的开拓精神，建功立业的创造精神。

4.树立五个职业观

通过案例分析，使学生树立五个职业观：①对不同气质消费者制订出相应的营销策略，营造和谐、友善的消费过程，促进和谐社会消费水平的提升；②加强服装心理学研究方法的综合运用，以消费者需求、自由、文明的消费行为为根本，制订出具有科学价值观的营销策略；③运用社会主义核心价值观指导学生对不同社会文化下的消费行为进行分析，制订出满足特定社会环境的营销策略；④用社会主义核心价值观等思政理论指导科学的定价策略，实现公正、法治、诚信的定价准则和商品销售环境；⑤营造爱国、敬业的社会，制造经济、创新技术氛围，引导消费水平提升，建设更加富强的社会主义国家。

5.树立责任感

通过课程学习，使学生体会接续传统、创造业绩、美化人民生活的自豪感，树立让中国创造成为世界一流、中国品牌引领国际潮流的责任感，立志成为爱岗敬业、勇于创新、为国家作出贡献的新一代服装人。

第二章

在"消费者心理活动过程" 中的思政案例设计

📖 **课题内容：**

　　1. 思政解读

　　2. 教学设计

　　3. 案例设计

　　4. 实践目标

⊙ **课题时间：** 4 课时

第二章　消费者心理 活动过程PPT

◎ **教学目的：**

　　1. 知识目标：了解和掌握服装消费心理学的基本内容和研究方法；理解消费者的心理特征及行为规律；了解各种消费心理对消费行为的影响。

　　2. 能力目标：培养对服装消费者心理及行为的分析能力；培养对服装消费案例的专业分析能力；培养利用心理学原理制订营销策略的能力。

　　3. 素质目标：培养运用科学的价值观和方法论分析和处理问题的能力；注重正确消费价值观的培养，提升职业素养，帮助消费者在购买过程中理性决策。

📈 **教学方式：** 情景导入法、直观演示法。

✐ **教学要求：** 解读服装消费正反面案例，剖析案例背后的消费心理。分析各种消费者的心理活动过程，理解对消费行为的积极与消极影响。以思政指导思想提升案例理解高度和深度，掌握科学的价值观和方法论，培养分析和处理问题的专业能力。

👥 **课前（后）准备：**

　　1. 课前进行相关案例资料的搜集整理、章节心理学知识点预习、相关概念理解。

　　2. 课后完成配套练习、案例视频的学习，结合专业技能培养目标进行课程实践。

第一节　思政解读

一、思政要点

在"消费者心理活动过程"中的思政体现为树立正确消费价值观。

二、思政内容

《现代汉语词典》（第7版）中关于"价值观"的定义是：对经济、政治、道德、金钱等所持有的总的看法。由于人们的社会地位不同，价值观也有所不同。价值观是在人一定的思维感官之上而做出的认知、理解、判断或抉择，也就是人认定事物、辨定是非的一种思维或取向，从而体现出人、事、物一定的价值或作用。价值观是在实践中形成的对价值、价值关系的总的看法和根本观点，是指引个体采取行动和做出决定的原则和出发点，影响着人们在社会生活中处理各种价值问题时所采取的立场、观点和态度，使人的行动带有稳定的倾向性。价值观是人用于区别事物好坏，分辨是非黑白的心理倾向体系，是对客观事物的主观评价，其建立在人的需求基础上，一旦确定，则反过来影响个体的需求。价值观由需要和自我意识两部分形成，在社会化的生活中逐渐形成、发展，是人们思想认识的深层基础。社会环境、校园环境、家庭环境的不同，加之知识的不断积累和经历的不断丰富，人们逐渐形成的价值观也不相同。不同的价值观指导人们产生不同的认知和行为。一个人的价值观一旦确立，就具有相对的稳定性和持久性，其所形成的这种价值取向和行为定式，是不会轻易改变的。价值观是人们用于衡量事物轻重缓急、权衡得失的一把标尺。它既有作为社会精神文化系统中深层的、相对稳定的、起主导作用的一面，又有反映人对自我存在的认识、行为目标的期待的一面，是个体的精神支柱，是个体从事实践活动的根本内在驱动力。社会主义核心价值观是当代中国精神的集中体现，应大力弘扬。

青年作为国家的未来和希望，肩负着国家发展的使命，关系国家未来的面貌、社会主义事业的前途甚至整个社会的未来。正确价值观的树立对青年的成长和发展有着至关重要的作用，青年能否建立正确的价值观，将直接影响青年一代的健康成长，并直接影响我国社会主义建设事业的发展。

青年作为当今以及未来消费的主力军，正确消费价值观的树立对于他们十分重要，对消费市场的和谐、行业的稳定、企业的良性发展都具有重要意义，应倡导其在服装消费市场践行正确的消费价值观。

第二节　教学设计

一、导入方式

主要采用情景导入法，即情境导入法，指教师在课堂教学的开始部分借助多媒体技术制作一些与本课内容相关的课件、视频、音乐、故事等，以学生喜闻乐见的形式将其引入一定的场景中，强化学生对学习的兴趣和理解。情景导入的应用主要是以学生的意志为出发点，充分发挥其主观能动性，激发其学习兴趣，从而有效提高课堂教学效率。

二、教学方法

教学方法主要为直观演示法，该方法是向学生展示实物、教具，进行示范性实验，以及利用现代化教学手段，使学生获取知识、发展智力的教学方法。按不同的演示材料可分为：实物、标本、模型演示，图片、图标演示，实验演示，音像演示等。演示法的要求是：要有明确的目的；掌握好演示的时间，避免分散学生的注意力；演示中要引导学生观察事物的主要特征和发展过程；必须有讲授法或谈话法的配合。

演示法有利于激发学生的学习兴趣，培养学生的观察能力，引导学生对实物和现象的感知、观察，使学生在感性认识的基础上深化对教材中理论的认识，或者用获得的感性认识去验证已学过的理论知识。

三、过程设计

（一）案例一

1. 案例名称
在"晕轮效应"中论明星代言的价值取向。

2-1　晕轮效应视频

2. 设计思路
本案例设计思路如下。

（1）由明星代言正反面案例情景演示及描述入手。

（2）分析明星代言的积极与消极影响。

（3）分析明星代言所引发消费热潮产生的原因。

（4）引入"晕轮效应"的概念。

（5）分析明星代言背后的消费心理。

（6）分析明星代言对品牌塑造的影响。

（7）服装品牌甄选明星代言的要素。

3. 设计内容

案例过程设计中的步骤及内容见表2-1。

表2-1　在"晕轮效应"中论明星代言的价值取向课程过程设计

设计步骤	设计内容
案例导入	明星代言正、反面案例情景演示及描述
案例讨论	明星代言的积极与消极影响
提出问题	明星代言所引发消费热潮产生的原因
概念理解	"晕轮效应"的概念及内涵
案例分析	明星代言激发了怎样的消费心理
案例思考	明星代言对品牌塑造的影响及明星代言策略的关键要素
策略研究	明星代言背后的消费心理、营销策略研究
知识点总结	"晕轮效应"的概念；明星代言对消费行为的影响；明星代言的营销策略分析；服装品牌甄选明星代言的要素

（二）案例二

1. 案例名称

在"攀比心理"中论正确的大学生消费观。

2. 设计思路

本案例设计思路如下。

（1）由"AJ"球鞋市场火爆案例情景演示及描述入手。

（2）分析追求品牌热潮产生的原因。

（3）引入"攀比心理"的概念。

（4）概述攀比心理的表现。

（5）分析攀比消费的成因。

（6）分析 Nike 案例中大学生消费心理。

（7）应对攀比消费现象的建议。

3. 设计内容

案例过程设计中的步骤及内容见表 2-2。

表 2-2 在"攀比心理"中论正确的大学生消费观课程过程设计

设计步骤	设计内容
案例导入	"AJ"球鞋引发大学生攀比消费现象案例情景演示及描述
案例讨论	追求品牌热潮产生的原因
提出问题	追求品牌热潮所蕴含的心理现象有哪些
概念理解	"攀比心理"的概念
案例分析	大学生追求名牌的消费心理
案例思考	如何正确认识攀比心理，做到理性消费
策略研究	激发"攀比心理"的营销策略分析
知识点总结	"攀比心理"的概念；"攀比心理"对消费行为的影响；"攀比心理"的成因；大学生追求名牌的消费心理分析；培养大学生正确消费观的要素

（三）案例三

1. 案例名称

在"冲动消费"中论购物狂欢节与直播秒杀背后真相。

2. 设计思路

本案例设计思路如下。

2-2 冲动消费视频

（1）由"双 11"购物狂欢节冲动消费现象案例情景演示及描述入手。

（2）分析直播、秒杀等营销策略激发冲动消费的原因。

（3）引入损失厌恶等消费心理名词概念。

（4）分析消费者冲动消费心理。

（5）分析激发冲动消费的营销策略。

（6）分析如何避免冲动消费。

3. 设计内容

案例过程设计中的步骤及内容见表 2-3。

表2-3　在"冲动消费"中论购物狂欢节与直播秒杀背后真相课程过程设计

设计步骤	设计内容
案例导入	"双11"购物狂欢节"冲动消费"现象案例情景演示及描述
案例讨论	"双11"购物狂欢节背后隐藏的营销手段
提出问题	直播、秒杀等营销策略如何激发消费者冲动消费
概念理解	引入损失厌恶、沉锚效应、稀缺原理、鸟笼效应等概念
案例分析	分析消费者冲动消费心理
案例思考	购物狂欢节中运用的营销策略对购买行为的影响，如何避免冲动消费
策略研究	激发冲动消费的营销策略研究
知识点总结	损失厌恶、沉锚效应、稀缺原理、鸟笼效应的概念；对消费行为的影响；冲动心理对消费行为的影响；激发冲动消费的营销策略分析

（四）案例四

1.案例名称

在"猎奇心理"中论服装盲盒的消费心理。

2.设计思路

本案例设计思路如下。

（1）由服装盲盒案例情景演示及描述导入。

（2）盲盒发展历史。

（3）探究服装盲盒营销策略以及存在的问题。

（4）分析服装盲盒营销的隐患。

（5）分服装盲盒营销中的猎奇心理。

（6）给予消费者建议。

（7）对服装盲盒的营销建议。

3.设计内容

案例过程设计中的步骤及内容见表2-4。

表2-4　在"猎奇心理"中论服装盲盒的消费心理课程过程设计

设计步骤	设计内容
案例导入	服装盲盒案例情景演示及描述
案例讨论	服装盲盒营销策略以及存在问题
提出问题	服装盲盒为何会激发消费者的购买欲望
概念理解	"猎奇心理"概念
案例分析	服装盲盒营销中消费者的心理分析

设计步骤	设计内容
案例思考	如何理性对待服装盲盒
策略研究	消费行为研究——以服装盲盒为例；盲盒营销策略研究
知识点总结	服装盲盒的营销策略；猎奇心理对消费行为的影响；服装盲盒的消费心理；盲盒经济发展建议
实践内容	设计开发一系列创意服装盲盒，说明搭配策略、目标人群、消费需求、营销策略

（五）案例五

1. 案例名称

在"从众心理"中论买家秀的积极引导。

2. 设计思路

本案例设计思路如下。

（1）买家秀案例情景演示及概念描述导入。

（2）分析买家秀的存在意义。

（3）解释买家秀如何有效影响消费者决策。

（4）分析买家秀背后的消费心理。

（5）分析"从众心理"。

（6）基于"从众心理"的消费行为研究。

（7）影响"从众心理"的因素。

（8）分析"从众心理"如何作用于消费者。

（9）对消费者及电商平台的建议。

2-3 从众心理视频

3. 设计内容

案例过程设计中的步骤及内容见表2-5。

表2-5 在"从众心理"中论买家秀的积极引导课程过程设计

设计步骤	设计内容
案例导入	买家秀案例情景演示及概念描述
案例讨论	买家秀作用机制
提出问题	买家秀如何在消费决策中发挥作用
概念理解	"从众心理"概念
案例分析	"从众心理"如何对消费者决策产生影响
案例思考	买家秀如何使消费者产生"从众心理"；"从众心理"产生的消极消费行为有哪些
策略研究	参照群体研究——以带货博主为例；"从众心理"营销策略研究

设计步骤	设计内容
知识点总结	买家秀的概念；买家秀的作用机制；"从众心理"研究；营销策略分析
实践内容	分析发挥买家秀的积极作用引导消费者理性消费的策略

（六）案例六

1. 案例名称

在"炫耀心理"中论"李宁"品牌的自豪感。

2-4 炫耀心理视频

2. 设计思路

本案例设计思路如下。

（1）由"李宁"的品牌文化故事及情景演绎引入。

（2）具体介绍"李宁"品牌营销策略。

（3）了解"李宁"品牌如何展现优秀中华文化内涵。

（4）分析"李宁"如何利用营销策略引起消费者的自豪感。

（5）"炫耀心理"研究。

（6）分析炫耀性消费。

（7）炫耀性消费的动机分析。

（8）给予消费者建议：理性消费、适度消费。

3. 设计内容

案例过程设计中的步骤及内容见表2-6。

表2-6 在"炫耀心理"中论"李宁"品牌的自豪感课程过程设计

设计步骤	设计内容
案例导入	"李宁"的品牌文化故事及情景演绎
案例讨论	"李宁"品牌的营销策略
提出问题	"李宁"品牌受到消费者青睐的主要原因
概念理解	"炫耀心理"概念
案例分析	何种营销策略激发了消费者的"炫耀心理"
案例思考	炫耀性心理的积极作用与消极影响；如何理性对待炫耀心理
策略研究	炫耀性消费的表现形式与特征；炫耀性消费的动机分析
服装开发	设计运动服装系列彰显中华优良传统文化的传承和创新并体现中国体育精神
知识点总结	"李宁"品牌的营销策略；"炫耀心理"对消费行为的影响；"李宁"品牌服装消费心理研究；"炫耀心理"与营销策略
实践内容	分析奢侈品消费中的"炫耀心理"，并与本案例对比分析

（七）案例七

1. 案例名称

在"情感心理"中论国货服装消费热潮。

2. 设计思路

本案例设计思路如下：

（1）由国货服装品牌支持使用新疆棉花入手。

（2）分析支持国货的消费热潮产生的原因。

（3）引入情绪与情感的概念、区别与特征。

（4）通过情景演绎分析支持国货背后的消费心理。

（5）分析如何正确表达爱国情感。

（6）基于情感营销的消费行为研究（以国潮服装为例）。

（7）情感策略研究。

（8）国潮服装品牌建设研究。

（9）国潮服装设计。

2-5 情感心理视频

3. 设计内容

案例过程设计中的步骤及内容见表2-7。

表2-7 在"情感心理"中论国货服装消费热潮课程过程设计

设计步骤	设计内容
案例导入	国家级棉花棉纱交易中心节揭牌成立事件内容
案例讨论	国货服装品牌支持使用新疆棉花的策略
提出问题	支持国货服装的消费热潮原因是什么
概念理解	情绪和情感的概念区别与特征
案例分析	支持国货热潮中的消费心理分析
案例思考	如何正确表达爱国情感
策略研究	情感营销消费行为研究——以国潮服装为例，情感营销策略研究
服装开发	国潮服装品牌建设要素，国潮服装设计开发
知识点总结	情感和情绪的概念与区别、情感的特征；情感因素对消费行为的影响；情感营销的内涵及营销策略；国潮服装品牌建设要素
案例思考	国潮服装品牌建设中应注重哪些方面的因素，从而与消费者建立起情感的桥梁
实践内容	针对某一消费群体设计开发一系列国潮服装，说明文化内涵、设计特色、元素运用、消费需求、营销策略

第三节　案例设计

一、在"晕轮效应"中论明星代言的价值取向

（一）消费心理学内容

消费者的心理活动过程——"晕轮效应"对服装消费者心理和行为的影响。

（二）案例目标

1. 知识目标

了解和掌握服装消费心理学的基本内容和研究方法；理解消费者的心理特征及行为规律；了解明星代言对消费心理和行为的影响。

2. 能力目标

培养学生对服装消费者心理及行为的分析能力；培养学生对服装消费案例的专业分析能力；培养学生利用心理学原理制订营销策略的能力。

3. 素质目标

培养学生运用科学的价值观和方法论分析和处理问题的能力；注重正确消费价值观的培养，提升职业素养，帮助消费者在购买过程中理性决策。

（三）案例知识点

（1）"晕轮效应"的概念。
（2）明星代言对消费心理与行为的影响。
（3）明星代言的营销策略分析。
（4）服装品牌甄选明星代言的要素。

（四）重点与难点

1. 重点

结合案例理解明星代言对服装消费者心理和行为的影响。

处理方法：通过案例设计、案例描述、案例分析、案例思考等环节的设计，创造情境深入理解案例，分析明星代言对服装消费者心理和行为的影响。

2.难点

分析服装品牌代言面临的挑战以及发展的关键要素,对科学的营销策略进行研究,以科学的价值观和方法论进行理论学习和实践应用。

处理方法:深入挖掘案例问题根源,以思政指导思想帮助学生树立科学的价值观和方法论,进行正确的营销策略分析。

(五)案例描述

波司登始创于1976年,是早期成立的中国本土羽绒服品牌。近年来,波司登实现战略转型,改变发展模式,采取一系列落地措施,更加注重品牌打造、签约品牌代言人、升级产品、优化渠道等。在2020年的"双11"购物狂欢节中,波司登一小时内在全渠道销售额突破11亿,彰显了明星代言的力量。

(六)案例分析

1.明星代言效果分析

明星代言是指利用名人、明星的平面肖像或录像,通过一系列的宣传载体,让产品的终端受众广为知晓的一种营销方式。随着服装市场竞争日趋激烈,明星代言目前已成为各大服装品牌首选的广告宣传方式,采用这种方式来提高其知名度,从而提高其市场竞争力。根据浩顿英菲评估数据库中所收录的广告信息进行分析,在这些广告中,使用明星代言作为广告宣传方式的占30%。在浩如烟海的广告浪潮中,企业主要利用明星自身的知名度和在大众心中的公信力来提升品牌形象,迅速与消费者建立良好的沟通关系。

明星代言可以提高消费者对品牌的关注度,也可以提升产品的知名度,还可以利用粉丝对明星的热爱产生的移情效果,增加消费者对品牌和产品的好感度,还可以通过明星的热度强化品牌的形象。

但同时,明星代言也会产生一些负面影响,例如,代言人自身被爆出负面新闻后,大多数品牌都会采用解约等手段来维护品牌形象,从而打乱已经制订好的营销计划,且对于之前投入的宣传营销也是一种打击,使品牌遭受损失。

2.晕轮效应

晕轮效应(The Halo Effect)又称"光环效应""成见效应""光圈效应""日晕效应""以点概面效应",指的是在观察、判断和评价某一行为主体的时候,由于该主体的某一方面特征或品质从观察者的角度来看非常突出,以此掩盖了观察者对该主体其他特征或品质的认识,而被突出的这一方面演绎、扩张开来形成晕轮的作用。它是一种影响人际知觉的因素,具有遮掩性、弥散性、表面性的特点。

晕轮效应在各大品牌进行市场营销时被广泛运用。近年来各大品牌注重品牌口碑的建设，而品牌的口碑即是其"晕轮效应"的体现。品牌是一个服装企业的身份，"晕轮效应"可以利用品牌原有的影响力，提高消费者的忠诚度和黏性，从而提高购买力，促进品牌的快速发展。

3.明星代言所体现的"晕轮效应"

明星代言对于消费者的购买意向有着显著的积极影响，同时代言人的可靠度以及个人吸引力对消费者购买意愿的影响占较大比例。选择明星作为品牌代言人，其时尚度受到认可，其穿搭更容易被粉丝群体以及普通年轻人模仿，因此服装消费者更加愿意购买"明星同款"产品。

4.明星代言策略消费心理分析

明星代言营销策略充分利用了"晕轮效应"的作用。消费者受到明星的影响，从而对该品牌或商品产生一定的好感，同时，该代言明星的卷入度也会影响消费者的决策。明星通过发布其代言品牌的穿搭写真，为消费者提供更好的视觉效果，加深对产品的卷入度，使消费者产生效仿心理，从而引发消费的决策。

5.明星代言营销策略分析

在市场营销中选名人做广告虽会带来积极的效应，能够为企业创造利润，但若代言的名人形象出现问题，对企业的影响也可能是致命的。因此，品牌在选取代言人时要经过慎重考量。

同时，也应当考虑代言人与企业战略方向的一致性，如邀请体育明星对运动品牌代言，邀请时尚明星代言面向年轻一代的潮流品牌。与品牌形象相匹配方能对品牌打造起到正向促进作用。

（七）案例思考

明星代言营销方式是打造品牌形象、提升消费者黏性、提升购买力的有力手段。利用代言明星的"晕轮效应"可有效提高粉丝群体和广大消费者的购买欲望。但"晕轮效应"有利有弊，代言人健康向上的形象可促进品牌形象的塑造；如有负面行为则会影响其代言的品牌。因此品牌选取代言人需仔细谨慎。

同时，这也启示我们，构建一个健康的消费环境需要社会各界积极响应。首先，对于明星群体而言，应该坚守职业道德，加强自身的形象管理，树立偶像的正面形象，做到诚信宣传、真实营销；其次，大众媒体作为信息载体，更应规范媒体责任及价值观，减少娱乐化及炒作性的报道，规范对明星个性的渲染，将报道重心放在商品上，突出新闻的核心价值，倡导节俭的消费观，为服装消费者创造正能量的网络传播环境；最后，广大消费者要正确地面对明星所带来的"晕轮效应"，增强对产品的辨识观察能力，树立正确的消费观和价值观，不因明星代言而盲目购买，养成勤俭节约、理性消费的观念。

二、在"攀比心理"中论正确的大学生消费观

（一）消费心理学内容

消费者的心理活动过程——"攀比心理"对服装消费者心理和行为的影响。

（二）案例目标

1. 知识目标

了解和掌握服装消费心理学的基本内容和研究方法；理解消费者的心理特征及行为规律；了解"攀比心理"对消费行为的影响。

2. 能力目标

培养学生对服装消费者心理及行为的分析能力；培养学生对服装消费案例的专业分析能力；培养学生对不同类型消费者和商品制订合理的营销策略的能力。

3. 素质目标

培养学生运用科学的价值观和方法论分析和处理问题的能力；注重社会主义核心价值观的指导作用，养成正确的消费观念。

（三）案例知识点

（1）"攀比心理"的概念。

（2）"攀比心理"对消费行为的影响。

（3）"攀比心理"的成因。

（4）大学生追求名牌的消费心理分析。

（5）培养大学生正确消费观的要素。

（四）重点与难点

1. 重点

结合案例理解消费者的"攀比心理"对消费行为的影响。

处理方法：通过案例设计、案例描述、案例分析、案例思考等环节的设计，创造情境深入理解案例，分析消费者的"攀比心理"对消费行为的影响。

2. 难点

分析"攀比心理"产生的原因，对科学的营销策略进行研究，以科学的价值观和

方法论进行理论学习和实践应用。

处理方法：深入挖掘案例问题根源，以思政指导思想帮助学生树立科学的价值观和方法论，进行正确的营销策略分析。

（五）案例描述

Nike品牌"AJ"系列在抖音上线，AIR JORDAN（AJ）与潮流概念画上了等号，迅速从潮流圈进入中国大众的视野。

从百度搜索指数来看，对"AJ"的关注度，几乎和抖音的爆红一起同时飙升，在2017～2018年这段时间内达到高峰（图2-1）。与此同时，在众多校园内更是"人人一双AJ"。"AJ"系列球鞋在销量与市场需求方面遥遥领先于其他产品，为运动鞋行业树立起更高的设计、创新与功能标杆。

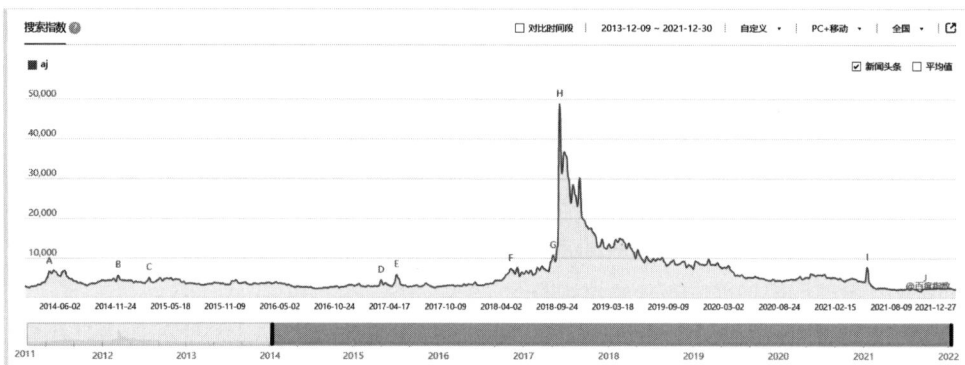

图2-1 "AJ"百度搜索指数

（六）案例分析

1. 攀比心理

攀比心理是指脱离自己实际收入水平而盲目攀高的一种消费心理。消费者由于受一定时期社会消费水平日渐增高、"大款"人物高消费的示范效应及消费者本人"面子消费"心理的影响，导致消费行为互相激活，互相攀比。相对于炫耀心理，消费者"攀比心理"的侧重点在"有"，即"你有我也有，你有我不能没有"的思想。根据"攀比心理"所产生的影响不同，又可分为正性攀比和负性攀比。正性攀比是正面的、积极的比较，是在理性意识驱使下的正当竞争，这种攀比往往能够引发个体积极的竞争力，从而获得达成目标的动力。负性攀比是消极的、负向的比较，会使个体陷入不良的心理状态，缺乏对自己和周围环境的理性分析，从而产生精神压力和极端心态，并导致自我否定。

2．"攀比心理"的表现

在广大消费群体中，"攀比心理"主要体现在服饰、电子产品等物质产品上，其中服饰攀比占相当大的比重。以服饰为例，一些设计新颖、价格昂贵的潮流品牌容易引得学生消费者纷纷购买，期望从服装品牌中展现自己的审美水平和独特风格。

3．"攀比心理"成因

（1）家庭环境。对于大学生群体而言，在现今多数家庭中，家长对孩子经济上的极大满足使其形成了非理性的消费习惯。学生群体还没有经济独立，消费观念尚未成熟，容易受诱惑掉入消费陷阱，缺乏储蓄观念，不能量入为出，助长了攀比消费习惯。

（2）社会环境。随着近几年经济的飞速发展，人民生活水平日益提高，人们的消费方式有了很大的变化，"享乐主义"的消费观念逐渐流行。深处社会大背景下，各类消费群体都或多或少受其影响，从而产生"攀比心理"。

（3）心理因素。学生消费者尚未形成完善的消费观念或消费观念不正确，为了寻求独一无二的风格，看重商品品牌，追求高档商品。

4．案例中大学生攀比消费行为分析

（1）炫耀心理。炫耀心理是一种在生活中渴望表现自己的欲望，体现了对物质生活的渴望，希望能通过物质水平来彰显自己的价值，以满足对自尊的需求。

（2）求异心理。对于年轻消费群体更加渴望寻求与众不同，将标新立异作为追求的目标，从而展示自己的独特个性。

（3）从众心理。在"你有我也要有"这一思想中，消费者受到群体影响，让自己的消费行为更加符合公众的行为方式。

（七）案例思考

1．正确认识"攀比心理"

广义上来说，"攀比心理"是一种较为负面的心理特征。攀比消费会加重个人经济负担，从而带来极大的精神压力，最终形成不健康的消费观念，不利于社会主义精神文明建设。因此在消费的过程中，应考虑到自身经济承受能力以及个人真实的消费意愿，从而做到不受干扰，自由消费。

2．如何应对攀比消费现象

（1）社会层面。要营造正确的消费观念导向和舆论环境，对消费者做出一些消费指导和帮助。

（2）个人层面。深刻理解攀比消费的成因，形成健全的消费观念，改变错误的消费思想，做到理性消费。

三、在"冲动消费"中论购物狂欢节与直播秒杀背后真相

（一）消费心理学内容

消费者的心理活动过程——冲动心理对服装消费者心理和行为的影响。

（二）案例目标

1. 知识目标

了解和掌握服装消费心理学的基本内容和研究方法；理解消费者的心理特征及行为规律；了解影响"冲动消费"心理和行为的因素。

2. 能力目标

培养学生对服装消费者心理及行为的分析能力；培养学生对服装消费案例的专业分析能力；培养学生对不同类型消费者和商品制订合理的营销策略的能力。

3. 素质目标

培养学生运用科学的价值观和方法论分析和处理问题的能力；注重社会主义核心价值观的指导作用，提升个人决策能力，树立正确的消费观。

（三）案例知识点

（1）损失厌恶、沉锚效应、稀缺原理、鸟笼效应等概念。
（2）"冲动消费"心理与行为分析。
（3）购物狂欢节与直播秒杀的消费心理研究。
（4）利用"冲动消费"的营销策略分析。

（四）重点与难点

1. 重点

结合案例理解外界因素促发产生的冲动的服装消费心理和行为原因。

处理方法：通过案例设计、案例描述、案例分析、案例思考等环节的设计，创造情境深入理解案例，分析购物狂欢节对服装消费者心理和行为的影响。

2. 难点

分析商家的营销手段如何影响服装消费者心理及行为，对科学的营销策略进行研究，以科学的价值观和方法论进行理论学习和实践应用。

处理方法：深入挖掘案例问题根源，以思政指导思想帮助学生树立科学的价值观和方法论，进行正确的营销策略分析。

（五）案例描述

数据显示，2021年"双11"期间用户规模同比呈现大幅增长，其中活动开启首日（10月20日）增长最为突出，"双11"当日移动购物行业用户规模首次突破8亿，达到8.28亿，而其中有一半用户无购买计划，为即兴购买。据调查，几乎所有的网购用户在购物节当天都有消费行为，且存在大规模的冲动消费。

（六）案例分析

1. 购物节热潮

2003年开始，移动互联网不断发展完善，网购也走进了千家万户，成为人们最常用的购物手段之一；2009年11月11日，淘宝网创造了"双11购物狂欢节"，经过多方位宣传造势以及销售额不断提高，购物狂欢节逐渐成为人尽皆知的购物"节日"。

2. "冲动消费"行为分析

冲动消费，是在没有任何购买计划的前提下，消费者受到商品促销活动或购物环境的刺激后，经过复杂的心理反应，产生强烈的、立即的、非理性的购买行为。消费者在日常生活中购买商品是为了满足自身生活需要，获得商品的使用价值。但消费者往往容易受商家广告营销、促销方式以及服务态度等各方面的影响，从而在无计划的情况下产生消费行为。网络购物狂欢节营销策略擅于根据消费者易受情感因素影响的特点，制造极富感染力的广告宣传和较大的折扣活动，诱惑消费者做出购买决策。

3. 消费心理研究

（1）求廉心理。广大消费者认为"双11"等购物节的促销价格普遍低于平时价格，因此产生追求廉价产品的消费行为。

（2）从众心理。从众心理即消费者会做出符合群体行为的决策。随着购物节销售额和参与用户的逐年增多，以及商品评价测评与"种草"营销的兴起，消费者更易受到其他消费群体的影响，倾向于加入该消费群体，从而做出"冲动消费"的抉择。

（3）沉锚效应。沉锚效应指在不确定的情境下进行判断时，呈现的一些无关数值信息会影响其随后的数值估计，使其最后估计结果向该初始值方向接近而产生偏差。在购物节中，消费者会根据商品的折扣力度、历史价格、广告价格形成"锚"，从而影响当下的购物决策。

（4）稀缺原理。稀缺原理即消费者面对数目有限的稀缺商品时会产生强烈的购买意愿，在购物节中商家常常采用"限时秒杀，售完为止"的营销手段来进行营销，消费者受到数量有限商品的诱惑，会激发出抢购的购买意愿。

（5）损失厌恶。损失厌恶指人们在面临同样的收益和损失时，往往更难以接受损失。同时，在面对收益时，人们常对风险表示厌恶；在面对损失时，人们常是风险偏好的。因此，面临购物节中的低廉折扣，消费者常常难以接受自己错过了折扣，因而产生冲动消费。

（6）鸟笼效应。鸟笼效应是指当人们拥有某件物品后，会继续购买与其相关的物品，即由第一件商品而引起更大的消费意愿。

（7）惯性思维。惯性思维是指先前已有的经验所形成的固定的思维模式，人们在潜意识里认为购物节时的价格比平时优惠，习惯于在购物节购物，而不考虑该物品是否真正需要。

（8）囤积心理。囤积心理指消费者不断添置新物品，从而导致囤积了大量的商品。在购物节，商家利用跨店满减、套餐售卖、买二送一等促销手段，让消费者产生多买多优惠的意识，从而导致不必要的冲动消费。

（七）案例思考

网购平台与商家创造了网络购物狂欢节这一契机。购物狂欢节以商品种类繁多、参与人数众多、价格优惠、促销手段多样为优势，迎合了消费者求廉、从众、囤积等消费心理，引起消费者的冲动消费。购物狂欢节虽然可以促进消费，但随着销售额与参与人数的逐年上升，同样也暴露出众多消费者被各种营销手段征服的真相。冲动消费在浪费钱财和精力的同时，也造成巨大的资源浪费。消费者可以通过以下方法增强理性消费意识，以自身需求为标准，克服冲动消费的心理：提前列出购物清单，按需购物；对于犹豫的商品可间隔一段时间再决定是否购买；了解消费心理的知识，避免从众、求廉等消费心理对消费决策的影响。

四、在"猎奇心理"中论服装盲盒的消费心理

（一）消费心理学内容

消费者的心理活动过程——"猎奇心理"对服装消费者心理和行为的影响。

（二）案例目标

1. 知识目标

了解和掌握服装消费心理学的基本内容和研究方法；理解消费者的心理特征及行为规律；了解"猎奇心理"对消费心理和行为的影响。

2. 能力目标

培养对服装消费者心理及行为的分析能力；培养对服装消费案例的专业分析能

力；培养对不同类型消费者和商品制订合理的营销策略的能力。

3. 素质目标

培养运用科学的价值观和方法论分析和处理问题的能力。

（三）案例知识点

（1）服装盲盒的营销策略。

（2）"猎奇心理"对消费行为的影响。

（3）服装盲盒的消费心理。

（4）盲盒经济发展建议。

（四）重点与难点

1. 重点

结合案例理解消费者的"猎奇心理"对消费行为的影响。

处理方法：通过案例设计、案例描述、案例分析、案例思考等环节的设计，创造情境深入理解案例，分析消费者的"猎奇心理"及对消费行为的影响。

2. 难点

分析盲盒的营销策略，探究"猎奇心理"如何作用于消费行为并对科学的营销策略进行研究，以科学的价值观和方法论进行理论学习和实践应用。

处理方法：剖析猎奇心理，深入挖掘案例问题根源，以思政指导思想帮助学生树立科学的价值观和方法论，进行正确的营销策略分析。

（五）案例描述

近年来，不少服装电商推出了"限时限量""惊喜折扣""断码捡漏"的盲盒销售模式。盲盒里的衣服单卖或者打包，有的会给定内容范围，有的则不说明具体面料款式，只标注种类和固定尺码，模糊的文字和图片让购物体验全靠想象和运气。但盲盒价格充满诱惑力，刺激消费者的购买欲望。在同一店铺中横向对比，盲盒的价格都大大低于店内服装原价。

部分服装盲盒的购买评论较好，消费者表示，盲盒内容令人惊喜。在收到盲盒后，消费者会将其与店内在售的同款服装进行比较，并认为物超所值。

同时，也有买家对服装盲盒感到失望。打开盲盒后发现其中的服装有异味、有污渍、面料穿着不舒适、质量差、尺码不合适、款式不满意等一系列问题。认为服装盲盒就是"智商税"，很难抽中自己喜欢的衣服，购买盲盒存在一定的风险，并表示以后不会再购买服装盲盒。

（六）案例分析

1. 盲盒的起源和发展

起初，商家将多件商品放在布袋或纸盒中，在店铺新开张或者节假日进行打折促销，搭配销售，便形成了盲盒模式。近年来，盲盒的模式得到了更加广泛的推广。随着盲盒经济的快速发展，盲盒形式已经从玩具领域逐渐渗透到其他行业领域中，比如服装盲盒、美妆盲盒、零食盲盒等，掀起了一股盲盒热潮，极大地刺激了消费者的购买欲望。

2. 服装盲盒的发展

2011年出现了最早的服装盲盒，由Stitch Fix发起。Stitch Fix是美国一家DTC（Direct to Consumev）品牌，结合计算机算法和造型师设计，根据用户的风格喜好、身材尺寸等录入的数据，依照分析结果，每次邮寄五六件衣服，用户只需要提前支付一笔"搭配费"，收到衣服后将喜欢的买下并寄回其余，从而简化了用户决策，提升了用户购物体验。

国内的服装也随之掀起一股服装盲盒热潮。商家推出各种各样的服装盲盒，消费者购买盲盒就能随机获得一件或几件衣服，商家向顾客保证会物超所值，即到手的服装价值会高于正常售卖的价格。优惠的价格和类似"抽奖"的形式吸引了许多消费者的目光，刺激消费者的猎奇心理，并激起购买欲望。

3. 服装盲盒的营销策略

（1）盲盒定价。盲盒价格如果太高可能会唤醒消费者的购买风险意识，因此要用较大幅度的价格折扣刺激消费者，同时根据单品价格，适当安排盲盒内商品数量，一般2~5件为宜，避免让消费者望而却步的高价盲盒。在具体定价时，可以用吉利的数字6或8结尾。商家可以结合实际销售需要提供不同价位的盲盒，比如可以根据选择形式区分盲盒，188元的盲盒可以挑选1件，288元的盲盒可以挑选2件，其他的商品则由商家随机分配。通过自主挑选和随机搭配相结合，可以打破盲盒高价格与高风险之间的固有联系，缓解消费者购买顾虑。

（2）店铺形象。消费者往往倾向于选择形象好、美誉度高的店铺购买商品，以降低知觉风险。店铺要注重商品质量，及时响应顾客需求，充分向顾客传递盲盒信息，树立良好的店铺形象以提高顾客对商品品质的认可度和接受度，使顾客相信盲盒是物超所值的，从而减少购买决策时间，促进盲盒的销售。

（3）包装精美。与普通的商品相比，盲盒多了"礼物"的性质，因此，在盲盒内容未知的情况下，外在的包装是吸引消费者的重要因素。盲盒包装可以用典雅的风格给消费者商品品质上佳的心理暗示，也可以用喜庆的节日风格烘托气氛。在盲盒上标明商品原价和现价，突出表现"惊爆"这种字眼，诱惑消费者购买。同时还可以在盲盒上写上寄语，传达店家对消费者的祝福，通过满足顾客的情感诉求，提高消费者对盲盒的好感度。

（4）宣传引流。由于消费者在商品购买中会受到从众心理、冲动性消费的影响，商家可以使原有顾客首先成为盲盒的消费群体，通过口碑和评价刺激新顾客做出购买决策，提高盲盒成交额。例如，商家通过微信公众号推送文章，发布朋友圈宣传盲盒活动，与原有顾客互动，增强店铺原有顾客的群体身份归属感及认同感，增加顾客黏性。同时，通过原有顾客的人际关系网络，扩大盲盒信息传播范围，从而吸引新顾客，使其产生购买欲望，增大店铺客流量和盲盒成单量。

（5）限时限量。商家要在有限时间内提供有限数量的盲盒，使消费者产生购买的紧迫感。盲盒的稀缺性和购买的时效性会引导顾客高估盲盒的价值，加速消费者购买决策，提高盲盒销售量和成交额。

4. 服装盲盒营销方式存在的问题

（1）产品质量难以保证。许多商家打着服装盲盒的旗号，声称"感恩回馈顾客""亏本放送福利""冲销量"，将盲盒当成是"清库存"的工具；部分服装盲盒产品质量难以保障，假冒伪劣产品时有出现。有些商家的产品本身没有过硬竞争力，只想着蹭盲盒的营销热度。这些商家赢得了眼前的利益却丢掉了长远的口碑。同时，这些行为不仅损害了消费者的合法权益，也扰乱了市场正常秩序，不利于行业的健康发展。

（2）售后得不到保障。售卖服装盲盒的商家通常都有强制规则或隐形条款，盲盒一经发出，非质量问题不接受退换货，不支持保价不补差价，且不接受因款式不满意而中差评。出现质量问题时，消费者维权困难。

（3）产生浪费。消费者收到盲盒发现服装不适合时，也不能退换货，只能将其闲置或是挂在二手平台上卖掉，从而产生浪费现象。

5. 购买服装盲盒的消费心理研究

（1）求廉心理。盲盒内组合商品的价值通常会高于其单一价格总和，这样的营销策略会让消费者觉得"有便宜可占"，实惠的价格刺激购买欲望。

（2）冲动心理。面对各种营销信息铺天盖地而来，消费者会受到社会文化、环境、个人思想倾向以及心理等因素的影响，从而产生冲动的交易行为。

（3）猎奇心理。即要求获得有关新奇事物或新奇现象的心理状态。年轻消费者对于新事物总是充满好奇，对服装盲盒有一定的关注度，猎奇心理较强。盲盒的魅力在于其不确定性，也正好击中了年轻人的好奇心。年轻消费者对于新的品牌怀有好奇和期待，想要尝试新的品牌体验，并从服装盲盒中得到满足。

（4）从众心理。随着盲盒消费铺天盖地的宣传，消费者从各种渠道了解到盲盒，因其自身的从众心理而开始关注盲盒，成为其潜在的消费者。

（七）案例思考

1.理性消费

对于年轻消费者来说，利用盲盒满足自己的好奇心、尝试新鲜事物是可取的，但不要盲目跟风，要有风险防范意识，结合自己的经济条件理性消费。要认识到盲盒具有不确定性的本质，认清并防范商家过度营销的套路，不应过分沉迷。

2.加强监管

有关部门要强化对盲盒行业的监管，整治"盲盒经济"乱象。利用大数据、云计算等新技术，对中奖概率进行随机抽查，杜绝"暗箱操作"，以维护消费者的合法权益。对于虚假宣传、产品质量等问题，要果断出手，依法严惩。

对于盲盒等新业态，监管要包容与审慎并重。对于"盲盒经济"，应该规范起来，建章立制，实现新业态发展与商业伦理、社会价值的良性互动，促进行业健康长远发展。

五、在"从众心理"中论买家秀的积极引导

（一）消费心理学内容

消费者的心理活动过程——"从众心理"对服装消费者心理和行为的影响。

（二）案例目标

1.知识目标

了解和掌握服装消费心理学的基本内容和研究方法；理解消费者的心理特征及行为规律；了解"从众心理"对消费心理和行为的影响。

2.能力目标

培养学生对服装消费者心理及行为的分析能力；培养学生对服装消费案例的专业分析能力；培养学生对不同类型消费者和商品制订合理的营销策略的能力。

3.素质目标

培养运用科学的价值观和方法论分析和处理问题的能力。

（三）案例知识点

（1）买家秀的概念。

（2）买家秀的作用机制。

（3）"从众心理"研究。

（4）营销策略分析。

（四）重点与难点

1. 重点

结合案例理解消费者的"从众心理"对消费行为的影响。

处理方法：通过案例设计、案例描述、案例分析、案例思考等环节的设计，创造情境深入理解案例，分析消费者的"从众心理"及其影响。

2. 难点

分析买家秀对消费者决策的积极影响，探究"从众心理"对消费行为的影响，研究其消费心理，以科学的价值观和方法论进行理论学习和实践应用。

处理方法：剖析"从众心理"，深入挖掘案例问题根源，以思政指导思想帮助学生树立科学的价值观和方法论，进行正确的营销策略分析。

（五）案例描述

当今互联网的发展极大地推动了电子商务的迅速普及，人们的生活方式与消费习惯也随之发生巨大变化，网络消费悄然成为人们重要的消费方式，并出现超越传统消费的趋势。

消费者在网购的过程中需要了解商品的各个方面。商品评价能为消费者提供更多的商品信息。目前各网上购物平台的买家评价系统，可供选择的评价选项主要为好评、中评、差评，买家可以添加图片和视频对商品进行描述。对店铺的评价主要采用星级评价的方式，分别从商品描述相符度、物流服务以及商家服务态度等对店铺做出评价。

有消费者指出，仅依靠查看卖家提供的图片和商品描述无法想象真实穿着效果，许多消费者正是被其他买家的评价打动而选择购买。一些评价会提供真实的感受和建议，十分具有参考性。

（六）案例分析

1. 买家秀的概念界定

消费者在完成网购后，会在网络评价页面对该产品做出真实的使用或体验评价，即对商品进行图片拍摄，或结合文字评论，发布在网络上的展示行为，称为买家秀。买家秀是电子商务交易平台为买家提供的售后评价功能。以中国最大的C2C电子商务交易平台淘宝为例，其在推出买家秀功能后，日趋形成了一种消费习惯和传播现象。越来越多的消费者在线上晒出买家秀，越来越多的卖家鼓励发布买家秀，以求达到

"口碑式"的二级传播效果。

2.买家秀的作用机制

（1）"有图有真相"。对商品的评论形式多样化会对消费者的决策产生更显著的影响。随着信息过载现象的出现，文字对消费者的吸引力逐渐下降，图片和视频可以更全面、真实地展示产品信息，因而消费者也更加关注该形式的评论。参考买家秀可以降低购买决策风险，增强消费者的信任感，对消费者决策制订有着强烈的暗示作用。

（2）实现买卖双方信息平衡。由于卖家以盈利为目的的市场属性，商品简介内容总是倾向于展现服装的优点。在这种情况下，网络购物时查看买家秀是平衡买卖双方信息的必要手段。例如，存在色差、尺码误差、工艺细节差等。买家秀可以不同程度地呈现卖家广告信息中的虚实情况，缓解信息不对称问题，为新买家的决策提供参考。所以，买家秀实际上对商家的产品广告与说明起到补充作用。

（3）产生意见领袖。意见领袖是在团队中构成信息和影响的重要来源，并能左右多数人态度倾向的少数人。意见领袖是普通消费者极其宝贵的信息来源，也是使消费者产生从众心理的原因。由于社交媒体的开放性，催生了时尚博主、带货网红、商品推荐公众号等一系列拥有一定粉丝基础和广泛关注度的意见领袖。这些意见领袖是具有媒介专业素养的买家，对买家秀进行视觉加工与文案撰写，在个人社交媒体发布买家秀，专业解读商品，吸引粉丝眼球。

3.从众消费心理研究

在群体中与多数人持不同意见的个人会感受到群体压力，个体在群体一致性压力下，常会产生从众行为。从众是指在实际或假想存在的群体压力下，个体改变自己的态度，放弃自己原先的意见，而产生和大多数人一致的行为。

消费者跟随买家秀做出消费决策就是一种最常见的从众行为。在买家秀中所呈现的穿着效果、面料舒适性、服务体验等因素的影响下，极有可能促使人们改变之前的观点而做出产生符合从众心理影响下的消费决策行为。由于网络平台购买服装无法进行试穿，使得风险提高，因此其他消费者提供的信息就显得无比重要，潜在购买者更容易受参照群体的影响。

（七）案例思考

1.对消费者而言

消费者应在进行购买决策时理性参考买家秀，做出自己的判断；购买商品后以认真负责的态度发表在线评论。

2.对电商商家而言

目前众多电商商家都已意识到买家秀对消费者影响的重要性，但要根据所销售的产品类型而选择针对性、理智的营销策略，更应把精力放在如何使商品和服务更优上，以诚信和品质来赢得消费者的真实好口碑。

3.对电商平台而言

作为维护在线购物环境的电商平台，应当加大力度优化买家秀评论系统，加强对电商贸易活动与买家评论的监管，加强对买家秀的审核与管理，维护消费者良好的购物环境。

六、在"炫耀心理"中论"李宁"品牌的自豪感

（一）消费心理学内容

消费者的心理活动过程——"炫耀心理"对服装消费者心理和行为的影响

（二）案例目标

1.知识目标

了解和掌握服装消费心理学的基本内容和研究方法；理解消费者的心理特征及行为规律；了解"炫耀心理"对消费心理和行为的影响。

2.能力目标

培养学生对服装消费者心理及行为的分析能力；培养学生对服装消费案例的专业分析能力；培养学生对不同类型消费者和商品制订合理的营销策略的能力。

3.素质目标

培养运用科学的价值观和方法论分析和处理问题的能力。

（三）案例知识点

（1）"李宁"品牌的营销策略。

（2）"炫耀心理"对消费行为的影响。

（3）"李宁"品牌消费心理研究。

（4）"炫耀心理"营销的内涵。

（四）重点与难点

1.重点

结合案例理解消费者的"炫耀心理"对消费行为的影响。

处理方法：通过案例设计、案例描述、案例分析、案例思考等环节的设计，创造情境深入理解案例，分析消费者的"炫耀心理"及该心理的影响。

2.难点

分析"李宁"牌的营销策略，探究"炫耀心理"如何影响消费行为并对科学的营销策略进行研究，以科学的价值观和方法论进行理论学习和实践应用。

处理方法：剖析"炫耀心理"，深入挖掘案例问题根源，以思政指导思想帮助学生树立科学的价值观和方法论，进行正确的营销策略分析。

（五）案例描述

"中国李宁"以优秀传统文化为其产品设计的内核，结合现代化的潮流元素设计唤起年轻消费群体的共鸣，从而体现"李宁"的品牌文化。也正如李宁先生所说："我们始终要拥有一颗年轻的心，在这个巨变的时代需要满怀激情地去创造、去挑战，每一步更接近自己的梦想。"无论是融入《清明上河图》、虹桥等文化元素，还是取自《荀子·修身》中"道虽弥，不行不至"等产品设计理念，都表明了在"中国李宁"的产品设计中能够看到品牌对于中国传统文化独到的理解与创新，并赋予产品独特的中国气息。其更是引发了各类"潮牌"的效仿，在国内消费者追捧的同时也实现了在消费者心目中的形象转变。

"中国李宁"将中国水墨画、中国汉字、中国配色等元素融入产品设计，结合代表着青年人"街头文化"的工装裤、帽衫、卫衣、腰包等款式，在保证产品功能、舒适的同时，契合年轻人重视文化内涵和寻求国家归属感的消费需求。2018年，"中国李宁"将"中国"二字直接印在服装上，字体采用传统的"宋体"，颜色采用中国经典的"红和黄"搭配。醒目的"中国"大字对于国人来说是提升服饰自信、文化自信最好的符号（图2-2）。

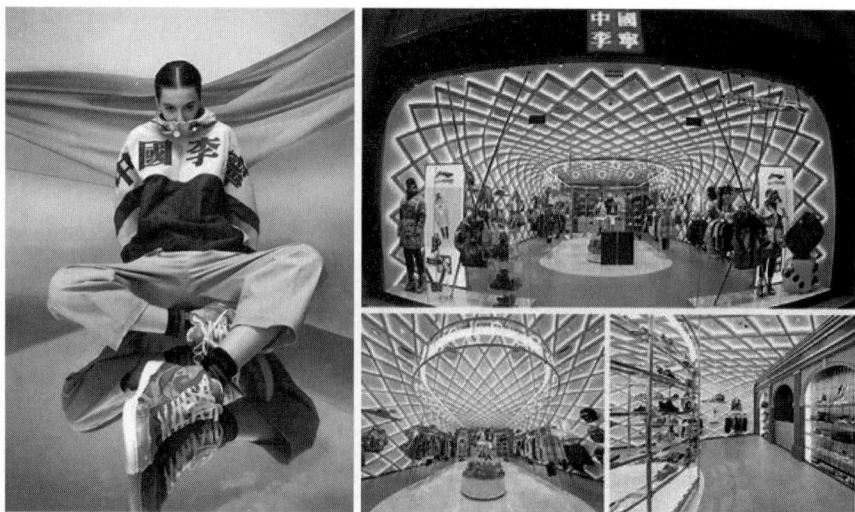

图2-2　李宁国潮服饰和店铺LOGO

（六）案例分析

1."李宁"品牌的营销策略

（1）打造独特的品牌内核。在新时代的背景下，基于数字化的影响，"李宁"品牌改变营销策略是时代驱动的必然结果。服装品牌必须依据时代的发展、消费者的实际需求以及自身的特色找准定位，创造出无可比拟的品牌内核，形成特有的文化内涵，使品牌具有记忆点，吸引消费者的目光。"中国李宁"的产品设计既传承了"李宁"的品牌文化，也体现出了中华美学特色（图2-3）。

图2-3 "李宁"品牌"中国风"海报

（2）优质的产品设计。"李宁"品牌以"潮流元素+运动+时尚+中国文化元素"的产品设计深入人心，通过其产品设计可以看出品牌对传统文化的独到理解与运用，所传递的文化内容不仅获得了国内消费者共鸣，更是在国际舞台大放异彩。这样优质的产品设计也使得"中国李宁"逐渐成为独树一帜的品牌IP。

（3）良好的推广模式。2018年2月，"中国李宁"以"悟道"为主题亮相纽约时装周。这是"李宁"品牌第一次登上国际时装盛典的舞台，也是首个亮相国际时装周的中国体育运动品牌，吸引了全场观众的眼球（图2-4）。2018年6月，"中国李宁"登陆巴黎时装周，以更加成熟的表现，让"李宁"再度成为国货的骄傲。2019年2月，"中国李宁"以"行"为主题再度登上纽约时装周舞台，彰显出更多的从容与自信。2019年6月的巴黎时装周上，"中国李宁"以"行至巴黎"为主题，将中华大地的壮美河山以水墨画方式呈现，大气磅礴，酣畅淋漓。

图2-4 "中国李宁"以"悟道"为主题亮相纽约时装周

（4）满足年轻化市场需求。"李宁"的"专业运动+时尚潮流"的品牌定位和品牌中具有辨识度的元素和设计，营造了品牌酷感、品牌真实性、品牌独特性、品牌认同感和品牌幸福感，满足了年轻群体的消费心理。近年来"国潮"在年轻消费群体中盛行，"李宁"作为国货潮流领军品牌，自然成为大众消费者的首选。

2. "李宁"品牌消费心理研究

（1）炫耀心理。炫耀性消费最早由美国著名社会学家、经济学家托斯丹·邦德·凡勃伦（Thorstein B Veblen）在其著作《有闲阶级论：关于制度的经济研究》一书中提出。他认为："要获得尊荣并保持尊荣，仅仅保有财富或权力还是远远不够的，有了财富或权力还必须能够提供证明，因为尊荣只是通过这样的证明得来的。"消费主义时代，奢华和高档商品及其形象会成为一个巨大的"符号载体"，一些消费中也存在爱面子、好攀比的因素，是否有能力消费与夸富是社会上有没有"面子"的重要指标。当新媒体创造出越来越多"面子物质"时，人们的炫耀心理需要得到释放，日益膨胀的满足感需要发泄。消费者的心理从单纯追求物的需要到追求购买快感的需要。炫耀心理在新媒体时代得到了释放。为了确认自身在社会中的地位，希望得到群体的接受和认可，处于特定社会阶层中的人们通过消费，与他人、群体和社会建立关系，以建构自己的身份和价值。

（2）爱国情怀。爱国主义具有历史性，在不同时期具有不同的内涵。"中国李宁"对中国元素的使用，在一定程度引发了国内消费者的民族自豪感与爱国情怀。"志同之人为伍，道和之人相惜""天圆地方""动静皆宜""刚柔并济""收放自如"，这些中国传统文化内涵也在品牌服装文化中展现出来，有利于感染消费者的爱国情怀。

（3）文化自信。从本质上来讲是一种自觉的心理认同、坚定的信念和正确的文化心态。就个体而言，文化自信是个人对所属国家和民族文化的积极态度和充分肯定，标志着对所属国家和民族文化的价值取向认同和身份认同。它是人的一种深度发展，是人在文化上增进自我、扩展自我的表现，是一种主体性心态的自然呈现。2020年12月，"李宁"与甘肃敦煌博物馆合作开发"李宁CF溯"系列联名款球鞋，将敦煌壁画的花纹与裂缝元素融入产品设计，展现出壁画剥落的斑驳感以及黄沙映衬下的中华民族悠久历史和璀璨文化。这样的联名产品使得消费者们能正确地看待民族文化，进一步理解并认同自身文化的价值与内涵，对中国传统文化的发展前途更有信心。

3.炫耀性消费的动机分析

炫耀性消费动机主要分为以下三类。

（1）工具性炫耀消费。工具性炫耀消费指成员炫耀消费时带有明显的目的性和工具性动机。炫耀性消费的目的是获得切实的利益，是消费者为实现身份建构或社会地位提升的一种工具。

（2）情感性炫耀消费。情感性炫耀消费主要是出于一种情感的获得和表达，而不带有明显的工具性质。炫耀性消费的目的是获得某种虚荣心的满足。具有以下特点：①以情感表达上（虚荣心）的满足、精神上的愉悦为目的；②需要有观众和场合，并需要观众的赞同和反映；③消费行为本身是情感炫耀的主要来源。

（3）混合性炫耀消费。混合性炫耀消费介于以上两者之间，其动机带有工具性和情感性双重特征，既为了实用又为了获得他人赞赏和自身的虚荣心。

（七）案例思考

"中国李宁"国潮文化的流行获得青年人的认可，反映出基于情感体验的传统文化情感认同。这样的情感认同已根植于年轻人的内心，产生了强烈的情感共鸣。国潮文化的情感认同折射出强烈的文化自信与文化自豪感，可以在文化多元的时代，打破精英文化与大众文化之间的屏障，构建出基于民族情感的主流文化认同，进而达成一种文化共识。这样的共识避免了流行文化的周期性弊端。国潮不仅可以使用年轻人的语言诠释古老文化并赋予现代审美情趣，也可以将传统文化元素融入时尚创意中，形成一种特有的潮流文化。

同时，大学生消费群体由于经济不独立、消费观念不成熟，在炫耀消费的影响下，容易形成享乐主义的价值观。因此，需对大众及青年开展价值观、消费观的正面教育，对炫耀消费心理进行理性的分析、合理地引导。

七、在"情感心理"中论国货服装消费热潮

（一）消费心理学内容

消费者的心理活动过程——情感因素对服装消费者心理和行为的影响。

（二）案例目标

1.知识目标

了解和掌握服装消费心理学的基本内容和研究方法；理解消费者的心理特征及行为规律；了解情感因素对消费心理和行为的影响。

2.能力目标

培养学生对服装消费者心理及行为的分析能力；培养学生对服装消费案例的专业分析能力；培养学生对不同类型消费者和商品制订合理的营销策略的能力。

3.素质目标

以思政指导思想帮助树立科学的价值观和方法论，培养分析和处理问题的专业能力；提升职业素养，培养专业人才爱国主义情怀。

（三）案例知识点

（1）情感和情绪的概念与区别、情感的特征。
（2）情感因素对消费行为的影响。
（3）情感营销的内涵及营销策略。
（4）国潮服装品牌建设要素。

（四）重点与难点

1.重点

结合案例理解消费者的情感过程对消费行为的影响。

处理方法：通过案例设计、案例描述、案例分析、案例思考等环节的设计，创造情境深入理解案例，分析消费者的情感对消费心理及行为的影响。

2.难点

分析国潮服装面临的挑战以及发展的关键要素，对科学的营销策略进行研究，以科学的价值观和方法论进行理论学习和实践应用。

处理方法：深入挖掘案例问题根源，以思政指导思想帮助树立科学的价值观和方法论，进行正确的营销策略分析。

（五）案例描述

2023年12月18日，由新疆维吾尔自治区人民政府、新疆生产建设兵团和中华全国供销合作总社共同设立的国家级棉花棉纱交易中心在新疆国际会展中心揭牌成立。

国家级棉花棉纱交易中心落户棉花主产区新疆，一时间引起社会各界广泛关注。从棉花生产大区到提出加快建设棉花和纺织服装产业集群，新疆的棉花产业正在经历一次次升级，向产业更高端努力迈进。众多国货服装品牌采用新疆棉作为原材料，彰显产品品质，宣传国潮特色，受到了国人消费者的支持和青睐。

（六）案例分析

1.话题主角——新疆棉

新疆长绒棉是一种纤维较长的棉花，主产于新疆巴音郭楞、吐鲁番盆地、塔里木盆地等地。新疆棉花由于纤维长、强度高，做衣被暖和、透气、舒适，是世界顶级棉花，常年供不应求（图2-5）。

新疆棉不仅产量喜人，足迹也是遍布全球，而且用途广泛，新疆棉能被世界瞩目真的实至名归。中国储备粮管理集团最新数据显示，中国是世界最大棉花消费国、第二大棉花生产国，2020~2021年度棉花产量约595万吨，其中，新疆棉产量520万吨，占国内产量比重约87%（图2-6）。

图2-5 新疆棉花

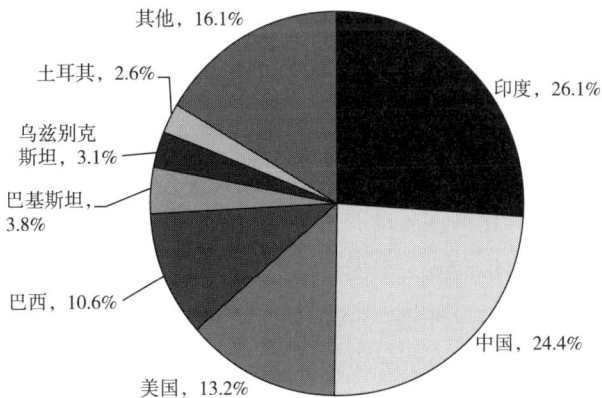

图2-6 世界各国棉花生产量饼图

2.各大国货服装品牌青睐新疆棉

众多中国品牌发布支持新疆棉花的声明，包括安踏、海澜之家、美特斯邦威、森马、鸿星尔克、茵曼、纳薇、密扇、卡宾Cabbeen、幼岚等运动服饰品牌，以及洁丽雅、水星家纺、罗莱家纺、七度空间等毛巾、家纺、卫生巾品牌。

其中，鸿星尔克称，旗下产品始终坚持使用中国棉，每年使用数千吨新疆棉。

海澜之家称，支持祖国棉花产业蓬勃发展。卡宾Cabbeen历数用新疆棉制作出来衣物的优点：品质优良、纤维柔长、洁白光泽、弹性良好；透气、保暖、有弹性、无静电，纯天然。水星家纺也称，新疆长绒棉是"棉中极品"，生长周期长、热量需求大、种植要求严格。洁丽雅透露，他们不仅用新疆棉，还在新疆拥有两千余亩棉田环绕的自有工厂，为新疆创造了近万个工作岗位，今后继续为新疆发展助力，也让更多消费者能使用并感受优质新疆棉。美特斯邦威表态，继续使用新疆棉，扬我国邦之威。匹克体育更是直接晒出购销合同，表示一直采购新疆棉、中国棉。

3.支持新疆棉的原因

从棉花这一原材料的角度出发，做本土特色的服装定位，持续将舒适这两个字，变成用户端可感知的舒服，是国货服装品牌的理念。优秀的原棉通常有吐絮好、含杂少、纤维更长、韧度更大等特点，这可以让面料的光滑度更高，在加工过程中也可以减少断裂，既提高成品率，也提高消费者的穿着体验。

而新疆地处北纬37~42度，是极其适宜的产棉带，夏季长达16个多小时的充分光合作用，与接近20℃的昼夜温差，更适合生长出有着上述优点的优质棉花，一二级花产量占比常年在80%以上。

新疆棉花是"喝着天山雪水长大的"。新疆棉田灌溉用水，绝大部分来自天山融化而成的雪水，这就是新疆棉内在品质好的原因之一。新疆棉确能代表着国棉的较高品质。

经过国货服装品牌的努力，新疆棉、国棉几个字已经成为消费者面前的一个购买标准，也成了"国货崛起""国货之光"的代名词。当下，借着国货崛起的东风，本土品牌还在经历一些巨大的变化：首先，整体优势正在从传统产能带来的性价比，向着拼原料、拼设计、拼品牌的质价比层面转变；其次，国货的品牌化也将带动本土的服装产业链向产业互联网化的方向发展，做到价格更加稳定、技术保持创新、供应体系更柔性。服装行业也将继续致力于提升本土品牌的信心，影响更多品牌来使用可溯源的真正好国棉，敢下成本用好料，带动好国棉市场和国货企业长期品牌化发展，实现更高层次的中国文化自信、时尚产业自信。

4.消费心理研究

（1）爱国情怀。以支持新疆棉和国货来表达爱国情怀。

（2）求同心理。民族荣誉感和坚持统一战线态度，会激发国民支持新疆棉、购买国货服装的行为，以此来表达支持国家，万众一心的决心。

（3）社会文化。以制造本土特色服装、穿着国货服装来体现国家文化外在形式表达，彰显文化自信和国家自豪感。

（七）案例思考

如何正确表达爱国主义情怀？在服装行业层面，应注重科技研发，人才培养，产业协作，秉承爱国、法治、公正的行业准则，为企业发展营造良好的环境提供强大的支持；在服装企业层面，谋求创新、实力的自主品牌建设发展之路，秉承诚信、敬业、和谐的经营准则，生产设计出更高品质具有中国文化内涵的服装；在服装消费者层面，坚持文明、自由、友善的消费观念，支持国货的同时，也应理性消费，做遵纪守法的好公民。共同营造服装行业及市场良性发展空间，为国货服装品牌强大助力攻坚。

第四节　实践目标

大学生在高校学习期间，专业基础知识的学习与校园生活环境都将对其价值观的形成有十分重要的影响。在专业教学的相关学科内容中，应引入服装消费中价值分析与判断的相关知识，进而引导学生树立正确的价值观和消费习惯。

通过正、反面服装消费案例的对比和消费心理、行为的解读，以及消费观念及消费环境对于消费者及消费市场影响的分析，使学生理解正确的价值观对于行业、企业以及消费者的重要意义，树立正确消费观念，倡导在服装消费市场践行正确价值观。

从众心理引发的消费，即人们跟风、随大流的心理往往能够引发对某类商品或某种风格商品的追求，并形成流行趋势。商家常利用消费者从众追赶潮流的心理来推销自己的商品。消费是否应该从众要做具体分析，盲目从众是不可取的。

求异心理引发的消费，即有些人消费时喜欢追求与众不同、标新立异的效果。这种消费有时可以推动新工艺和新产品的出现，但展示个性要考虑社会的认可，还要考虑代价。为显示与众不同而过分标新立异，是不值得提倡的。

攀比心理引发的消费，即受攀比心理的影响，饮食消费向广告看齐、服装消费向名牌看齐、娱乐消费向流行看齐、人群消费向成人看齐，这种消费心理是不健康的。

求实心理主导的消费，即消费者在选择商品的时候，往往要考虑很多因素，如商品是否便宜，质量好不好，服务是否到位，功能是否齐全，操作是否简便等。讲究实惠，根据自己的需要选择商品，才是理性的消费。

因此，我们应该首先做到量入为出，适度消费。要在自己的经济承受能力之内进行消费。那些支出无计划、为了撑面子，不惜举债消费而不考虑自己偿还能力的行为，是缺乏理性的。但过于紧缩的消费会使人们的需求得不到满足，也不利于推动社会生产的发展。所以我们提倡消费要适度。

其次，应该避免盲从，要理性消费。别人都买的东西不一定适合自己的需求，随大流购买自己并不需要的东西是不理智的。要避免盲目跟风，避免情绪化消费，避免只看中物质消费而忽略精神消费的倾向。

最后，应该保护环境，绿色消费。面对严峻的资源短缺和环境污染问题，我们应该树立生态文明观念，保持人与自然环境之间的和谐。

思考题

1.什么是晕轮效应？分析明星代言引发消费热潮产生的原因。

2.如何正确认识攀比心理做到理性消费？

3.分析购物狂欢节中运用的营销策略对购买行为的影响，如何避免冲动消费？

4.服装盲盒为何会激发消费者的购买欲望？

5.买家秀中体现的从众心理会产生哪些消极的消费行为？分析其原因。

6.分析炫耀性心理的本质。

7.支持新疆棉的国货消费热潮的原因是什么？

扫码可见
思考题答案

在"消费者气质与行为差异"中的思政案例设计

📖 **课题内容：**

1. 思政解读

2. 教学设计

3. 案例设计

4. 实践目标

▶ **课题时间：** 3课时

第三章　消费者气质与行为差异PPT

◎ **教学目的：**

1. 知识目标：了解和掌握服装消费心理学的基本内容和研究方法；理解消费者的心理特征及行为规律；了解人格对消费心理和行为的影响；理解消费者的气质类型分类及行为规律；掌握各气质类型消费者心理和行为差异。

2. 能力目标：培养对服装消费者心理及行为的分析能力；培养对服装消费案例的专业分析能力；培养对不同类型消费者和商品制订合理的营销策略的能力。

3. 素质目标：培养运用科学的价值观和方法论分析和处理问题的能力，树立健康的消费人格。

📈 **教学方式：** 概念导入法、案例分析法。

✎ **教学要求：** 解读服装消费案例，剖析案例背后的消费心理。分析各种消费者的心理活动过程，理解对消费行为的积极与消极影响。以思政指导思想提升案例理解高度和深度，掌握科学的价值观和方法论，培养分析和处理问题的专业能力。

👔 **课前（后）准备：**

1. 课前进行相关案例资料的搜集整理、章节心理学知识点预习、相关概念理解。

2. 课后完成配套练习、案例视频的学习，结合专业技能培养目标进行课程实践。

第一节　思政解读

一、思政要点

在"消费者气质与行为差异"中的思政主要体现为树立健康的人格和精神世界。

二、思政内容

用通俗的语言表述共产主义理想人格，可以概括为以下四种。

（一）协调性

具有协调性，即具有协调的品格。能够热爱社会进步和人类正义事业，能够正确处理国家、集体和个人的关系，必要时能够为社会、集体和他人牺牲个人利益，坚持四项基本原则，严守法纪，讲究道德和文明，做一个奉公守法、道德高尚、目光远大的人。

（二）进取性

深信只有大胆进取才有未来，对于困难的第一个回答，就是迎接挑战。欢迎竞争，认为竞争是民族发展和个人发展的原始动力之一，不怕挫折和失败，总以百折不挠的努力去参与竞争，争取竞争的胜利。

（三）创造性

创造性，即创造的素质能力。无论对开发自然，或发展社会，都不满足于已有的状态和结论，而总是以大胆创新的精神，打开新局面，提出新见解。具有强烈的创新意识和较强的创造能力，做一个创造力勃发、思想开阔的人。

（四）超越性

超越性即具有超越的精神品质。具有很强的自我反省能力，善于慎独、自律、反思、改过与超越；能够经常实现自我意识的分化和统一，不断肯定成绩，找出问题，超越自身，超越外界，尝试再前进一步的可能。永远不肯将自己的事业停在一个水平上。

总之，协调精神、进取精神、创造精神和超越精神是共产主义理想人格的四个基本精神要素，它们的有机结合构成了中国现代化共产主义理想人格的一般模式。我国目前正面临着人格模式的新发展，塑造由协调性、进取性、创造性和超越性组合而成的全面发展人格，是时代的需要，也是全面建设小康社会的需要。

消费与每个人息息相关，并受消费者不同的人格影响形成不同的消费人格。良好的消费人格不仅对于消费者个体有益，对于整个消费市场环境的稳定也具有重要作用。在服装消费中，应明确科学、健康的消费观，塑造消费者健康的消费心理和人格，形成科学的消费行为，成为健康文明的社会公民。通过课程内容学习，培养学生树立量入为出、适度消费、避免盲从、理性消费、保护环境、绿色消费、勤俭节约、艰苦奋斗、智慧消费的消费观念，培育健康的消费人格。

第二节　教学设计

一、导入方式

教学可以采用概念导入法，首先通过讲解课程内容中涉及的心理学概念和学说的基本内容，使学生产生浓厚的专业兴趣，了解基础理论知识；再由此引出具体的事例和现象促使学生思考，理论联系实践，加深对概念的理解和实践分析能力。

二、教学方法

在教学中可以使用案例分析法。案例分析法是指以某种现象或事件，即案例为基础和线索，以教材理论观点为依据，引导学生对案例进行分析、讨论、思考和归纳的一种开放式教学方法。通过具体的案例，引导学生进行分析、讨论等活动，促进学生通过体验、分享来达到掌握知识、提高素质的目的。在教学中，教师提供案例、设置问题，学生通过阅读案例，产生疑问，激起学习兴趣，师生共同进入学习的情景中。提供案例的方法主要有：充分挖掘教材中已有的案例；通过查阅资料、文献或新闻媒体收集案例；自编案例等。

案例分析法能够通过案例启发学生思考问题，不拘泥于对复杂问题给出一个简单答案，而是注重培养学生分析、解决问题的能力，激发学习兴趣，因势利导注重能力训练，培养学生创新精神。

三、过程设计

（一）案例一

1.案例名称

以女装品牌为例论服装品牌人格塑造。

2.设计思路

本案例设计思路如下。

（1）以恩裳塑造的精英女性形象为案例引入。

（2）导入品牌人格概念。

（3）解释品牌人格如何影响消费者决策。

（4）讨论塑造品牌人格的重要性。

（5）分析品牌行为对品牌人格特质的影响。

（6）研究服装品牌人格塑造要素。

（7）分析塑造品牌人格对服装企业的重要意义。

3.设计内容

案例过程设计中的步骤及内容见表3-1。

3-1 人格与消费心理视频

表3-1　以女装品牌为例论服装品牌人格塑造课程过程设计

设计步骤	设计内容
案例导入	恩裳塑造的品牌形象案例分析
案例讨论	女装品牌人格化
提出问题	品牌人格如何影响消费者决策
概念理解	品牌人格的概念
案例分析	品牌人格对消费者决策的作用
案例思考	分析企业塑造良好品牌人格的策略以及服装企业塑造品牌人格的意义
策略研究	服装品牌人格塑造要素；塑造品牌人格策略
知识点总结	品牌人格的概念；建立品牌人格对消费决策的作用；塑造品牌人格对服装企业的价值；相关营销策略分析
实践内容	搜集相关文献及资料，结合调研分析服装企业如何利用相关营销策略打造其目标消费者所接受的品牌形象

（二）案例二

1.案例名称

以消费者气质与服装偏好解析服装设计需求。

2.设计思路

本案例设计思路如下。

（1）由消费者的服装风格偏好的形成路径研究案例引入。

（2）介绍体液学说概念和消费者气质基本类型。

（3）气质类型分类。

（4）分析不同气质类型消费者心理与行为特征。

（5）不同气质类型消费者服装偏好。

（6）消费者气质与服装设计。

（7）分析了解消费者气质类型对服装产品研发和营销的重要意义。

3.设计内容

案例过程设计中的步骤及内容见表3-2。

表3-2　以消费者气质与服装偏好解析服装设计需求课程过程设计

设计步骤	设计内容
案例导入	消费者服装风格偏好的形成路径研究案例
案例讨论	影响消费者服装风格偏好的因素
提出问题	如何依据不同气质类型消费者的服装偏好进行服装设计
概念理解	体液学说概念及消费者气质类型分类
案例分析	各气质类型消费者心理与行为差异
案例思考	分析不同气质类型消费者的服装偏好差异以及消费者气质类型对服装产品研发和营销的意义
策略研究	针对不同气质类型消费者服装营销策略研究
知识点总结	体液学说概念；消费者气质类型分类；不同气质类型消费者心理与行为特征；不同气质类型消费者服装偏好；消费者气质与服装设计
实践内容	分析利用服装设计满足各气质类型消费者服装需求的策略

（三）案例三

1.案例名称

以消费者气质与购物行为解析营销策划技巧。

2.设计思路

本案例设计思路如下。

（1）由观察线下门店消费者的不同购买行为特征为案例导入。

（2）分析不同气质类型消费者的消费心理与行为特征。

（3）针对不同气质类型消费者的营销策略研究。

（4）思考了解消费者气质类型特征以及掌握相应营销策略的重要意义。

3.设计内容

案例过程设计中的步骤及内容见表3-3。

表3-3　以消费者气质与购物行为解析营销策划技巧课程过程设计

设计步骤	设计内容
案例导入	观察线下门店服装消费者的不同购买行为
案例讨论	判断消费者气质类型并分析其购买特征
提出问题	如何针对不同气质类型消费者做出有效营销策略
概念理解	消费者气质类型
案例分析	各气质类型消费者行为特征
案例思考	如何为各气质类型的消费者提供满意的销售服务以及对应不同气质类型消费者的服装营销策略
策略研究	不同气质类型消费者服装营销策略研究
知识点总结	各气质类型消费者购物行为特征；应对不同气质消费者的营销策略
实践内容	利用相关营销策略，为各气质类型消费者提供良好的销售环境，分析提高销售额的策略

（四）案例四

1.案例名称

以消费者气质与退货行为解析售后服务方式。

2.设计思路

本案例设计思路如下。

（1）由淘宝网买家评价纠纷案例导入。

（2）讨论面对差评，卖家应如何回应及处理。

（3）解析不同气质类型消费者退货时的心理与行为特征。

（4）针对不同气质类型消费者的售后服务策略。

（5）思考依据消费者气质类型特征完善售后服务的重要意义。

3.设计内容

案例过程设计中的步骤及内容见表3-4。

表3-4　以消费者气质与退货行为解析售后服务方式课程过程设计

设计步骤	设计内容
案例导入	淘宝评价纠纷事件
案例讨论	商家面对差评应如何回应及处理
提出问题	如何针对不同气质类型消费者进行售后服务
概念理解	消费者气质类型

设计步骤	设计内容
案例分析	解析各气质类型消费者退货行为
案例思考	如何为各气质类型消费者提供满意的售后服务以及对应不同气质类型消费者的售后服务技巧
策略研究	依据不同气质类型消费者特征制订售后服务方式
知识点总结	不同气质类型消费者退货时的心理与行为特征；针对各气质类型消费者的售后服务方式
实践内容	分析电子商务背景下为各气质类型消费者提供良好售后服务的举措

第三节　案例设计

一、以女装品牌为例论服装品牌人格塑造

（一）消费心理学内容

消费者气质与行为差异——人格与服装消费行为。

（二）案例目标

1.知识目标

了解和掌握服装消费心理学的基本内容和研究方法；理解消费者的心理特征及行为规律；了解人格对消费心理和行为的影响，以及服装品牌人格塑造要素。

2.能力目标

培养学生对服装消费者心理及行为的分析能力；培养学生对服装消费案例的专业分析能力；培养学生对不同类型消费者和商品制订合理营销策略的能力。

3.素质目标

培养运用科学的价值观和方法论分析和处理问题的能力，树立健康的消费人格。

（三）案例知识点

（1）人格的概念。

（2）人格对服装消费心理和行为的影响。

（3）塑造服装品牌人格的意义。

（4）服装品牌人格塑造要素。

（四）重点与难点

1.重点

结合案例理解服装品牌人格对消费心理和消费行为的影响。

处理方法：通过案例设计、案例描述、案例分析、案例思考等环节的设计，创造情境，深入理解案例，分析品牌人格的内涵及其影响。

2.难点

分析服装品牌如何建设品牌人格，探究品牌人格如何作用于消费心理并对科学的消费心理进行研究，以科学的价值观和方法论进行理论学习和实践应用。

处理方法：剖析品牌人格，深入挖掘案例问题根源，以思政指导思想帮助学生树立科学的价值观和方法论，进行正确的营销策略分析。

（五）案例描述

成功的品牌都有属于自己的"标签"，以塑造特有的品牌人格，使受众对其产生一种"刻板印象"而区别于其他品牌。服装品牌通过人格化营销将自身品牌文化和理念融入其打造的形象中，用品牌打动用户，从而增强用户黏性，培养忠诚度。

恩裳（INSUN）创建于2004年，是影儿时尚集团旗下第二个自成风格的品牌，自诞生之初，即倡导"简约·生活的艺术"的品牌理念，重视时下职业女性对日渐丰富生活的简约诉求，秉持"人要么成为艺术品，要么穿一件艺术品"的设计精神，始终坚持黑、白、灰的无彩色主张，利索的剪裁、极简的线条，在城市建筑和时装设计中寻求共性，力求用建筑式的线条感来致敬独特时装艺术，彰显"简约、中性、高品位"的生活方式，真正回归时装生命本源，成就自在生活，心无外物的简单追求，用极简艺术的外在形式来表现对时装、对生命的终极信仰。品牌坚持将高品质感的生活态度、时尚且独具个性的气质作为产品创作的原动力，力求让时尚而又自信的新时代精英女性在恩裳找到自己的心灵归属（图3-1）。

图3-1 恩裳宣传海报

（六）案例分析

1.品牌人格

人格即个性，标志着一个人独特的待人接物适应模式的生活方式，表现为根深蒂固的思维、情感和行为类型。人格化是指人们赋予物品人的生命及特征，使其具有人

服装消费心理学课程思政案例教程

的思想、感情和行为。

品牌人格是消费者赋予商品的人性化特征。这种人格特征是品牌价值的重要组成部分，它强调的是消费者对该产品的情感记忆。更深层次来说，品牌人格化实际上是品牌文化内涵拟人化的体现，背后折射出来的是品牌的文化、底蕴和价值观。品牌人格化能够反映品牌拥有者人格的特质。美国学者艾克提出："品牌人格是与品牌有关联的人的个性的组合。"品牌人格化能够体现消费者理想中的"自我形象"。

2.品牌人格如何影响消费者

人格会影响消费者的一些市场决策。这些影响在兴趣爱好、政治观、时尚品位、生活方式中都有所体现。事实表明，消费者会将自我概念与品牌个性进行匹配，倾向于直觉性地选择与自身特质相符的产品，从而对相似的品牌产生强烈的品牌偏好。因此，商家寻求消费者的某个特质，并根据这个特质开发一种商品，一旦商品跟其特质相匹配，就会激发消费者的购买欲望。

3.建设品牌人格的重要性

随着商品同质化倾向越来越明显，要使品牌脱颖而出，需要发挥品牌的生命力。品牌的生命力是品牌所具有的文化、个性、气质、色彩、符号、声音、设计等的生命张力，即品牌除了其固有的高品质之外所具有的灵性内涵和鲜活要素。

品牌的个性化和人格化建设就是把品牌塑造成一个有血、有肉、有情感、有个性的人，赋予品牌鲜活的生命和真实的情感。由于品牌个性与消费者个性的趋同，使消费者自然对品牌产生一种亲近感，从而达到有效的双向交流，使品牌脱颖而出。

4.品牌行为策略与人格特质分析

不断重新定位并改变口号的品牌，会让消费者认为该品牌比较轻浮、靠不住；在广告中总是显现出某一永恒特质的品牌，能给消费者带来熟悉、舒服的形象；价格昂贵并使用奢侈装饰品的品牌，给人恃才傲物、老于世故的印象；善于扩展商品品种的品牌，能塑造出多才多艺、适应性强的品牌个性；出现在公共广播电视台的品牌赞助商或者是倡导使用可再利用材料的品牌，会让消费者认为该品牌有口碑、有保障；有季节性清仓活动的品牌，显得有计划、现实；品牌提供五年质保或免费消费者热线的，能使消费者认为可靠且值得信赖。

5.人格对服装消费心理和行为的影响

在当代消费文化中，人们对服装的色彩、款式、图案、面料及文化内涵等都会受到不同人格的影响，消费者的个性、自我表现以及风格的自我意识都与其人格有关。例如，温和友善、忍耐、随和、做事缓慢、追寻舒适生活的消费者，偏好中性风格的服装，看重服装的舒适度，喜欢温和而不张扬的颜色，偏好感性随意的运动休闲风；有强烈好胜心、喜欢权威、常与别人比较、重形象、希望成为众人焦点的消费者，偏爱色彩鲜艳、款式新颖时尚的服装，讲究服装品质，注重在穿着打扮上彰显自己的身份地位。

6. 服装品牌人格塑造要素

（1）差异性。对于企业来说，要推动品牌人格化，就必须要追求品牌人格的差异化，只有与市场上的同类竞争者区别开来才能实现有效的差异化竞争。要实现品牌人格的差异性，首先要了解同类竞争品的品牌调性、产品定位等信息，并结合自身品牌的实际情况打造出差异化品牌人格，再根据市场竞争情况以及消费者需求及时调整品牌人格化策略的细枝末节，以满足消费者的个性化诉求。

（2）稳定性。人格化品牌应当具有稳定性。具有稳定性与长久性的品牌才能够获得消费者的喜爱。当品牌长久而持续地存在着，甚至成为一群消费者的记忆时，它就不仅是功能性的象征，还是具有情感意义的符号。稳定并不是一成不变，而是在推进品牌人格化的过程中，做好统一规划与设计，包括形象设计、包装设计、内在品质、文化价值、宣传语等方面都要综合考虑，只为打造统一、和谐的品牌人格，实现乘积效应。千万不能在推进品牌战略时，变化无常。

（3）一致性。品牌人格化要具有一致性。即与目标消费者的个性特征和价值取向保持一致。这与"物以类聚，人以群分"的道理十分相似，只有品牌人格与消费者的个性相一致时，消费者才可能对品牌产生认同感。因此，塑造合适的品牌人格，要以消费者的价值取向与认同作为出发点，人格化品牌的同时兼顾消费者的功能与情感诉求。如今，消费者追求的不单是满足需求的实际型消费，而是更多地体现在消费过程中的个性化实现以及自我价值认同的满足感。

（七）案例思考

1. 消费者层面

（1）提高消费者对品牌感知度。品牌人格化策略可以引起消费者的共鸣，从而提升他们的品牌感知度，帮助消费者更好地理解品牌。

（2）提升消费者社会联系。社会联系指的是人们赖以满足社会、生理和心理需求的家庭、朋友和社会机构的汇总，品牌人格化既能够使人们更高效地认知世界，也提供了社会联系的可能性。人格化品牌能够为消费者提供社交满足感与交流愉悦感，同时也能强化品牌与消费者之间的情感联系。

2. 企业层面

（1）推动品牌成熟发展。当品牌处于成长期与成熟期的交接阶段或成熟期，企业可以尝试将品牌人格化，为品牌注入情感，消费者受到情感因素的主导因而对其接受程度高。正如我们选择了一个品牌，不仅是选择了这个产品的实际功效，更重要的是它代表了一种体验、一种生活方式或者一种价值观。

（2）实现品牌差异化竞争。随着市场竞争演变日趋激烈，各种商品种类不断丰富，消费者的选择更加多样，品牌人格化使得实现差异化竞争成为可能，赋予品牌人格化内涵也成为许多企业应对激烈竞争的法宝。

（3）培养建立粉丝社群。对于企业而言，品牌人格化不仅具有识别性、情感性，还具有品牌魅力的内在属性。当消费者对品牌产生认同，引发共鸣后，便会成为品牌的粉丝，而新媒体发展迅速，又为品牌与粉丝互动、粉丝与粉丝互动提供了天然的平台与机会。

二、以消费者气质与服装偏好解析服装设计需求

（一）消费心理学内容

消费者气质与行为差异——各气质类型消费者心理与行为差异。

（二）案例目标

1.知识目标

了解和掌握服装消费心理学的基本内容和研究方法；理解消费者的气质类型分类及行为规律；掌握各气质类型消费者心理和行为差异。

2.能力目标

培养学生对服装消费者心理及行为的分析能力；培养学生对服装消费案例的专业分析能力；培养学生对不同类型消费者和商品制订合理的营销策略的能力。

3.素质目标

培养运用科学的价值观和方法论分析和处理问题的能力。

（三）案例知识点

（1）消费者气质与服装设计。
（2）不同气质类型消费者心理与行为特征。
（3）不同气质类型消费者服装偏好。
（4）设计策略。

（四）重点与难点

1.重点

结合案例理解气质类型对消费者消费行为的影响。

处理方法：通过案例设计、案例描述、案例分析、案例思考等环节的设计，创造

情境深入理解案例，分析消费者气质类型对于消费行为方式的影响。

2.难点

探究气质类型如何作用于消费心理并对科学的营销策略进行研究，分析服装品牌如何通过服装设计满足不同气质类型消费者的服装偏好，以科学的价值观和方法论进行理论学习和实践应用。

处理方法：剖析各气质类型特点，深入挖掘案例问题根源，以思政指导思想帮助学生树立科学的价值观和方法论，进行正确的营销策略分析。

（五）案例描述

有研究者对消费者服装风格偏好的形成路径进行了相关研究。该研究以女大学生为调研对象，借鉴心理学中个性和情绪的相关理论以及产品情绪的研究，构建基于消费者个性和情绪的服装风格偏好的理论模型，并采用AMOS结构方程模型和SPSS多层回归分析的方法，对情绪和个性的影响作用进行验证。

研究结果表明，消费者的服装风格偏好包括三个维度：认知偏好、情感偏好和行为意向偏好。这三个偏好不是同时形成的，行为意向偏好是在认知偏好和情感偏好形成的基础上产生的。这与品牌偏好的结论是一致的。消费者的个性对情绪体验与风格偏好之间的关系具有调节作用，但仅外倾性和开放性会对消极情绪与偏好之间的关系产生正向的调节作用。

消费者价值需求差异的根本源于气质类型这一心理行为基因。研究消费者的气质差异在消费心理与行为领域的表达规律，是现代营销深化的理论基础。服装品牌依据不同消费者气质类型的服装偏好来设计服装，是进行市场细分、实现顾客终身化竞争策略的关键。

（六）案例分析

1.消费者气质类型分类

古希腊著名医生希波克拉底在恩培多克勒"四根说"的基础上，提出了气质的体液说。他认为：人体含有四种不同的液体，即血液、黄胆汁、黏液和黑胆汁，并根据这四种体液的比例把人的气质分为四种，即多血质、胆汁质、黏液质和抑郁质。俄国生理学家巴甫洛夫对高级神经活动过程提出了气质类型的神经系统机能解释，他认为，高级神经活动的基本类型是气质的生理基础，气质是高级神经活动基本类型的外显行为表现。这是目前比较科学的解释。

巴甫洛夫发现大脑皮层神经活动的兴奋和抑制过程具有三个基本特征：神经过程的强度、神经过程的平衡性、神经过程的灵活性。根据神经系统这三个基本特性相互组合的特点，巴甫洛夫把高级神经系统活动划分为强而不平衡，强、平衡而灵活，强、平衡而不灵活以及弱型四种基本类型，对应为胆汁质、多血质、黏液质和抑郁质四种气质类型（图3-2）。

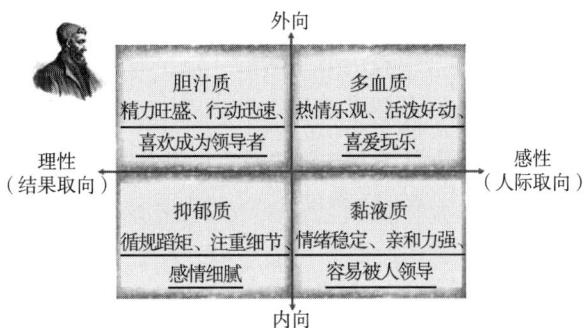

图3-2　体液说气质类型及特点

（1）胆汁质。胆汁质又称兴奋型，属于兴奋热烈的类型，感受性低而敏捷性、耐受性、可塑性均较强，情绪呈周期性变化，反应速度快而灵活。胆汁质的人平素志向远大，精力旺盛，言而有信，表里如一，给人直爽、热情、平易近人的交际印象。

（2）多血质。多血质又称活泼型，属于好动机敏的类型，感受性低，耐受性高，具有可塑性，情绪多变，反应快且灵活。多血质的人活泼好动，善于交际，思维能力强，办事效率高，容易接受新鲜事物，适应能力快，在集体生活中相处愉快。

（3）黏液质。黏液质又称安静型，属于沉着稳定的类型，感受性低，耐受性高，情绪相对稳定，反应慢但灵活。黏液质的人安静沉稳，反应缓慢，善于忍耐，态度持重，交际适度，在任何环境下都能保持心境平和。

（4）抑郁质。抑郁质又称抑制型，属于孤僻敏感的类型，神经类型属弱型，体验情绪方式少，产生固定感情慢，但对情感的体验深刻、持久，具有高度的情绪易感性。抑郁质的人不太合群，思考透彻，感情细腻而脆弱，经常因为微不足道的小事引起情绪波动，不愿向外表达自己的真实情感。与他人交往时腼腆、拘谨，喜欢独处。

2. 体液说各气质类型特点与高级神经活动类型说的关系

根据高级神经活动类型的特点和其在行为方式上的表现，揭示出兴奋过程和抑制过程的三种特性：兴奋过程和抑制过程的强度、兴奋过程和抑制过程的均衡度、兴奋过程和抑制过程的灵活性。

高级神经活动分为四种类型。强而不均衡的神经系统属于兴奋型高级神经活动，对应体液说气质类型的胆汁质；强、均衡、灵活的神经系统属于活泼型高级神经活动，对应体液说气质类型的多血质；强、均衡、不灵活的神经系统属于安静型高级神经活动，对应体液说气质类型的黏液质；弱的神经系统属于抑制型高级神经活动，对应体液说气质类型为抑郁质。

3. 不同气质类型的服装偏好

（1）胆汁质消费者。胆汁质消费者关注基础款、促销款、易搭配的单品，店铺前端及明显陈列商品为其最关注的区域。属于胆汁质外向性格的女性，其服装服饰偏好与暖色系的、暴露肌肤多的、设计对比强的、流行的穿着和化妆浓的装扮等关系密切。

（2）多血质消费者。多血质消费者喜欢新款服装，最吸引他们的是潮流元素、色彩艳丽。多血质类型消费者十分关注吸睛款，关注区域是促销区、模特区。

（3）黏液质消费者。黏液质消费者喜欢性价比款、细节精致款，着重关注服装品牌的内涵、服装性能面料细节、穿着场合、搭配方案等。

（4）抑郁质消费者。抑郁质消费者偏好保守款、常穿款、优势突出款、高性价比款，喜欢颜色不过于鲜艳的服装和低调的款式，关注经常穿着的某类服装以及同款服装。

（七）案例思考

面对越来越激烈的市场竞争，销售人员应该准确把握消费者的心理，观察具有不同性格、气质的消费者在消费过程中的不同行为特点，并进行分析。目前服装企业市场细分方法研究还停留在对消费者表面心理描述信息细分阶段，学术界对消费者需求的研究主要集中在消费行为表象层面，尚未进入消费者气质这一内部心理核心层面，在消费者先天气质的后天心理行为动态表达规律方面尚未有完整系统的理论体系和研究结论。因此，未来市场细分研究的深化必须以消费者气质研究为基础。

气质研究是理解消费者行为表象变化的核心。个人的外观，尤其是衣着服饰，提供了对人认知的某种线索。服装穿着有时可以表现出一个人各方面的情况。人们之所以追求服装美，也是因为服装在人际交往和印象形成中有着重要的地位和特殊的作用。因此，服装企业应该根据目标消费者群体的气质类型，依照其性格特征对照的服装偏好来进行服装设计，做好市场细分，以吸引消费者、提高顾客忠诚度。

三、以消费者气质与购物行为解析营销策划技巧

（一）消费心理学内容

消费者气质与行为差异——各气质类型消费者的购买行为差异及营销策划。

（二）案例目标

1.知识目标

了解和掌握服装消费心理学的基本内容和研究方法；理解消费者的气质类型分类及行为规律；掌握各气质类型消费者的心理和行为差异。

2.能力目标

培养学生对服装消费者心理及行为的分析能力；培养学生对服装消费案例的专业分析能力；培养学生对不同类型消费者和商品制订合理的营销策略的能力。

3.素质目标

培养运用科学的价值观和方法论分析和处理问题的能力。

（三）案例知识点

（1）各气质类型消费者购物行为特征。

（2）应对不同气质消费者的营销策略。

（四）重点与难点

1.重点

分析各气质类型消费者消费行为特征及其相应营销策略。

处理方法：通过案例设计、案例描述、案例分析、案例思考等环节的设计，创造情境深入理解案例，分析各气质类型消费者的消费行为特征及其相应营销策略。

2.难点

探究气质类型如何作用于消费心理并对科学的消费心理进行研究，分析不同气质类型消费者购物时的心理及行为特点，对门店销售人员服务沟通方式进行建议指导，以科学的价值观和方法论进行理论学习和实践应用。

处理方法：剖析各气质类型消费者行为特点，深入挖掘案例问题根源，以思政指导思想帮助学生树立科学的价值观和方法论，进行正确的营销策略分析。

（五）案例描述

当顾客进入服装店购买服装时，销售人员发现不同的顾客其购买行为存在较大差异。例如，有的顾客在选购服装时要求售货员向其详细介绍服装面料、服装功能等信息，售货员向其重点推荐了几款相关的服装供其选择后，该顾客又自行考虑了许久后最终挑选成功购买；有的顾客结伴而行、有说有笑，他们性格外向开朗，会被店铺门口的宣传吸引；另外一种比较活泼的顾客体现出较强的好奇心，他们愿意与销售人员交谈，选购服装时体现出较强的主动性；还有一种不太愿意与销售人员交谈的顾客更愿意在店内四处走动自行选购商品，他们很清楚自己的目标，不易受到环境的影响。

在现实生活中，每个人的性格、习惯及处世态度等都有一定的差异性。不同气质类型的人在购物中自然也会有不同的表现，这对于营销人员来说是一个较大的挑战。了解各气质消费者的特点以及对他们采取相应的营销策略，能够帮助营销服务人员快速判断出顾客的购物特征，进而引导和利用其积极方面，控制其消极方面，以提高销售成功率及顾客满意度。

（六）案例分析

1. 各气质类型消费者行为特征

（1）胆汁质。胆汁质心理在消费领域的演绎是在购买活动中表现丰富，情绪反应热烈，好提问、提意见，行动毛糙易冲动；追求标新立异，喜欢新颖奇特、具有刺激性的商品；消费目的性强，力求完美。当他们一旦需要某种商品，就不假思索地做出购买决定，往往不与其他商品比较就迅速成交，事后又容易后悔。如果遇到销售员怠慢，也会激起他们的烦躁和不满，体现出非理性的消费行为。

（2）多血质。多血质心理在消费领域的演绎是热情活泼，善于交际，喜欢主动接触销售人员，能更多地获得商品信息，在购买过程中情绪易显露出来。对商品认知迅速，观察敏锐。有时因可选择的商品过多，一时难以取舍。购买比较谨慎，对价格却不敏感，行为中带有浓厚的感情因素，兴趣常容易发生转移，购买缺少计划。重视对商品和服务的感受性，体现出不定性的购物行为。

（3）黏液质。黏液质心理在消费领域的演绎是购物比较谨慎，细致认真，执着于自己的消费兴趣，头脑冷静变化少，善于控制自己，不易受打折、广告等市场氛围的干扰，也较少受他人的影响。崇尚简朴、实用，偏于成本节约，满足生活自我需求。对新商品持审慎态度，品牌忠诚度较高。对商品和服务的好坏不轻易下结论，甚至不喜欢销售人员过于热情，体现出理智性的购物行为。

（4）抑郁质。抑郁质心理在消费领域的演绎是消费时直觉和思维过于缓慢，观察商品细致而认真，往往能发现商品的细微之处。不轻易将自己的内心情绪表露出来，对销售员和其他顾客的推介不感兴趣或不信任。做出购买决定犹豫不决，购买行为拖泥带水。关注精神类消费，关注商品细节，购买时对售货人员的见解表示反感，体现出敏感性的消费行为。抑郁质遇事三思而后行，但行动迟缓、优柔寡断、适应能力较差，对不愉快的事放不开。

2. 针对不同气质类型消费者的营销策略

（1）对待胆汁质消费者的心急口快，销售人员需言语友好，态度耐心，切忌与其发生争执。回答需要及时，服务动作要快捷，可以重点介绍性能激发其购买兴趣。由于胆汁质消费者具有随意性、非理性的消费特点，其更容易受环境和产品外包装的影响，包装的作用对于此类消费者可以说比产品内在质量还来得直接和快捷。因此，营销人员应多向此类消费者介绍外表精美华丽、造型奇特、颜色鲜艳的商品，以促使其购买。

（2）对于注意力易转换，兴趣变化快的多血质消费者，营销人员需要吸引其注意力，缩短购买过程，避免冗长枯燥的推销。由于多血质消费者热情开朗且喜欢交流，因此要主动向其介绍，多多与之交流，联络感情。多血质消费者比较情绪化，易受购物环境的影响，营销人员更要制造愉快的购物氛围，使其保持心情愉快。

（3）面对黏液质消费者时，要避免过分热情的推销，给予其充足思考的时间，销售人员要有耐心，不要催促其进行购买决策。因为黏液质消费者购物时冷静慎重，控制情感，会细心比较，不易受外界影响，购物过程缓慢。

（4）对待优柔寡断、千思万虑的抑郁质消费者，需要有耐心，给予他们鼓励与肯定，表达出尊重与理解。态度一定要和蔼，遇到抑郁质消费者购买过程中犹豫不决或为难的情况，可以巧妙地帮助他们决策，通过细致具体的产品介绍为其消除疑虑。

（七）案例思考

在营销实践中，营销人员面对的消费者情况复杂多样。消费者的气质类型大多处于各种类型的中间类型及混合类型，而且加之外界条件的影响，所以消费者的气质特点是不可能一踏进商店就鲜明地表现并反映出来的，其显露的机会是各不相同的，于是购买行为也就表现得复杂多样。

在现实的购买活动中，营销人员主要是观察和判定构成消费者气质类型的各种心理特征，以及构成气质生理基础的高级神经活动的基本特征。因为消费者的言谈举止、反应速度以及精神状态等一系列的外在表现，总是会不同程度地反映出他的气质。消费心理学研究消费者的气质类型及其特征，目的就是提供一种理论的指导，帮助营销人员根据消费者在购买活动中的行为表现，发现和识别他们气质方面的特点，从而揭示他们的购买活动规律，利用和引导气质积极的一方面，有针对性地提供各种服务，更好地满足消费者的需求，提升营销工作的有效性。营销人员在重视消费者气质的同时，也有助于提高自身的心理素质，从而有意识地对自己的气质加以调节与控制，形成良好的个性，提高营销活动的质量和效果。

四、以消费者气质与退货行为解析售后服务方式

（一）消费心理学内容

消费者气质与行为差异——各气质类型消费者的退货行为差异及营销策略。

（二）案例目标

1.知识目标

了解和掌握服装消费心理学的基本内容和研究方法；理解消费者的气质类型分类

及行为规律；掌握各气质类型消费者心理和行为差异。

2.能力目标

培养学生对服装消费者心理及行为的分析能力；培养学生对服装消费案例的专业分析能力；培养学生针对不同类型消费者和商品制订有效售后服务的能力。

3.素质目标

培养运用科学的价值观和方法论分析和处理问题的能力。

（三）案例知识点

（1）不同气质类型消费者退货时的心理与行为特征。
（2）针对各气质类型消费者的售后服务方式。

（四）重点与难点

1.重点

结合案例理解气质类型对消费行为的影响。

处理方法：通过案例设计、案例描述、案例分析、案例思考等环节的设计，创造情境深入理解案例，分析各气质类型消费者的退货行为。

2.难点

探究气质类型如何作用于消费心理并对科学的消费行为进行研究，分析销售人员如何满足不同气质类型消费者的心理特征以处理售后问题，运用科学的价值观和方法论进行理论学习和实践应用。

处理方法：剖析各气质类型行为特点，深入挖掘案例问题根源，以思政指导思想帮助学生树立科学的价值观和方法论，进行正确的营销策略分析。

（五）案例描述

2014年11月1日，买家王某在申某开设的淘宝网店订购了一条拼皮裤，在收到货品后，王某发表了买家评论并给出了差评。为此，双方因差评事宜产生了争议，王某又追加评论了不满感受。2015年3月，申某诉至法院要求王某撤销在其淘宝网店上的两条差评，公开书面道歉。上海市黄浦区人民法院经审理认为：王某根据自身感受及事情经过在淘宝网上给予差评及追加评论，并未使用侮辱诽谤的方式，故判决驳回申某的诉讼请求。一审判决后，申某不服，提起上诉。上海市第二中级人民法院经审理认为，王某作为买家有权在收到货品后根据自己购物后的体验感受在申某的淘宝网店评论栏中选择是否给予差评。从申某提供的相关证据来看，王某给予差评的行为及相关评论内容并非出于恶意诋毁商业信誉的目的，因此不属于网络侵权行为，故二审维持原判。

面对收到的差评，若的确是出于自身产品及服务的原因，商家要积极联系买家处理售后问题，承认自己的疏忽，态度诚恳，积极补偿退换货甚至退款。

（六）案例分析

1.不同气质类型消费者在服装退货行为中的表现

当消费者由于各种各样的问题去商店退换商品，营业员不予退还时，不同气质类型消费者会有不同的反应。

（1）胆汁质。胆汁质消费者据理力争，绝不让自己吃亏，沟通不顺利时通常会气急败坏，不解决就会向媒体曝光，向工商局和消费者协会投诉。

（2）多血质。多血质消费者灵活变通，会找好说话的售货员申诉，遇到讲不通的营业员会寻找营业员的领导或是熟人帮忙解决问题。

（3）黏液质。黏液质消费者会耐心地诉说自己遇到的问题，尽自己最大的努力来解释退换货的原因，直到问题得到解决为止。

（4）抑郁质。抑郁质消费者不喜欢争论，缺乏退换的勇气和信心。如果遇到一次沟通失败、申诉不成功就自认倒霉，认为这回吃亏就算了，下次不会再去了。

2.各气质类型消费者特征

多血质与胆汁质消费者喜欢主动接触营业人员，乐于从营业人员那里获取商品信息。其中，胆汁质的人脾气急躁，容易因小事与营业人员发生冲突；多血质的人反应灵活、行动敏捷、兴趣广泛，能适应各种环境与气氛。

黏液质和抑郁质消费者表现被动，一般不喜欢与营业人员过多交谈，更愿自己多观察、多思考。其中黏液质的人不轻易相信他人的意见，不受营业环境和氛围的影响，而抑郁质消费者更易受外因影响，情绪波动大，从而影响购买行为。

胆汁质与多血质消费者在购买过程中情绪容易显露出来。其中，胆汁质的人情绪反应热烈，表情丰富，语言坦率，不掩饰自己的观点；而多血质的人则热情活泼，亲切乐观。黏液质与抑郁质消费者在购买过程中情感体验不外露。其中黏液质消费者情绪体验慢而且弱，不动声色，表情冷漠，不愿把对商品或服务的评价表露出来，与营业人员保持一定的距离；而抑郁质消费者显得敏感多疑，易受营业人员和环境的影响。

3.针对各气质消费者的售后服务策略

（1）胆汁质消费者。面对胆汁质消费者，营业人员应头脑冷静、充满自信，动作干脆利索、语言简洁明了，态度亲切灵活。若发生争执，不要针锋相对，应设法化解胆汁质消费者急躁冲动的脾气。一般来说，这类消费者对商品的认知和购买决策较为迅速，可以因势利导，使之水到渠成。不要急于求成，以免适得其反。

（2）多血质消费者。营业人员应热情周到地对待多血质消费者，主动为顾客提供各种信息，并提供参考意见，争取在短时间内赢得他们的好感和信任。由于这类消费者灵活机敏，对他们的言行举止要格外注意，才能跟上他们心理活动的速度。因为其注意力容易转移，可以在感情沟通的基础上较多地因势利导。

（3）黏液质消费者。营业人员应给黏液质消费者充分的时间去表达诉求，但当他们征求意见和询问信息的时候，要热情诚恳地为他们提供服务。接待这类消费者要避免过多的提示和过于热情，否则容易引起他们的反感。要允许他们有认真思考的时间，接待时更要有耐心。

（4）抑郁质消费者。应对抑郁质消费者，营业人员应熟知商品性能和特点，要耐心细致地回答他们提出的各种问题，消除他们的疑虑。对他们售后行为中表现出来的特点不要不耐烦、不冷静，更不要冷言冷语讥笑他们。尊重这类消费者的人格，给予诚恳、适当的指导。

（七）案例思考

健全的商业模式离不开完善的售后服务。售后服务的质量直接决定一个产业发展的顶点，企业只有将售后服务的质量提高，才能在如今消费者需求多元化的时代中站稳脚跟。

商家应根据各气质类型消费者的心理与行为特征，做出各方面配套的售后服务，有效提高商家信用度，打消顾客顾虑，为客户解决后顾之忧并将服务的质量直接转化为商家的信用度，增强消费者的忠诚度。一个高质量的售后服务可以为消费者打造一个安全可靠的消费环境，与消费者建立实时的沟通桥梁，在保障消费者权益的同时也能加强消费者的依赖程度。

第四节　实践目标

在学习中，应根据不同气质消费者的心理及行为特征，理解其在购买服装过程中的表现，研究相应的营销策略，并分析各气质类型消费者的人格优势与劣势。理解健康人格的内容，以及对于营销和市场发展的积极作用。

由于不同气质类型消费者对于服装的偏好不同，结合课程内容，针对不同气质类型消费者的偏好设计服装新产品，制订有针对性的营销策略，从而满足各种气质类型消费者的服装消费需求，并加深对各种气质消费者心理和行为的理解，塑造创新思维，培养职业技能及服务意识，提升专业素养。

思考题

1. 企业如何塑造良好的品牌人格？分析其策略。

2. 不同气质类型消费者的服装偏好有哪些差异？

3. 如何针对不同气质类型消费者做出有效营销策略？

4. 如何为各气质类型消费者提供满意的售后服务？

扫码可见
思考题答案

第四章

在"消费者动机与需要"中的思政案例设计

📖 **课题内容：**

    1. 思政解读

    2. 教学设计

    3. 案例设计

    4. 实践目标

⊙ **课题时间：** 3 课时

第四章　消费者动机与
需要PPT

◎ **教学目的：**

    1. 知识目标：了解马斯洛需求层次理论，理解服装消费者的生理需求，了解智能服装的基本发展情况，了解和掌握服装质量安全消费心理，了解纺织服装产品质量安全隐患；了解归属需求及情感因素对消费心理和行为的影响；了解尊重需求对消费心理和行为的影响；了解自我实现需求对消费心理和行为的影响。

    2. 能力目标：分析服装生理需求与消费心理，培养对服装消费案例的专业分析能力；培养创新精神和服务意识。

    3. 素质目标：培养运用科学的价值观和方法论分析和处理问题的能力；提升职业素养，培养服装智能制造专业人才，培养专业人才人文关怀理念；培养专业人才匠心精神、精益求精的职业素养和安全意识，求真务实的职业操守；培养追求卓越以人为本的职业观念。

📈 **教学方式：** 案例导入法，任务驱动法。

✎ **教学要求：** 解读服装消费案例，剖析案例背后的消费心理。分析各种消费者的心理活动过程，理解对消费行为的积极与消极影响。以思政指导思想提升案例理解高度和深度，掌握科学的价值观和方法论，培养分析和处理问题的专业能力。

👥 **课前（后）准备：**

    1. 课前进行相关案例资料的搜集整理、章节心理学知识点预习、相关概念理解。

    2. 课后完成配套练习、案例视频的学习，结合专业技能培养目标进行课程实践。

第一节　思政解读

一、思政要点

在"消费者动机与需要"中的思政体现为以人为本、科学发展。

二、思政内容

（一）以人为本

马斯洛需求层次理论是行为科学的理论之一，由美国心理学家亚伯拉罕·马斯洛（Abraham Harold. Maslow）于1943年在《人类激励理论》（*A Theory of Human Motivation*）论文中所提出。书中将人类需求像阶梯一样从低到高按层次分为五种，分别是：生理需求、安全需求、社交需求、尊重需求和自我实现需求。他认为满足需求是人类活动的原因，消费的根源正是满足各种需求。根据马斯洛需求层次理论，可对服装消费市场进行划分，有针对性地进行研发、生产和销售；理解消费者各层次需求的心理，分析消费行为，掌握营销策略；理解消费需求的积极方面与消极方面，做到以人为本，科学分析，灵活应对。

（二）科学发展

中国服装消费者群体正在成为一股影响世界的力量。随着消费者越来越成熟、挑剔，普遍性的市场增长时代逐渐走向尽头。消费形态正从购买产品到购买服务，从大众产品到小众商品转变。另外，消费者开始寻求更为均衡的生活方式，健康、家庭和体验成为主要关注点。服装消费意愿、消费形态、消费方式和消费渠道也都随之产生新变化。通过案例分析研究服装消费需求升级的方向和策略，以科学发展的理念融入服装产品研发、营销服务等环节，帮助学生树立科学发展观，成为具备科技创新能力的专业人才。

第二节　教学设计

一、导入方式

采用案例导入法，在授课的过程中，教师将教材内容中要讲解的知识点与实际生活中的案例相结合，以故事的形式展现给学生，并引导、启发他们独立思考，从而牢固地掌握新知识。通过案例的导入，可以补充教学内容，辅助重难点知识的解释和学习，让学习更加轻松与高效，在积累和研究案例的过程中提高知识应用能力，提升反思总结能力。

二、教学方法

教学方法可采用任务驱动法。在学习的过程中，学生在教师的帮助下，围绕一个共同的任务活动中心，在强烈的问题动机的驱动下，通过对学习资源的积极主动应用，进行自主探索和互动协作的学习，并在完成既定任务的同时，引导学生产生一种学习实践活动。任务驱动的教与学方式，能为学生提供体验实践的情境和感悟问题的情境，围绕任务展开学习，以任务的完成结果检验和总结学习过程等，改变学生的学习状态，使学生主动建构探究、实践、思考、运用、解决、高智慧的学习体系。

任务驱动法以建构主义学习理论为基础，最根本的特点是"以任务为主线、教师为主导、学生为主体"，基本环节包括创设情境、确定任务、自主学习和写作学习、效果评价。在这个过程中，学生会获得成就感，这样可以更大地激发他们的求知欲望，逐步形成一个感知心智活动的良性循环，从而培养出独立探索、勇于开拓进取的自学能力。

三、过程设计

（一）案例一

1.案例名称

在"生理需求满足再升级"中论智能服装如何制胜未来。

4-1　生理需求与消费心理视频

2.设计思路

本案例设计思路如下。

（1）由智能服装发展及生理需求满足案例引入。

（2）理解马斯洛需求层次理论。

（3）生理需求的概念和内涵。

（4）考察智能服装的市场需求。

（5）分析智能服装在不同领域的应用现状。

（6）分析智能服装的未来发展趋势。

（7）大数据背景下智能服装重要发展方向。

3.设计内容

案例过程设计中的步骤及内容见表4-1。

表4-1　在"生理需求满足再升级"中论智能服装如何制胜未来课程过程设计

设计步骤	设计内容
案例导入	智能服装发展及生理需求满足
案例讨论	智能服装运用于人体健康监测的案例
提出问题	智能服装如何满足人类日益升级的生理需求
概念理解	马斯洛需求层次理论——生理需求
案例分析	考察智能服装的市场需求
案例思考	未来智能服装的发展趋势与创新方向
策略研究	智能服装在不同领域的应用现状；关于智能服装的营销策略研究
服装开发	电子信息类智能服装与可穿戴服装的设计开发；新型智能服装的设计开发
知识点总结	马斯洛需求层次理论——生理需求；服装生理需求内涵；智能服装的市场需求；分析智能服装在不同领域的应用现状；分析智能服装的未来发展趋势
实践内容	针对某一消费群体策划一款智能服装设计理念，说明生理功能、设计特色、消费需求、营销策略

（二）案例二

1.案例名称

在"安全需求保障新课题"中论纺织服装产品质量安全与企业职责。

2.设计思路

本案例设计思路如下。

（1）由北京市消协发布儿童服装比较试验报告引入。

（2）存在儿童服装质量不过关情况。

4-2　安全需求
与消费心理视频

（3）分析消费者所重点投诉的服装产品质量项目。

（4）基丁马斯洛需求层次理论分析消费者心理。

（5）分析纺织服装产品质量安全隐患。

（6）分析纺织服装产品质量安全监测策略与企业职责。

3.设计内容

案例过程设计中的步骤及内容见表4-2。

表4-2　在"安全需求保障新课题"中论纺织服装产品质量安全与企业职责课程过程设计

设计步骤	设计内容
案例导入	北京市消协发布儿童服装比较试验报告
案例讨论	七款儿童服装未达到标准要求
提出问题	常见服装质量问题
概念理解	马斯洛需求层次理论
案例分析	基于马斯洛需求层次理论分析消费者心理
案例思考	纺织服装产品质量安全隐患
策略研究	纺织服装产品质量安全监测策略
服装开发	环保安全服装面料开发
知识点总结	基于马斯洛需求层次理论分析服装质量安全消费心理；纺织服装产品质量安全隐患；纺织服装产品质量安全监测策略与企业职责
实践内容	根据消费者需求设计一系列智能化可持续安全服装

（三）案例三

1.案例名称

在"归属需求内涵深挖掘"中论亲子装情侣装设计概念突破。

2.设计思路

本案例设计思路如下。

（1）由亲子装情侣装需求升级案例引入。

（2）分析亲子装与情侣装的情感价值。

（3）引入情感化设计的定义。

（4）归属需求内涵。

（5）分析马斯洛需求理论中归属需求与情感化设计的关联。

（6）探讨亲子装、情侣装情感设计创新要素并实践。

3.设计内容

案例过程设计中的步骤及内容见表4-3。

表4-3 在"归属需求内涵深挖掘"中论亲子装、情侣装设计概念突破课程过程设计

设计步骤	设计内容
案例导入	亲子装、情侣装需求升级
案例讨论	亲子装及情侣装如何满足人们的情感诉求
提出问题	亲子装与情侣装如何体现情感价值
概念理解	马斯洛需求层次理论——归属需求
案例分析	马斯洛需求层次理论与情感化设计的关联
案例思考	亲子装、情侣装的情感化设计如何体现归属需求及如何进行营销
策略研究	情感化设计的内涵;亲子装情侣装营销策略研究
服装开发	亲子装、情侣装的设计开发
知识点总结	服装情感化设计;马斯洛需求层次理论——归属需求;马斯洛需求层次理论与情感化设计的关联;亲子装情侣装设计创新要素
实践内容	设计开发一系列亲子服装,说明设计内涵、设计特色、元素运用、消费需求、营销策略

(四)案例四

1.案例名称

在"尊重需求服务更周到"中论特殊人群的服装设计与营销。

2.设计思路

本案例设计思路如下。

(1)由为侏儒症患者的服装设计案例引入。

(2)分析特殊人群服装国内市场状况。

(3)说明满足特殊人群需求服装的匮乏。

(4)尊重需求定义。

(5)如何满足特殊群体对于服装的尊重需求。

(6)分析目前肢体残疾者服装设计中存在的问题。

(7)满足特殊群体需求的服装设计实践。

4-3 尊重需求与消费需求心理视频

3.设计内容

案例过程设计中的步骤及内容见表4-4。

表4-4 在"尊重需求服务更周到"中论特殊人群的服装设计与营销课程过程设计

设计步骤	设计内容
案例导入	侏儒症患者的服装设计案例

设计步骤	设计内容
案例讨论	目前的市场为何无法满足侏儒症患者的着装需求
提出问题	如何满足特殊群体服装需求
概念理解	马斯洛需求层次理论——尊重需求
案例分析	特殊群体服装国内市场状况
案例思考	肢体残疾者服装设计中存在的问题；特殊群体对于服装还有哪些层次的需求；如何利用服装设计和营销手段满足特殊群体的尊重需求
策略研究	满足尊重需求的特殊人群服装设计
服装开发	特殊人群服装的设计开发
知识点总结	马斯洛需求层次理论——尊重需求内涵；基于马斯洛需求层次理论的特殊人群服装需求心理；特殊人群服装设计要素；基于特殊人群服装尊重需求心理的营销策略
实践内容	设计开发一系列关怀肢体残障人群的服装

（五）案例五

1.案例名称

在"自我实现需求高层次"中论定制服装的极致服务战略。

2.设计思路

本案例设计思路如下。

（1）由服装定制行业成功案例——红领企业引入。

（2）分析我国服装定制的发展和现状。

（3）马斯洛需求层次理论之自我实现需求的内涵。

（4）服装定制自我实现消费心理研究。

（5）分析自我实现需求如何影响消费者个性化定制。

（6）分析中国服装定制业的发展战略。

3.设计内容

案例过程设计中的步骤及内容见表4-5。

表4-5 在"自我实现需求高层次"中论定制服装的极致服务战略课程过程设计

设计步骤	设计内容
案例导入	红领企业服装定制成功案例
案例讨论	定制服装满足了消费者哪些需求

设计步骤	设计内容
提出问题	如何以消费者需求为核心定制服装
概念理解	马斯洛需求层次理论——自我实现需求
案例分析	如何满足服装设计中消费者自我实现需求
案例思考	数字化时代下服装定制如何更好地满足消费者自我实现需求；自我实现需求如何影响消费者个性化定制
策略研究	定制服装企业如何面临中国服装市场的机遇和挑战
服装开发	定制服装系统的开发
知识点总结	马斯洛需求层次理论——自我实现需求的内涵；服装定制自我实现消费心理研究；自我实现需求与消费者个性化定制；中国定制服装行业的现状与发展策略
实践内容	策划数字化智能化服装定制企业运营模式；分析营销策略

第三节　案例设计

一、在"生理需求满足再升级"中论智能服装如何制胜未来

（一）消费心理学内容

消费者的动机与需要——服装消费生理需求。

（二）案例目标

1.知识目标

了解马斯洛需求层次理论；理解服装消费者的生理需求；了解智能服装的基本发展情况；理解服装业智能制造在电子化信息时代的重要影响。

2.能力目标

分析服装生理需求与消费心理，培养对服装消费案例的专业分析能力；培养创新精神和服务意识。

3.素质目标

培养学生运用科学的价值观和方法论分析和处理问题的能力；提升职业素养，培养服装智能制造专业人才，培养专业人才人文关怀理念。

（三）案例知识点

（1）马斯洛需求层次理论——生理需求。

（2）服装生理需求内涵。

（3）智能服装的市场需求。

（4）分析智能服装在不同领域的应用现状。

（5）分析智能服装的未来发展趋势。

（四）重点与难点

1.重点

结合案例理解智能服装生理需求与技术发展。

处理方法：通过案例设计、案例描述、案例分析、案例思考等环节的设计，深入理解马斯洛需求层次理论、生理需求的基本内涵、智能服装生理需求的发展与升级，分析智能服装应用于医疗健康、运动健康、娱乐生活及特殊行业的情况。

2.难点

服装智能制造生理需求技术研究中多学科的结合，以科学的价值观和方法论进行理论学习和实践应用。

处理方法：剖析智能服装的发展状况及生理需求，深入挖掘案例问题根源，以思政指导思想帮助学生树立科学的价值观和方法论，发展及创新智能服装产业。

（五）案例描述

近年来，各种疑难杂症的频发严重影响了人们的生命安全，这就要求未来的医疗从医院诊疗向健康监护预防方向转变。智能服装的开发与可穿戴技术的应用使内衣能够智能地与人体接触，并获得较多的人体数据，有助于探索服装与人体健康之间的关系。因此，智能服装与人体健康受到人们的广泛关注。

1996年Mann发明了可控温的智能服装原型，在腰带中植入传感器，通过与加热器连接进而对温度进行调控。2006年，Liu等提出了智能内衣模型，将用于搜集身体数据的智能穿戴传感器植入运动内衣系统中，系统中监测到的心电、血压、呼吸、体温等生物医学信号可以被识别。2012年，第一套乳腺癌智能女士内衣在美国诞生，当人体内存在癌细胞时，身体里会形成一些异常的血管，使身体相应部位的温度产生变化。这款女士内衣内置的感应器能够通过测量乳房温度的细微变化来确定乳房内是否存在可疑肿块（图4-1）。2013年，韩国裳帮尔公司展出温控内衣，主要采用优良的温控材料制成，通风性好、吸汗力强、穿着舒适。

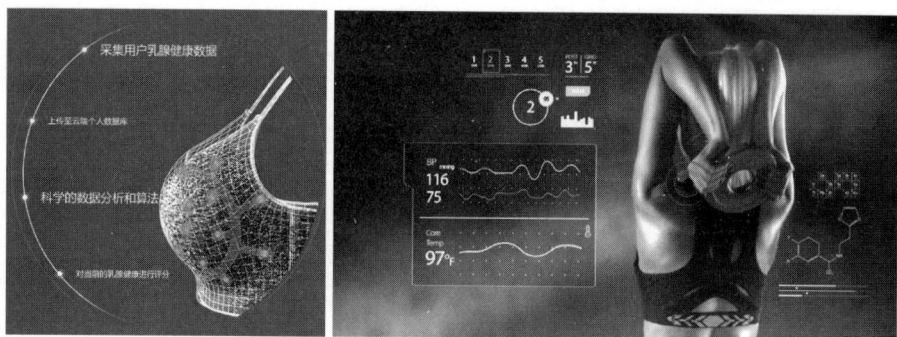

图4-1　乳腺健康监测内衣

（六）案例分析

1.马斯洛需求层次理论——生理需求

马斯洛理论把需要分成生理需要、安全需要、社交需要、尊重需要和自我实现需要五类，依次由较低层次到较高层次。生理需求为低级需要，包括食物、水分、空气、睡眠的需要等。它们在人的需要中最重要，最有力量。生理需求满足最低需求层次的市场，消费者只要求产品具有一般功能即可。如果生理需求得不到满足，人类的生存就成了问题。从这个意义上说，生理需求是推动人们行动的最强大的动力。

2.服装生理需求内涵

随着人类社会的发展，服装也发生了巨大的变化。但是服装发展至今，其生理需求这一基本需求并未改变，而是有了更高层次的追求。例如，在寒冷的冬天，由于气温比较低，人们会选择具有保暖功能的衣服。为了保证全身都能起到保暖的作用，便对服装的长短、款式有了更多要求，通过增加口袋来保护手不被冻伤，通过立领或者高领来保护人们的脖子免受寒风的刺激。而在炎热的夏季，人们对服装的需求便是抗热防暑，因此，在服装选择方面，会选择一些材质薄、透气性好的布料，而在服装结构上也会选择一些短袖的衣物。这些额外的生理诉求，必然对服装功能和整体造型产生重大的影响，另外，不同人群对服装生理需求的功能要求亦有所不同。

3.智能服装的市场需求

随着我国人口呈现两极化发展趋势，加之人们对健康的更多关注，智能监护类产品需求愈加强烈。服装作为人体的"第二皮肤"，距离体表最近，与身体接触时间最长，是智能监护产品的最佳载体。因此，监护类智能服装在近几年的发展尤为迅速。另外，一些具有特殊功能的智能服装也很受欢迎，如医务工作人员穿着的电磁辐射屏蔽服、可以记录优化运动员训练数据的运动内衣、特殊环境下的作战服等。随着市场需求的不断扩大，智能服装正走入千家万户。

4.智能服装应用现状

（1）医疗健康领域。随着科技的发展，智能服装在医疗领域展现出了更大的可能性。智能服装运用各种生理参数，包括体温、血氧、心率、心电、脑电等，有利于疾病的发现、预防和诊治，甚至减少死亡率。从婴幼儿体温监测到老年人情感识别、防跌倒、风湿理疗，从身体健康监测到疾病预防，将电子产品或智能系统融入纺织品中，使得智能服装能够实时监测生理信号或执行特定的护理、理疗功能，对人体健康状态进行实时监控，保障人们的生命健康。

（2）运动健身领域。智能服装应用于运动健身领域主要涉及三个方面：①对运动者的生理信号（心率、体温、血氧等）和运动数据进行监测；②对运动者予以一定的保护；③辅助运动者合理、准确地训练。目前运动领域较为成熟的智能服装是将小型电子传感器内嵌于运动文胸或运动衣中，用于监测心率或心电。考虑运动过程中皮肤移动对传感器监测精度的影响，柔韧、弹性的传感器成为当前智能传感的研究重点（图4-2）。

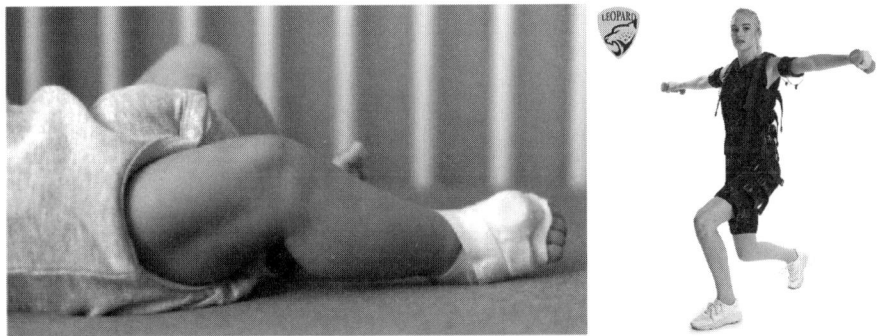

（a）Owlet智能袜子　　　　　　　（b）智能健身功能服马甲

图4-2　智能服装应用

（3）特殊行业领域。建筑工人的工作环境通常比较恶劣，智能劳保服装配温湿度传感器、心率血氧传感器等电子元件，结合无线传输技术实时监测人体温湿度和心率的数据，可在工人发生中暑、昏厥等危险情况出现时及时发出警报，保障了建筑工人的生命安全。

5.智能服装的未来发展趋势

（1）更加功能化和高性能化。在面料方面，功能性面料将是智能服装的首选材料（图4-3）。科技含量高、功能性强的面料将被更多地应用在智能服装领域，提高服装的热湿舒适性和穿着体验感；在传感器方面，提高传感器的可穿戴性能、持久性能、柔软性能是智能服装的发展方向；信息处理模块方面，提高模块的集成程度、数据处理速度、操作运行稳定是智能服装的未来趋势。

（2）更加精确化和系统化。电子信息类智能服装是未来智能服装发展的重要方向。这种服装技术能够保证用户信息安全、确保内置电路安全、提高数据采集精确度以提升服装的精确化；综合搭配服装功能、优化数据分析方法，提高智能服装的系统化；使服装从设计到制作成为一个和谐发展的整体，更加全面化和系统化地测量人体的各项指标。

（3）更加商品化和美观化。智能服装需要携带可穿戴设备，很难在保证功能性的同时兼顾服装的美观性和舒适度，还会出现定价过高等问题。智能服装的普及必须建立在合理定价和服装外观日常化的前提下。因此，智能服装设计需要更加坚持以人为本，提升服装的科技感和美观性，使其更容易进入服装市场。

（a）发光光纤服装

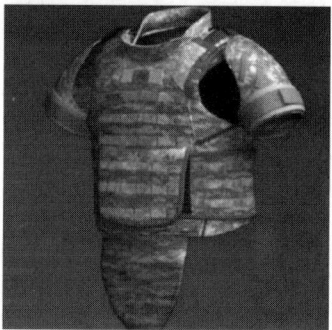

（b）军用智能编织物

图4-3　功能性面料智能服装

（七）案例思考

　　智能服装是传统服装产业转型的突破口，服装智能化是发展的必然趋势。智能服装仍处于发展阶段，在多个领域具有广阔的应用前景，但仍需要多学科、多领域结合，共同促进智能服装的发展，实现其产业化生产。随着社会的进步和科学技术的发展，智能服装的设计会根据消费者的需求发生变化，但仍需坚持以人为本的原则，并符合可持续发展的要求。大数据背景下的人工智能产品将会成为未来各领域的重要发展方向。智能服装是各领域先进技术相互融合的科技产物，具有很大的发展空间。未来的智能服装将会融合更多的功能和电子信息技术，通过人机交互与反馈，提高用户的体验感和生活质量。

二、在"安全需求保障新课题"中论纺织服装产品质量安全与企业职责

（一）消费心理学内容

　　消费者的动机与需要——服装消费安全需求。

（二）案例目标

1.知识目标

了解马斯洛需求层次理论；理解服装消费者的安全需求；了解和掌握服装质量安全消费心理；了解纺织服装产品质量安全隐患。

2.能力目标

培养对服装消费案例的专业分析能力；培养对消费者消费心理与消费需求的掌握能力，以及制订合理的营销策略的能力。

3.素质目标

培养运用科学的价值观和方法论分析和处理问题的能力；提升职业素养，培养专业人才匠心精神、精益求精的职业素养和安全意识，求真务实的职业操守。

（三）案例知识点

（1）基于马斯洛需求层次分析服装质量安全消费心理。

（2）纺织服装产品质量安全隐患。

（3）纺织服装产品质量安全监测策略与企业职责。

（四）重点与难点

1.重点

结合案例了解纺织服装产品质量安全监测策略与企业职责。

处理方法：通过案例设计、案例描述、案例分析、案例思考等环节的设计，创造情境深入理解案例，分析出于消费者安全需求的服装企业发展策略。

2.难点

分析纺织服装产品质量安全隐患，对科学的营销策略进行研究，以科学的价值观和方法论进行理论学习和实践应用。

处理方法：深入挖掘案例问题根源，以思政指导思想帮助树立科学的价值观和方法论，进行正确的营销策略分析。

（五）案例内容

随着我国二胎政策的全面落地，儿童人口年均增长人数超过1600万。我国已成为名副其实的童装消费大国，童装也成为近些年实体商业重点发展的业态之一。为了解北京市场上儿童服装的质量状况，指导并引导消费，北京市消费者协会对市场上销售的部分儿童服装商品开展了比较试验。

比较试验的样品由北京市消费者协会组织工作人员以普通消费者的身份从购物中心的实体店铺随机购买，涉及广东、福建、上海、浙江、江苏、北京、山东、天津等地生产的80款儿童服装商品，共68个品牌。本次比较试验儿童服装商品价格最低49元/件，最高1428元/件，价格相差悬殊。比较试验样品委托深圳市英柏检测技术有限公司，依据GB 18401—2010《国家纺织产品基本安全技术规范》等标准及相关企业标准对样品的使用说明、纤维成分及含量、可分解致癌芳香胺染料、甲醛含量、pH值、耐汗渍色牢度（酸、碱）、耐摩擦色牢度（干、湿）、耐（皂）洗色牢度、可触及的锐利尖端和锐利边缘、绳带要求等项目进行测试。

比较试验80款儿童服装商品中，有7款未达到国家及相关标准要求，主要不达标项目有pH值、耐湿摩擦色牢度、使用说明、纤维成分及含量。质量是企业发展的生命，质量问题的存在势必对儿童纺织服装企业发展产生负面影响（图4-4）。

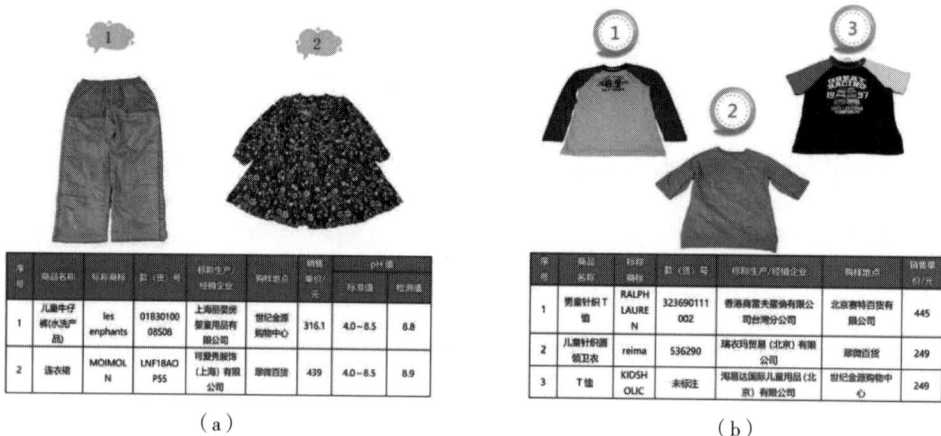

序号	商品名称	标称商标	款(货)号	标称生产/经销企业	购样地点	销售单价/元	pH值标准值	检测值
1	儿童牛仔裤(水洗产品)	les enphants	01830100 08508	上海丽婴房婴童用品有限公司	世纪金源购物中心	316.1	4.0~8.5	8.8
2	连衣裙	MOIMOLN	LNF18AO P55	可爱秀服饰(上海)有限公司	翠微百货	439	4.0~8.5	8.9

（a）

序号	商品名称	标称商标	款(货)号	标称生产/经销企业	购样地点	销售单价/件
1	男童针织T恤	RALPH LAUREN	323690111 002	香港商富夫服染有限公司台湾分公司	北京赛特百货有限公司	445
2	儿童针织圆领卫衣	reima	536290	瑞衣玛贸易(北京)有限公司	翠微百货	249
3	T恤	KIDSHOLIC	未标注	海易达国际儿童用品(北京)有限公司	世纪金源购物中心	249

（b）

图4-4　儿童服装采样检测结果

（六）案例分析

1.消费者重点投诉的服装产品质量项目分析

随着生活水平的提高，人们对自己的穿着打扮等外在形象日益重视，而消费者维权意识的提高，服装质量也成为消费者反映的热点问题之一。2014—2018年消费者投诉居多的问题主要集中在以下几个方面。

（1）起毛起球。服装起毛起球后，严重影响其外观，因此起毛起球是消费者投诉的主要项目，大约占投诉量的29.51%。

（2）色牢度。色牢度也是消费者投诉的一大热点问题。色牢度不但决定了服装能否继续穿着，而且色牢度差的服装染料容易脱落，会沾染其他衣物，脱落的染料分子或重金属离子可能通过皮肤被人体吸收而危害健康。

（3）破损。服装容易破损的部位和现象主要有裤裆、大腿内侧缝、口袋边沿处、裤襻处、袖窿、轻薄类丝织物、针织品接缝处滑移、涂层织物开裂等。

（4）羽绒服钻绒。在冬季，几乎每天都有消费者投诉羽绒服钻绒的问题。羽绒服钻绒现象大多发生在缝线的针孔处。

（5）织物耐磨性能。服装在穿用过程中，裤裆、袖口、领口、裤脚翻边等部位易与接触物体之间发生摩擦而引起损坏。消费者投诉的质量问题主要是牛仔裤裤裆和裤脚翻边磨损，涂层面料服装涂层脱落。

2.马斯洛需求层次分析

通过马斯洛需求层次理论，我们得知人的需求是有明显层次的，由基础到上层依次为：生理的需求、安全的需求、社交的需求、尊重的需求和自我实现的需求共五类。服装首先需要满足的就是消费者的生理和安全需求。在投诉服装产品质量行为中，消费者需求不满主要表现在该服装无法满足基础的"生理需求"和"安全需求"，其中"生理需求"占的比重比较小且相对比较容易满足，而"安全需求"则是主要需求，且此需求目前尚无法百分之百地确保被满足。

例如，在现有的母婴服装消费过程中，消费者缺少有效验证产品安全性的途径，大多消费者会将无法被完全满足的"安全需求"转嫁到对品牌的信任。出于安全需求，许多消费者认为"即使服装价格较低但其品质安全也应该有保证""即使服装的使用周期很短，其面料也不能危害身体健康""即使服装款式非常时尚，但它的辅料也要有安全保障"。

3.纺织服装产品质量安全隐患

（1）甲醛超标。部分企业在服装生产过程中，会通过添加甲醛来提高服装面料的硬挺度和服装颜色的鲜艳度。甲醛是一种无味无色的气体，对人体危害极大，尤其是免疫力较弱的幼儿。因此，甲醛含量监测是服装产品质量监测的重点。服装企业过度重视服装的硬挺度和鲜艳度，忽视对超标甲醛的彻底处理，是导致纺织服装产品甲醛含量超标的主要原因。

（2）酸碱度不符合标准。由于当前服装生产受制于经济效益等诸多因素，纺织助剂和各种染料中的化学成分添加不规范、面料染色工序不健全，导致众多服装面料的酸碱度不符合相关标准。穿着的服装普遍与人体皮肤密切接触，若在着装过程中与雨水、汗渍等发生反应，将导致服装中富含的碱性或酸性物质溶解后进入皮肤，严重伤害人体皮肤，危害人体健康。

（3）面料容易褪色。纺织服装产品的质量与纺织面料的染色牢度密切相关，染色牢度符合标准的纺织面料在使用过程中极少发生褪色现象。若不符合标准，不仅在使用过程中影响着装效果，而且染料中的有害物质将通过与皮肤的接触进入身体，危害健康。

（4）环境荷尔蒙。环境荷尔蒙是一种能够影响环境和人体健康的物质，这种物质能够干扰个体生长、发育和内分泌，甚至会在遗传、繁殖能力和性别等方面出现问题。据统计，已发现的环境荷尔蒙有70余种，且杀虫剂、增塑剂等已被发达国家限制使用，但部分纺织服装生产企业依旧使用这些环境荷尔蒙。

（5）服装标识标注背离服装实况。服装标识标注是所有服装产品的必备要素，洗涤要求、服装成分、悬挂合格证等是服装标识标注的主要构成内容。但是，目前服装市场的服装产品普遍存在标注的面料含量与实际使用面料不符的现象，如将棉标注为真丝、化纤标注为棉等，这一现象导致服装产品销售混乱，消费者无法准确购买所需面料成分的服装产品，进而失去对服装企业的信任，最终影响服装企业的经济效益，阻碍服装企业的长远发展。

4.纺织服装产品质量安全监测策略与企业职责

（1）缺陷产品召回制度。纺织服装产品生产过程中存在因生产技术、生产技艺和机械设备故障等造成的某些服装质量问题，将在不同程度上危害消费者的身体健康或影响消费者权益等，召回缺陷产品是服装企业使用最普遍和最有效的弥补措施。缺陷产品召回制度是指在相关部门的监督下召回存在缺陷或不符合标准的产品，是一种及时止损的制度，可以保障消费者的合法权益，加强消费者对服装企业的信任，增加企业的经济效益，推动社会秩序的良好建设。

（2）创设质量安全风险监测平台。创设服装产品质量安全风险监测平台，能够高效预警和评估纺织服装产品可能存在的安全质量风险，进而采取有针对性的措施，降低风险。质量安全风险监测平台的重点在于多维度分析国内纺织服装生产过程中发生的各种质量安全事故，并深入归类和分析其中存在质量缺陷的服装产品，在不断整合和分析数据信息的过程中，发现其中的质量安全风险问题，并实时掌握服装产品中存在的安全风险，采取行之有效的方式，监测和把控服装产品质量。

（3）建立惩罚性赔偿机制。众所周知，纺织服装质量与人体健康息息相关，因此，服装企业必须提高服装生产过程中对质量安全的重视程度，全面践行服装产品质量安全管理规范，保障消费者的身体健康。然而，纺织服装产品质量问题频繁出现，纺织服装产品质量安全的管理难以取得显著成就。为全面杜绝纺织服装产品的质量问题，必须建立健全严格的惩罚性赔偿制度，引入第三方机构严格监督，确保惩罚性赔偿机制的全面践行，将服装产品的质量问题与企业的经济效益密切相连，以企业效益为参考，对存在质量安全问题的服装产品严格追究、问责和赔偿，高效约束、杜绝服装产品中存在的质量安全缺陷，增加纺织服装企业的经济收益。

（4）严格执行监测标准。相关部门应完善纺织服装产品质量安全风险监测机制，不断推广并严格执行。一件纺织服装产品从生产到投入市场需经历设计、编织、印化、剪裁、缝制、熨烫等程序，且每一道工序都涉及不同的加工程序和产品添加程序。因此，为保证纺织服装质量符合监测标准，在生产过程中，必须严格执行相关规定和质量标准，严格分类和细化纺织服装的每一道工序，提高纺织服装质量。

（七）案例思考

服装企业应提高产品质量，完善检测项目，掌握更多的服装知识，多管齐下，才能更好地提高服装质量，选购到安全合适的纺织原料产品。一是企业要加强行业自律，谨记产品质量问题很多是生产出来的，不能为了利益而以次充好、偷工减料，要增强质量风险意识，每个环节加工、生产、购买的原辅料都隐含有质量风险。要注重研发能力的提高、生产工艺的改进及管理和质量控制方面的问题。二是建立完善的行业标准体系，现行标准中更多的是常规性的指标，如纤维含量色牢度、强力、起毛起球、安全性等指标，这些指标不能及时反映市场及技术快速变化和发展的需要，即标准的制订与相关技术的研究验证脱节，因此标准体系的建立刻不容缓，只有把以原料为主体的标准体系和以市场消费的最终需求为主导的标准体系有机结合起来，才能充分发挥标准的技术支撑、市场保护和限制手段的作用，为生产企业、监督部门、检测部门、消费者保驾护航。

三、在"归属需求内涵深挖掘"中论亲子装、情侣装设计概念突破

（一）消费心理学内容

消费者的动机与需要——服装消费归属需求。

（二）案例目标

1.知识目标

了解和掌握服装消费心理学的基本内容和研究方法；理解马斯洛需求层次理论下消费者的心理特征及行为规律；了解归属需求及情感因素对消费心理和行为的影响。

2.能力目标

培养学生对服装消费者心理及行为的分析能力；培养学生对服装消费案例的专业分析能力；培养学生应对不同需求层次消费者及相关商品制订合理的营销策略的能力。

3.素质目标

培养运用科学的价值观和方法论分析和处理问题的能力；提升职业素养，培养专

业人才人文关怀理念。

（三）案例知识点

（1）服装情感化设计。

（2）马斯洛需求层次理论——归属需求。

（3）马斯洛需求层次理论与情感化设计的关联。

（4）亲子装、情侣装设计创新要素。

（四）重点与难点

1.重点

结合案例理解消费者的归属需求对消费行为的影响。

处理方法：通过案例设计、案例描述、案例分析、案例思考等环节的设计，创造情境深入理解案例，分析消费者的归属需求对消费心理及行为的影响。

2.难点

运用马斯洛需求层次理论和情感化设计分析亲子装与情侣装的设计要素，对科学的营销策略进行研究，以科学的价值观和方法论进行理论学习和实践应用。

处理方法：剖析马斯洛需求层次理论，深入挖掘案例问题根源，以思政指导思想帮助学生树立科学的价值观和方法论，进行正确的营销策略分析。

（五）案例描述

随着人们对精神生活的更高追求，为在出游或聚会中增进与家人、伴侣的情感及凝聚力，亲子装及情侣装受到更多消费者青睐。亲子装的消费群体主要是"80后""90后"人群，这一群体追求独特个性，乐于通过服装展示美好的亲子及伴侣关系。

亲子装、情侣装等融政治、经济、文化生活于一体，人们的消费构成因为日渐提高的经济水平呈现出多样化特点。从消费者角度出发，商品不仅拥有使用价值，还应当具有更多的附加效益。从这一点来看，亲子装及情侣装满足了人们的情感诉求（图4-5）。在长期的中华传统文化熏陶下，人们对情感的表达比较内敛，而亲子装、情侣装则成了将内敛的情感外化的平台，是人们表情达意的良好载体。

图4-5　亲子装

（六）案例分析

1.亲子装与情侣装的情感价值

亲子装与情侣装本身是没有情感的，但人们穿着其进行具体的行为活动时，亲子装与情侣装势必带有人的意识、情绪与情感联结。人们选择、设计或制作服装以及将服装穿在自己身上的行为绝不是无意识的，在看到他人的着装之后或多或少都会有情感的反馈。亲子装与情侣装通过服装之间相同或相似的元素表达家人、情侣之间的联系，间接暗示了对家庭的归属、亲情关系的渴望等。人们通过穿着亲子装、情侣装获得心理满足的同时，也激发了情感幸福、自信，从而唤起了积极的情绪，并影响接下来的判断和购物行为。当穿着者获得良好的情感体验时，他们对服装更加认可，在购买时更有动力。可见，穿着行为引起的态度体验激发了穿着者的情感，而情感所带来的情绪及精神感受则深刻地影响着消费者的行为。

2.情感化设计的定义

情感设计理论的提出首推唐纳德·A.诺曼（Donald Arthur Norman），他站在理论的高度，为论述情感建立了最基本的体系，从理性的角度分析了人类的情感认知和设计思想。立足于马斯洛的需求层次理论，如果人们生存的基本物质可以完全满足时，人们的主观愿望就会从追求物质层面转而更高的精神需求层面的追求。生活的欲望不再变得紧要，情感的、文化的精神层面得到的关注变得越来越明显。因此，服装设计领域中，设计师的设计需要与时俱进，充分考虑现代文明的元素和人类物质需求的演变，在设计中融合物质、精神等相关元素，激发人们关注并体现内心的欲望。

3.马斯洛需求层次理论——归属需求

亲子装与情侣装的情感化设计归根于消费者的归属需求。归属需求指人要求与他人建立情感联系，以及隶属于某一群体并在群体中享有地位的需要（图4-6）。这一层次的需要包括两个方面：一是友爱的需要，即人人都需要伙伴、同事之间的关系融洽或保持友谊和忠诚，人人都希望得到爱情，希望爱别人，也渴望接受别人的爱；二是归属的需要，即人都有归属于一个群体的感情，希望成为群体中的一员，并相互关心和照顾。这种需求属于较高层次的需求。

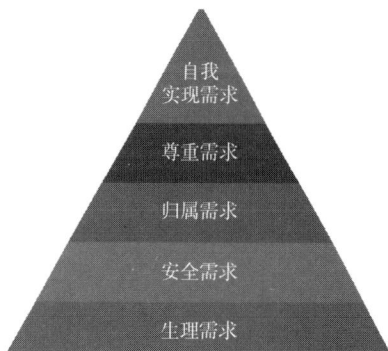

图4-6 马斯洛需求层次理论金字塔

4.马斯洛需求理论中归属需求与情感化设计的关联

从设计角度上看，马斯洛需求与情感设计是互相影响的。按照马斯洛的需求层次理论，设计要做到以人为本，不仅要满足人基础的需求，更重要的是通过产品实现用户高层次的需求，即从情感的满足到受到他人尊重再到自我价值的实现。对产品进行造型设计，即对产品的物理特征和整体造型进行设计，从而表达出某种内涵意向。产品造型设计的核心是满足用户的审美需求，即实现用户的深层情感需求。情感化设计就是用户对产品的物理外观进行感官体验，从而产生情感反馈，这种设计方法可以通过参数设计来理解用户的购买意向、喜好与期望，也是设计师与消费者沟通的重要桥梁。应用感性工学的研究方法，有目的地将人们的情感加以定量化，让产品的设计要素符合用户的个性化需求和喜好，构建消费者与产品的情感联系，从而创造更深层次的内涵。经济基础的提升必然会带来消费者精神层面需求的上升，马斯洛需求层次为情感设计提供了需求动机；而情感设计就是在"人—产品—生活"之间构建一个桥梁，使马斯洛需求更好地为情感化设计服务。

5.亲子装、情侣装情感化设计的创新要素

（1）款式风格情感化的设计创新：亲子装与情侣装在设计时，考虑更多的是系列服装的整体风格。实际上服装风格种类繁多，但市面上过半的亲子装、情侣装设计风格为运动休闲风。其实服装的选择是依场合和人而定的，场合不同则服装搭配风格也不同，气质不同则所选款式也不同。合适的衣服能够更好地将着衣人的气质显现出来。所以，应当采用多元的风格进行服装设计，以更好地体现服装的特质与情感。

（2）图案色彩情感化的设计创新：对亲子装、情侣装而言，个体在着装时表现出来的共性与个性的统一就是其特点。所以在设计时变化色彩图案的组合，会使人眼前一亮；而设计元素在显要部位的呈现、设计文化里的隐晦关联，使亲子、情侣系列装既能融为一体，又能张扬个性。设计时应把趣味性、个性和创新性作为终极目标，重视服装图案和色彩的趣味性和情感性表达。

（3）面料工艺情感化的设计创新：质感不同的面料会对服装款式效果的呈现有直接影响。设计师进行亲子装与情侣装设计时，需要兼顾成年人与儿童，所以选择面料时主选棉、麻等具有舒适和安全性能的布料，让消费者感受面料中的人性化关怀。现阶段提倡绿色环保，因而选择服装面料时需要对其环保性能的运用进行考虑。

（4）文化价值理念情感化的设计创新：亲子装与情侣装的设计比较繁杂，体现一种创新概念。这种概念产生于思想情感和服饰文化交融，设计亲子装与情侣装时，需要将功能性、风格和设计等进行定位，才能更好地为本系列服装创造更多价值。受地域文化影响，可以在设计亲子装与情侣装时体现民族文化，既显示家庭文化，又彰显爱国情感和民族自豪感。所以，设计亲子装与情侣装需要体现多元特色，给予丰富的

文化内涵，对更多的文化思想进行创新。

（七）案例思考

社会经济不断发展，人们的生活水平日益提高，当初用于蔽体保温的服装功能不断增加，由实用性渗透到精神层面，具体表现在装饰搭配、审美意识、礼仪文化赋予等，由此产生了情感系列的服装。情感化服装的设计将认知与实践提升到了精神层面，而承载这一情感表达的服装载体则是亲子装与情侣装。在探究亲子装与情侣装设计过程中，应不断对现代家庭所缺失的亲情、爱情进行强化，以服装为载体传递主流情感的正能量，对内做好维系亲情的纽带，对外进行家庭观念的重塑，再次彰显我国家庭理念的优良传统。

四、在"尊重需求服务更周到"中论特殊人群的服装设计与营销

（一）消费心理学内容

消费者的动机与需要——服装消费尊重需求。

（二）案例目标

1.知识目标

了解和掌握服装消费心理学的基本内容和研究方法；理解马斯洛需求层次理论下消费者的心理特征及行为规律；了解尊重需求对消费心理和行为的影响。

2.能力目标

培养学生对服装消费者心理及行为的分析能力；培养学生对服装消费案例的专业分析能力；培养学生应对不同需求层次消费者及相关商品制订合理的营销策略的能力。

3.素质目标

培养学生运用科学的价值观和方法论分析和处理问题的能力；提升职业素养，培养专业人才人文关怀理念。

（三）案例知识点

（1）马斯洛需求层次理论——尊重需求内涵。

（2）基于马斯洛需求层次理论的特殊人群服装需求心理。

（3）特殊人群服装设计要素。

（4）基于特殊人群服装尊重需求心理的营销策略。

（四）重点与难点

1.重点

结合案例理解消费者的需求层次对特殊群体消费行为的影响。

处理方法：通过案例设计、案例描述、案例分析、案例思考等环节的设计，创造情境深入理解案例，分析消费者的尊重需求对消费心理及行为的影响。

2.难点

对国内特殊人群服装的市场情况进行分析；运用马斯洛需求层次理论分析特殊群体的各层次需求，以尊重需求为重点，分析应对各层次需求的设计要素，对科学的营销策略进行研究，以科学的价值观和方法论进行理论学习和实践应用。

处理方法：剖析马斯洛需求层次理论，深入挖掘案例问题根源，以思政指导思想帮助学生树立科学的价值观和方法论，进行正确的营销策略分析。

（五）案例描述

在巴西里约热内卢，时装设计师卡琳娜的时装系列专注于小个子、身材丰腴的女性服装，该品牌是一个旨在展示所有体型的服饰项目。卡琳娜的公司成立于2009年，致力于推广时尚的"身体民主"理念，在不排除某些身体类型的情况下满足所有人的需求。她曾为侏儒症患者量身定做过一批时装，并请来了侏儒症患者进行专门展示，在时装界引起了不小的反响（图4-7）。但是受市场和供需的影响，这样的设计并不能为设计师本人带来高收益，加上大部分人在审美上对侏儒症患者的专门服装接受度较小，更习惯在正常人体型上进行相应的审美判断和取舍，所以在相当长的时间内，侏儒症患者的服装设计研究仍然存在较大空白。

图4-7　侏儒症患者多萝西和设计师绘制的女装效果图

（六）案例分析

1. 特殊人群服装国内市场状况

国内对特殊人群服装的研究还处于起步阶段。从总体情况来看，国内研究还仅限于理论研究，实际应用非常少。通过对目前市场的查阅调查，中国特殊人群约8296万人，肢体残疾人群约2412万人，截肢人群约226万人。相对于建筑与工业设计领域中"无障碍设计"的良好发展，我国特殊人群服装的研究与开放尚处于初始阶段。

2. 关于特殊人群着装的需求层次理论

马斯洛需求层次理论由低到高的划分反映了人类对于不同需求的急迫性不同，当处于急迫性较高（低层次）的需求相对满足时，就会向更高层次的需求迁移。该理论为特殊人群服装的设计需求提供了思路与方向。

我国拥有庞大的特殊群体，且残疾类型多。因此，设计特殊群体服装应当着重解决残疾人生活中最基本的生理需求、安全需求及尊重需求等问题。

3. 尊重需求的定义

尊重可以分为内部尊重和外部尊重，即自尊和得到他人尊重。特殊人群常常会觉得自尊心被伤害，在社会中，部分人对特殊人群的歧视、特殊人群的标签化也损害了他们的自尊心。由此，我们更应该重视这类特殊群体的服装设计，不仅要满足其生理及安全需求，还应帮助该群体实现获取自尊以及获得他人尊重。

4. 肢体残疾者服装设计中存在的问题

（1）社会关注少、开发少：在我国，肢体残疾者服装问题并没有受到全社会的重视。专门针对肢体残疾者的服装设计、生产、加工和销售少之又少。

（2）服装着装存在障碍性：目前市面上并没有专门针对特殊群体的服装，所以他们常常根据自身的状况将衣服进行改造，以便更适合他们，但是这些改造也只是简单改动尺寸，没有达到无障碍的需求。

（3）服装包容性与舒适性差：常规服装对于特殊形体的包容性、适应性差，使得他们在着装时舒适性差，缺少从他们的身体结构特点及辅助器使用状况角度考虑而进行的服装设计。

（4）服装缺乏个性与美观性：特殊人群对服装的追求不仅停留在实用方面，他们也希望通过服装的个性与美观性来体现自信、自强的一面，以融入群体，融入社会，希望能够得到公平的对待与机会。

5. 满足特殊群体需求的服装设计

肢体残疾者的服装是在正常人服装的基础上，根据其身体残疾状况进行局部结构调整。阿贝尔服装公司就曾专门为下肢残疾的轮椅使用者设计过裤装。该裤子的结构特点是：前腰短后腰长，前裆拉链特别长，裤腿长，后臀用整块面料裁剪，裤腰两侧有松紧带，裤兜水平开口而非正常裤子的斜开口。此外，前裤腰有类似大号皮带扣的襻，方便手指伸进去提裤子。大小便失禁者穿上后，也能体面地外出活动，因为这种裤子的裆特别宽，可容纳成人尿不湿；或是裤管很宽，可隐藏侧挂式导尿袋。特殊群体服装根据身体缺陷的具体情况进行设计，需满足功能性与舒适性的需求，同时在服装的外观上保持与正常人服装的无异性，是满足生理需求、尊重需求等设计理念的充分体现。

（七）案例思考

我们应当紧跟时代步伐，关注特殊群体。服装设计人员要在自己的研究领域，尽自己所能为特殊群体设计符合他们的服装。同时转变开发理念，开拓特殊群体服装市场。为了改变现状，专业人士应不断调查、研究和发掘，研发出既实用、成本又低的面料。同时，要注重实际调查，优化产品元素。目前仅限于理论基础上完成的设计及实验，对于现阶段是否可以统一对一定数量的肢体残疾者进行访问仍是需要解决的问题。所以，应根据结果及设计实验，建立一种完整的肢体残疾人服装的产品设计体系与模式。

五、在"自我实现需求高层次"中论定制服装的极致服务战略

（一）消费心理学内容

消费者的动机与需要——服装消费自我实现需求。

（二）案例目标

1.知识目标

了解和掌握服装消费心理学的基本内容和研究方法；理解马斯洛需求层次理论下消费者的心理特征及行为规律；了解自我实现需求对消费心理和行为的影响。

2.能力目标

培养学生对服装消费者心理及行为的分析能力；培养学生对服装消费案例的专业分析能力；培养学生应对不同需求层次消费者及相关商品制订合理的营销策略的能力。

3.素质目标

培养学生运用科学的价值观和方法论分析和处理问题的能力提升职业素养，培养追求卓越以人为本的职业观念。

（三）案例知识点

（1）马斯洛需求层次理论——自我实现需求的内涵。

（2）服装定制自我实现消费心理研究。

（3）自我实现需求与消费者个性化定制。

（4）中国定制服装行业的现状与发展策略。

（四）重点与难点

1.重点

结合案例理解消费者的自我实现需求对消费行为的影响。

处理方法：通过案例设计、案例描述、案例分析、案例思考等环节的设计，创造情境深入理解案例，分析消费者的自我实现需求对消费心理及行为的影响。

2.难点

对国内定制服装行业的市场情况进行分析；运用马斯洛需求层次理论分析消费者的自我实现需求，对科学的营销策略进行研究，以科学的价值观和方法论进行理论学习和实践应用。

处理方法：剖析马斯洛需求层次理论，深入挖掘案例问题根源，以思政指导思想帮助学生树立科学的价值观和方法论，进行正确的营销策略分析。

（五）案例描述

红领（Red Collar）创立于1995年，品牌初心是让每个人都能"穿上像样的衣服"。红领定制从2003年开始研究男装个性化定制服务，主要经营大衣、西裤、衬衫等，采用英式板型与工艺进行大规模、轻定制生产。企业占据欧美国家较大的市场份额，成功推出了全球互联网时代的个性化定制平台——全球服装定制供应商平台，自主研发了在线定制直销平台——C2M（Customer to Manufactory，消费者需求驱动工厂有效供给）平台。红领模式是"消费者需求"直接驱动制造企业有效供给的电商平台新业态，可实现以消费者需求为中心的"源点论管理思想"和组织形态，制订帮助传统企业转型升级的解决方案。

2004年雅典奥运会，中国体育代表团穿着由红领定制的金装入场，尽显东方魅力，"最美奥运金装"成为时代的华丽印记。历经26年的发展，在酷特C2M产业互联网平台赋能下，红领品牌已发展为全球C2M时尚定制品牌，客户需求直达智能工厂，以需求驱动生产，把互联网、物联网等信息技术融入柔性化制造中，实现了以工业化的手段、效率和成本制造个性化的产品。红领以C2M为核心，实现了"一人一版，一衣一款，大牌面料，全球直采，AI量体，7个工作日成衣"，更好地满足消费者的个性化需求（图4-8）。

图4-8　红领服装定制

（六）案例分析

1.服装定制的发展和现状

20世纪90年代以来，我国定制服装行业发展迅速。在成品服装市场这个需求超过供给的时代，基于效率和效益的考量，企业采用大规模制造、大规模渠道分销、大规模广告投放的形式进行企业运营。得益于此种模式，一大批服装企业异军突起。随着GDP（国内生产总值）的快速提升和居民人均可支配收入的增加，顾客的消费动机和消费偏好发生了重大转变，传统的服装运营模式和消费者的个性化需求之间已经形成"消费鸿沟"，产生"商品饱和后的厌倦感"现象，供应和营销之间的关系已经失衡。

追求个性化消费的顾客越来越多，基于大规模生产的成品服装"千篇一律"的特点，降低了消费者的消费兴趣，服装生产厂家也陷入产品动销缓慢、资金周转低效的困境。在这种市场环境下，定制服装迎合了消费者的个性化偏好而逐渐发展起来，生产商通过和目标消费者的无缝式双向沟通，获取消费者的想法、意见和建议，并将这种想法、意见和建议融入服装的设计、生产和服务中，从而极大地契合和匹配消费者的期望值。服装的销售从以产品为核心转化为以顾客需求为核心，这正是定制服装可以迅速获得消费者青睐的重要原因。

2.服装的设计价值——对"自我"的追寻

在规模化批量工业生产所提倡的快速消费理念中，大量的消费品充斥着人的物质生活，同时还冲击着人的精神领域，对物质消费的不断追求常让人迷失自我。在当今物质丰裕的消费时代，每个个体都可能被物化、被异化，因为人们根据物的属性来定

服装消费心理学课程思政案例教程

义自我，认识本我。不管人们给设计下的定义有多少，最终都将归结到设计是人价值追求的一种外在形式。人的自我价值表现为自我满足、丰富和发展。作为具有自然属性和社会属性双重特征的人，其自我价值的实现包括自我意识、自我设计和自我表达。

人之所以为人，是因为人生下来就具有向上发展的潜力和需要，而且发展中的人都有一种实现自我价值的需要和倾向。马斯洛认为："人体内都存在着一种向一定方向成长的趋势和需要，这个方向一般可以概括为自我实现或心理的健康成长。"作为价值意识的现实表征，消费行为代表了人的自我意识的定位，在消费过程中，需求主导了自我设计的过程，以完成最终形式上的"自我表达"。从这一点上看，对服装设计价值的追寻，其本质就是对自我价值实现的追寻。

3.马斯洛需求层次理论——自我实现需求的内涵

马斯洛认为，自我实现是人的一种基本需要，即人们在满足基本的需求之后，追求实现自己的能力或者潜能，并使之完善。自我实现是一种目标追求，即"希望自己越来越成为所期望的人物，完成与自己的能力相称的一切事情。"不仅如此，同其他基本需要不同，别的需要一经满足就自行消失，不再作为需要或至少不作为占优势的需要而存在，而自我实现则永远不会消失，它是"一种单纯的、终极的价值，或者说是人生的目的"。

4.服装定制自我实现消费心理研究

通过一个人的衣着，可以看出其社会地位、经济地位、民族归属、生活方式和审美情趣等，服饰是一种强烈的、可视的交流语言，它能告诉我们穿着者是哪类人。马斯洛的需求论在一定程度上概括了服装消费心理。自我实现需求立于"金字塔"顶端，随着消费生活由低层次向高层次演进，高层次消费者为了与低层次消费者的服饰相区别，就会追求奢侈品牌的服饰品或者是私人定制高级时装，以实现自我需求。私人定制高级时装能够达到人的自我实现需求。

5.自我实现需求与消费者个性化定制

研究证明，自我实现价值对消费者的定制后感知利益有正向影响作用。消费者对于服装的自我实现需要，可从消费者在线个性化定制完成的过程中体现。消费者完成个性化定制，在定制过程中自由发挥，产生创造产品的成就感。个性化定制能使消费者对自己的身份象征产生满足感，反映消费者对自身风格的自豪感。

6.中国服装定制行业的发展战略

伴随多元化浪潮，定制行业已成为融合制造、零售、管理、设计、文化、时尚、科技等各种因素的"大时尚、大消费"行业，产业整合、收购、跨界进程更加频繁。传统定制品牌通过网络信息化技术进行商业模式重构转型；成衣品牌纷纷转型成"定制裁缝店"开展收购整合，或推出更完善的细分定制品类和品牌，向"多品牌，多品类"的品牌大集团进军；新兴网络定制品牌借助于信息化时代科技的快速发展，将商业模式B2C向C2B+O2O过渡升级，解决服装试穿量身等技术问题。国内定制品牌"互联网+"模式虽一直处于发展探索阶段，但目前已出现发展较为成熟的品牌，如红领、埃沃等。

从现实环境来看，定制服装的"奢侈化"标签已经淡化，逐渐走进了寻常百姓家。移动互联网时代，借助于信息科技，普通的定制服装可以采用"标准化模块+个性化设计"的模式，快速提升定制服装市场的占有比率，让国人追求更个性化和更完美的自己，这将会成为未来定制服装的主流模式。在消费者个性化需求的推动下，定制服装厂商也将迎来一个更具有吸引力和爆发力的定制行业。

（七）案例思考

数字化技术已经完全融入当代大众生活中，飞速发展的技术占领了生活的各个角落。柔性生产、智能制造的大规模定制模式打破了传统定制模式的技术壁垒，使服装定制不再是精英阶层的专属消费，而开始走向大众生活。但技术是冰冷的，虽能够降低生产成本，却无法代替人文关怀的温度。定制服装之所以被消费者青睐，除了产品符合个人生理特征外，最重要的一点是还能够通过在创造过程中的互动实现自我的想法，表达自我。

对于服装定制行业的发展，应坚持人文关怀的服装设计价值创造理念原则，建构文化自信的中国服装设计价值观，构筑和而不同的多元服装设计价值体系，以创建可持续发展的服装设计价值生态系统。

第四节　实践目标

在研究消费者的动机与需要时，应遵循"以人为本"的理念，从消费者的心理需求出发，理解服装消费行为、掌握服装营销策略。通过本章内容的学习，可以使学生深入了解服装消费心理因素，在服装消费实践中践行"以人为本"的科学发展观。

随着时代的发展、技术的进步以及生活环境的变化，服装消费需求在不断升级变革，服装产业的数字化转型势在必行。数字化转型不仅要进行理念升级、系统升级、能力升级，而且要进行组织升级。同时，"科技、时尚、绿色"的服装发展理念受到更多的关注，自然、舒适、安全的服装更受消费者青睐。作为服装从业者，以消费者需求出发，与时俱进，研发科技赋能的新产品，提供科技服务，是今后努力的职业发展方向。教师通过向学生介绍目前服装需求方面的问题及服装产业技术的发展趋势，敦促学生树立科技创新、科学发展的职业理念，同时助力科技创新发展，成为服装领域的人才。

思考题

1. 智能服装如何满足人类日益升级的生理需求？
2. 试分析纺织服装质量安全监管对策。
3. 说明亲子装及情侣装的情感价值。
4. 如何利用服装设计和营销手段满足特殊群体的尊重需求？
5. 数字化时代服装定制如何更好满足消费者自我实现需求？

扫码可见
思考题答案

第四章 在「消费者动机与需要」中的思政案例设计

第五章

在"消费者群体与消费心理"中的思政案例设计

📖 **课题内容：**

1. 思政解读

2. 教学设计

3. 案例设计

4. 实践目标

⊙ **课题时间：** 3 课时

第五章　消费者群体与
消费心理PPT

◎ **教学目的：**

1. 知识目标：了解和掌握服装消费心理学的基本内容和研究方法；理解消费者的心理特征及行为规律；了解性别因素对消费者群体心理和行为的影响；了解年龄因素对消费者群体心理和行为的影响；了解儿童及老年人消费群体心理和行为的影响。

2. 能力目标：培养对服装消费者心理及行为的分析能力；培养对服装消费案例的专业分析能力；培养对不同类型消费者和商品制订合理的营销策略的能力。

3. 素质目标：培养运用科学的价值观和方法论分析和处理问题的能力；注重社会主义核心价值观的指导作用，提升职业素养。

📈 **教学方式：** 故事导入法，讲授法。

✒ **教学要求：** 解读服装消费案例，剖析案例背后的消费心理。分析各种消费者的心理活动过程，理解对消费行为的积极与消极影响。以思政指导思想提升案例理解高度和深度，掌握科学的价值观和方法论，培养分析和处理问题的专业能力。

👤 **课前（后）准备：**

1. 课前进行相关案例资料的搜集整理、章节心理学知识点预习、相关概念理解。

2. 课后完成配套练习、案例视频的学习，结合专业技能培养目标进行课程实践。

第一节　思政解读

一、思政要点

在"消费者群体与消费心理"中的思政体现为智慧沟通、平等原则、人文关怀。

二、思政内容

（一）智慧沟通

沟通是人与人之间、人与群体之间思想与感情的传递和反馈过程，以求思想达成一致和感情的通畅。智慧沟通，是以沟通双方的立场和角度去交流与传达信息、分析与处理问题，寻求平衡，达成共识。

（二）平等原则

平等指公民在法律面前一律平等，其价值取向是不断实现实质平等。它要求尊重和保障人权，人人依法享有平等参与、平等发展的权利。平等是人们在经济、政治、文化等方面享有同等的权利，主要包括权利平等、机会平等以及结果平等。社会主义核心价值观所倡导的"平等"，是通过平等的社会机制和价值引导，既保障公民个人享有平等的权利，也保障每个人基于社会贡献所要求得到的权利、利益和尊重。坚持法律面前人人平等，任何组织和个人都没有超越宪法和法律的特权。在服装消费者群体与消费心理的研究中，对于不同的消费者群体，在提供产品以及营销服务的过程中，都要遵循平等价值观，让每个消费者感受到平等的消费体验。

（三）人文关怀

在不同年龄服装消费群体行为和心理的研究中，尤其是儿童与老年人，由于这两个消费群体在生理方面的弱势和特殊性，应在服装产品研发的设计性、功能性、安全性、舒适性等方面进行技术提升；在营销服务中也应提供合适的有针对性的展示、体验以及科技智能服务手段。将人文关怀融于特殊消费群体的服装消费过程中，提供优质的购物体验及穿着体验，满足特殊消费群体的服装消费心理及生理需求。在课程内容教学中，应注重培养学生的人文关怀思想及社会责任感，在提升专业技能的同时，提高职业素养。

第二节　教学设计

一、导入方式

采用故事导入法进行教学，这种方式是在教学中根据具体内容，穿插一些趣味性较强且寓意深刻的故事，不仅可以活跃课堂气氛，激发学生学习兴趣，加深学生对课本内容的理解，还能通过直接经验和间接经验相结合的规律来进一步提高学生的思想觉悟。

二、教学方法

教学方法主要采用讲授法，讲授法是指教师主要运用口头语言向学生进行示范、呈现、讲解和分析教学内容的教学方法。在此过程中可以借助图片、模型、视频、动画、网络资源等辅助课堂进程。讲授法比较适合应用于概念、原理、原则等比较抽象的、理论性比较强的内容，可以分为讲述、讲解、讲读和讲演四种类型。讲述重在描述事物和现象，叙述事件发生和发展的过程，为概念或理论的学习做准备；讲解重在对复杂的问题、概念、定理和原理等进行解释、推理或论证；讲读是学生的朗读、默读和教师解释的结合；讲演主要由教师对某一主题进行演说论证，演说过程以教师为主，可以穿插一些互动问答。讲授法可在较短时间内向学生传授较多的有关各种现象和过程的知识信息，提升教学效率。教师通过内容丰富且具有说服力的讲授，对学生产生深刻的感染力，激发学生模仿教师的动机，采纳其价值标准。

三、过程设计

（一）案例一

1.案例名称

在"不同性别消费群体心理差异"中分析男性、女性服装消费行为。

2.设计思路

本案例设计思路如下。

（1）由虚荣尺寸故事导入。

（2）分析虚荣尺寸产生的原因。

（3）讲授虚荣尺寸的作用原理。

（4）分析两性之间的消费心理和行为差异。

（5）讲解女性消费者心理特征及行为特征。

（6）讲解男性消费者心理特征及行为特征。

（7）讨论针对女性和男性消费者的营销策略。

5-1 性别与
消费心理视频

3.设计内容

案例过程设计中的步骤及内容见表5-1。

表5-1 在"不同性别消费群体心理差异"中分析男性、女性服装消费行为课程过程设计

设计步骤	设计内容
案例导入	虚荣尺寸案例故事
案例讨论	虚荣尺寸产生的原因及营销原理
提出问题	两性之间存在着怎样的消费心理和行为差异
概念理解	不同性别消费群体心理和行为差异
案例分析	女性与男性消费者消费心理和行为产生差异的原因
案例思考	女性与男性消费者心理及行为特征；思考更多针对不同性别消费群体的营销策略
策略研究	针对女性消费者和男性消费者的营销策略研究
服装开发	针对男性市场的服装品牌建设要素；针对女性市场的服装设计开发要素
知识点总结	虚荣尺寸的概念；两性之间的消费心理和行为差异；女性消费者心理和行为特征及对应营销策略；男性消费者心理和行为特征及对应营销策略
实践内容	设计开发一系列针对女性市场的服装，说明其设计特色、消费需求、营销策略

（二）案例二

1.案例名称

在"不同年龄消费群体心理差异"中分析中、青年服装消费行为。

5-2 年龄与
消费心理视频

2.设计思路

本案例设计思路如下。

（1）由研究者对不同年龄段消费者在选购插肩袖服装时的购买需求案例故事引入。

（2）分析不同年龄段消费者的服装消费需求。

（3）讲授青年与中年消费者的消费心理以及行为特征。

（4）分析青年与中年消费者的服装消费心理以及行为差异的原因。

（5）探讨针对青年与中年消费者的营销策略。

3.设计内容

案例过程设计中的步骤及内容见表5-2。

表5-2 在"不同年龄消费群体心理差异"中分析中、青年服装消费行为课程过程设计

设计步骤	设计内容
案例导入	不同年龄段消费者选购插肩袖服装时的购买需求案例故事
案例讨论	不同年龄段消费者的服装消费需求差异
提出问题	青年与中年消费者有怎样的消费行为差异
概念理解	中、青年消费群体心理及行为差异
案例分析	中、青年消费者消费心理和行为特点
案例思考	中、青年群体服装消费心理差异及原因;运用于不同年龄消费群体心理特征的营销策略有哪些
策略研究	针对中、青年消费者的营销策略研究
服装开发	针对中年人市场的服装品牌建设要素;针对青年人市场的服装设计开发要素
知识点总结	青年消费者心理和行为特征及对应营销策略;中年消费者心理和行为特征及对应营销策略
实践内容	针对当代大学生消费群体建立一个服装品牌,说明品牌形象、产品设计特色、营销策略等

(三)案例三

1.案例名称

在"特别关爱消费群体"中分析儿童、老年人服装消费需求。

2.设计思路

本案例设计思路如下。

(1)由儿童及老年人服饰需求案例故事引入。

(2)分析我国弱势群体的现状。

(3)分析重视弱势群体服装需求的重要性。

(4)讲授呵护理念影响下的童装消费需求。

(5)讲授关怀原则下老年人服装消费需求。

(6)讨论我国童装及老年人服装的发展现状并提出建议。

3.设计内容

案例过程设计中的步骤及内容见表5-3。

表5-3 在"特别关爱消费群体"中分析儿童、老年人服装消费需求课程过程设计

设计步骤	设计内容
案例导入	儿童及老年人服饰需求案例故事
案例讨论	针对弱势消费群体的智能服装运用现状

设计步骤	设计内容
提出问题	如何基于儿童及老年人的服装消费需求给予人文关怀
概念理解	儿童及老年群体的服装消费心理与需求
案例分析	我国弱势群体的服装需求现状
案例思考	目前我国童装及老年人服装消费问题；儿童和老年消费群体的消费心理和需求有何特点
策略研究	针对我国童装及老年人服装的营销策略研究
服装开发	针对童装和老年装市场的服装品牌建设要素；针对童装和老年装市场的服装设计开发要素
知识点总结	童装消费心理与需求；老年人服装消费心理与需求
实践内容	针对儿童和老年人的消费需求和消费心理特征，分析服装企业如何制订相关营销策略

第三节　案例设计

一、在"不同性别消费群体心理差异"中分析男性、女性服装消费行为

（一）消费心理学内容

消费者的心理活动过程——不同性别消费群体心理和行为差异。

（二）案例目标

1.知识目标

了解和掌握服装消费心理学的基本内容和研究方法；理解消费者的心理特征及行为规律；了解性别因素对消费者群体心理和行为的影响。

2.能力目标

培养学生对服装消费者心理及行为的分析能力；培养学生对服装消费案例的专业分析能力；培养学生对不同类型消费者和商品制订合理的营销策略的能力。

3.素质目标

培养运用科学的价值观和方法论分析和处理问题的能力；注重社会主义核心价值观的指导作用，提升职业素养。

（三）案例知识点

（1）虚荣尺寸。

（2）两性之间的消费心理及行为差异。

（3）女性消费者心理和行为特征及对应营销策略。

（4）男性消费者心理和行为特征及对应营销策略。

（四）重点与难点

1. 重点

结合案例理解不同性别消费者的消费心理及消费行为。

处理方法：通过案例设计、案例描述、案例分析、案例思考等环节的设计，创造情境深入理解案例，分析性别因素对消费心理及行为的影响。

2. 难点

通过分析男性消费者与女性消费者不同的消费心理及行为特征制订营销策略，对科学的营销策略进行研究，以科学的价值观和方法论进行理论学习和实践应用。

处理方法：深入挖掘案例问题根源，以思政指导思想帮助学生树立科学的价值观和方法论，进行正确的营销策略分析。

（五）案例描述

玛莎百货之前16号女装的胸围、腰围、臀围分别为：76cm、63cm、82cm，而现在增加到了79cm、66cm、86cm。同时，根据实验调查显示，通过检测市场上1000条不同品牌女裤发现虚荣尺寸很常见，尤其是在高端服装中（图5-1）。

图5-1 针对女性的虚荣尺寸营销策略

虚荣尺寸也叫尺寸膨胀，是指随着时代的发展，各类成衣制品在尺寸号码不变的情况下，实际尺寸增大的现象。虚荣尺寸是目前许多服装企业采用的一项销售策略，尤其针对女性。由于女性更加关注自身形象，身体形象是自尊的重要来源，因此虚荣尺寸对女性能够起到营销作用。虚荣尺寸的作用是满足女性消费者想象中"瘦一点儿"的自尊和虚荣心理。成衣公司可根据目标消费人群的特征有针对性地调整产品尺寸，使得各种身材的女性钟情他们的品牌服装。通过让消费者产生"积极"的心理意象，从而使消费者提高对产品的态度。

（六）案例分析

1. 虚荣尺寸唤起更多积极的心理意象

心理意象是指现实中看不见的人的潜意识活动，通过脑海中的具体画面内容来感受到或看到的形态过程。商家使用"较小尺码标签"这种图形刺激形式，使消费者建立起"我瘦了"的心理图像，获得心理满足，从而产生出积极喜悦的消费态度。虚荣尺寸对女性消费者产生的影响要比男性消费者明显得多，这是由于男性和女性的心理意象有差别，二者存在着消费心理与消费行为的差异。

2. 两性之间的消费心理和行为差异

心理是行为的基础，决定行为的形成、方向；而行为则是满足心理愿望、实现动机的行动。消费行为受消费心理支配，是消费者从明确消费需求、搜集商品信息开始，到购买决策、购买准备、进入购买行为阶段，以及使用商品后的反应等一系列过程中的行为表现。消费者的消费行为主要表现为在购买需求、购买动机、购买决策、购买行为等方面存在性别差异。

不同性别的消费者，由于其生理和心理特点不同，因而表现出不同的消费特征，形成了不同性别的消费心理。

3. 女性消费者心理特征及行为特征

女性消费者注重商品的外观形象与情感特征，其购买决策易受商品外观的诱惑。动人的广告画面、美观的商品包装等直观因素都能激起女性消费者的内在情感，产生购买欲望。

女性在购买商品时，购买动机相对更为强烈，注重商品的经济实用性和实际利益，有较强的自我意识与自尊心。女性消费者常常以购买什么、喜欢什么、使用什么这些标准来分析别人、评价别人，分析自己、评价自己；还喜欢以个人的好恶标准作为对商品的评价标准，并希望得到他人认同；挑选商品通常是"完美主义者"。女性消费者总希望商品能百分之百地符合自己的心愿。所以，她们在购买商品时，往往选择时间长，观察仔细，而且经常能发现一些料想不到的细小毛病，表现出"吹毛求疵"的特点。

4.男性消费者心理及行为特征

（1）购买行为具有目的性与理智性：与女性相比，男性很少"逛"商店，他们常在需要时才会产生购买动机，所以他们购买目的性很强。另外，男性比女性更善于控制自己的情绪，在购买活动中心境变化比女性小，因而更具有理性。特别是购买高档商品时，他们更注重商品的性能、质量、品牌及维修性等。

（2）购买动机的形成具有迅速性及被动性：男性的购买动机一旦形成，购买行为就比较果断迅速。他们一般不愿在柜台前长时间挑选，能够果断地做出购买决策。男性购买动机的被动性主要体现在购买动机的形成往往是由于缺少购物经验而受到外界因素的作用，如家人、朋友的嘱托等。

（3）购买过程的独立性与缺乏耐性：男性消费者对熟悉的商品或已决定要购买的商品，在购买时表现出更多的自信，不易受外界的影响。与此同时，他们在购买过程中缺乏耐性，表现为对商品挑选不仔细、不愿意讨价还价、不愿意在商店或柜台之间进行比较和衡量。

（4）购买商品的性别特征明显：男性消费者购买的商品具有明显的性别特征，例如，对于体育赛事、娱乐产品、科技含量较高的商品等关注较多；同时往往对能显示其权力和地位的商品情有独钟。

5.针对女性消费者的营销策略

（1）激励女性的创造感：把握时机，引导她们对不同职业、年龄、家庭条件、兴趣爱好等方面的创造欲，从而触发购买欲。

（2）借助女性"幻想"的魔力：巧妙运用女性所特有的想象力，留给她们发挥"幻想"的余地，同时满足"幻想"和实用价值两方面的需求。

（3）鼓励女性用指尖"思想"。女性依赖触觉体验，要实际触摸后才决定是否购买。

（4）帮助女性缩小选择范围：促使女性购物最有效的办法就是让她们参与做出决定的过程，布置出令她们感觉自己"慧眼识英雄"的情势，缩小购物范围以达到推销目的。

（5）可以借"被斥感"激起购买欲：对于流行，女性非常害怕自己落后而属于"例外"之列，因此，恰当地利用女性唯恐被大众排斥的心理，积极诱导女性购物意向并付诸行动。

（6）让女性拥有"唯一"感：女性经常希望自己是"与众不同"的，所以向她们推销商品时，要提供"唯有我用"的诱惑，满足她们炫耀的心理。

6.针对男性消费者的营销策略

针对男性消费群体的特点，销售服务时需要注重产品的实用性和性价比，购买流程快捷便利，营销人员专业干练，能解释技术和使用问题。把握男性客户购买行为的心理需求，结合男性与女性共同购物进行搭配营销。在推销过程中需把握好关系尺度，尤其要保持好与客户之间的距离。

企业应采取营销策略为：注意商品内在价值与外在价值的统一，以完善的商品吸引这类消费者；注意品牌形象的塑造，争创名牌，巩固名牌的创建成果；注意商品信息传播的科学性与完整性，尊重消费者的自我判断。

（七）案例思考

随着市场经济的高度发展，消费者的消费心理对商品市场的主导作用日益凸显，人们对于消费者心理的研究也逐渐深入，特别是对消费人群进行针对性的市场细分越来越受到重视。已经有越来越多的设计师开始重视不同性别消费者在商品选择及消费过程中所表现出来的不同心理特点和心理规律，并将这些信息作为重要的市场细分标准。

男女两性消费心理的差异投射到消费活动中，表现出对消费行为及需求的各不相同。经以上分析可知，销售人员可提供适用于不同性别消费者的服务，使消费过程更具个性化。

二、在"不同年龄消费群体心理差异"中分析中、青年服装消费行为

（一）消费心理学内容

消费者的心理活动过程——不同年龄消费群体心理和行为差异。

（二）案例目标

1.知识目标

了解和掌握服装消费心理学的基本内容和研究方法；理解消费者的心理特征及行为规律；了解年龄因素对消费者群体心理和行为的影响。

2.能力目标

培养学生对服装消费者心理及行为的分析能力；培养学生对服装消费案例的专业分析能力；培养学生对不同类型消费者和商品制订合理的营销策略的能力。

3.素质目标

培养学生运用科学的价值观和方法论分析和处理问题的能力；注重社会主义核心

价值观的指导作用，提升职业素养。

（三）案例知识点

（1）青年消费者心理和行为特征及对应营销策略。
（2）中年消费者心理和行为特征及对应营销策略。

（四）重点与难点

1.重点

结合案例理解不同年龄阶段消费者的消费心理及消费行为。

处理方法：通过案例设计、案例描述、案例分析、案例思考等环节的设计，创造情境深入理解案例，分析年龄因素对消费者的消费心理及行为的影响。

2.难点

通过分析青年消费者与中年消费者的消费心理及行为特征制订营销策略，对科学的营销策略进行研究，以科学的价值观和方法论进行理论学习和实践应用。

处理方法：深入挖掘案例问题根源，以思政指导思想帮助学生树立科学的价值观和方法论，进行正确的营销策略分析。

（五）案例描述

为了更好地了解不同年龄阶段的群体对于插肩袖这一服装结构的认识与购买时的需求特点，以及了解不同年龄层在消费时的诉求，有研究者对我国不同年龄阶段的消费群体对于插肩袖的喜好程度以及购买诉求进行了调查分析。

调查显示，外观好看是大多数消费者购买服装的重要原因，18岁以下的消费者中选择外观好看占100%；18～25岁的消费者，选择外观好看占62.69%，26～30岁的消费者，选择外观好看占39.39%；31～40岁的消费者，选择舒适以及功能性好的分别占31.25%和9.38%；41～50岁的消费者选择质量好的占37.5%；51～60岁的消费者，选择外观好看的占62.5%。以上数据表明，绝大多数年轻消费群体在购买服装时，好看的外观会让他们产生购买欲望，从18～40岁，外观好看这一原因比重逐渐递减，同时，质量好和穿着舒适的比重在增加。25岁以下的年轻消费者购买服装时以外观好看为首选，初入职场身份上有了转变后，慢慢开始将服装的质量和舒适度纳入购买服装时考虑的原因。该调查样本中，26～30岁从事公务员和律师、设计师等工作的人士较多，购买服装时外观质量与舒适度三者几乎并重；31～40岁这一阶段，消费者对于外观的要求低于质量和舒适度的追求，年纪更大的消费者又在注重外观好看这一原因超过了其他。

（六）案例分析

1. 青年消费者群体的消费心理特征

青年是人生中从少年向中年过渡的阶段。青年阶段或者继续在校深造，或者就业。青年向中年的过渡期一般是35岁左右的年龄阶段。青年消费群体心理特征如下。

（1）追求时尚，强调实用。青年人对新产品的追求具有三个特点：①反映时代潮流与风格；②符合科学技术的要求；③合理适用，货真价实。

（2）意愿强烈，需求多样。青年正处于人生的成熟期，后期经济独立，能按照自己的意愿支配收入，会买自己喜欢的商品。同时，对许多商品形成自己的购买模式和品牌依赖。

（3）消费倾向标新立异。青年在消费中求新、求名、求美的心理动机强烈，喜欢标新立异，要求商品有特色，能表现个性。

（4）冲动购买，计划筹款。青年人在购买过程中思想酝酿时间比较短，具有果断迅速和反应灵敏的特点，但消费仍具有一定的计划性。

（5）注重情感，直觉选购。青年人在购物中，情感和直觉起重要作用，特别看重商品的外形、款式、色彩、品牌，凡能满足个人需要，就会产生积极的情感，从而信赖、购买。

2. 中年消费者群体的消费心理特征

中年是由青年向老年过渡的时期。中年消费者群体在家庭中是购买商品的决策者，社会中的骨干力量。中年消费者购买力强，购买活动多，购买商品多样。

中年消费群体心理特征如下。

（1）购买的理智性胜于冲动性。中年人在选购商品时，很少受商品外观因素影响，比较注重商品的内在质量和性能，往往经过分析才做出购买决定，很少有冲动、随意购买的行为。

（2）购买的计划性多于盲目性。中年人虽然掌握着家庭中大部分收入和积蓄，但他们既要照顾父母，又要养育子女。多数人懂得量入为出的计划性消费原则，其开支不会像青年人那样随便和盲目。

（3）购买求实用，节俭心理较强。商品的实际效用、合适的价格与较好的外观是引起中年消费者购买的动因。

（4）购买有主见，不受外界影响。由于中年人经验丰富，对商品的鉴别能力较强，对于营销手段有一定的判断和分析能力，其受广告宣传手段的影响较小。

（5）购买随俗求稳，注重商品的便利。中年人更喜欢购买大众化的、易于被接受的商品。同时，由于工作、生活负担较重，其更青睐具有便利性的商品。

3. 针对青年消费者群体的营销策略

（1）满足多层次的心理需要，刺激其产生购买动机。企业开发的各类商品，既要具备实用价值，又要满足青年人社会交往、自尊、成就感等多层次的心理需要。例如，个性化的产品会使青年感到自己与众不同，受人关注；名牌皮包、时装会表现拥有者的成就感和社会地位，受到青年人的青睐。

（2）注重个性化产品的生产、营销。企业要改变传统思维方式，在服装设计生产和营销过程中，注重个性化的设计，以树立消费者的个性形象。

（3）做好售后工作，推动市场开拓。青年人往往是新产品的率先使用者，在购买后，就会及时把他的购买预期与产品性能进行比较。企业在售出商品后，要收集相应信息了解顾客反映，以便及时优化产品；同时，要及时处理好顾客投诉，以积极的态度解决产品中存在的问题，使青年消费者感到满意，进而赞同产品和企业的服务。

4. 针对中年消费者群体的营销策略

（1）注重培育中年消费者成为忠诚顾客。中年消费者在购买家庭日常生活用品时，往往是习惯性购买。经营者要满足这种心理需要，使其消费习惯形成并保持下来；不要轻易改变商品品牌包装以及商品的质量标准和性能价格比。

（2）商品设计突出实用性、便利性，提供良好的现场服务。中年消费者消费追求商品的实用性、便利性。市场营销人员应根据中年消费群体的消费习惯，提供各种富有人情味的服务，例如，提供饮水、休息、物品保管、代为照看小孩等服务。

（3）重视售后服务。经营者应切实为中年人解决售后问题，冷静面对，切忌推诿、扯皮、不负责任而失去忠诚顾客。

（4）促销广告活动要理性化。面向中年消费者开展商品广告宣传、现场促销活动，要理性化，靠商品的功能、效用打动消费者，靠实在的使用效果来证明。

（七）案例思考

群体心理的存在对于个体有着重要的意义。社会对个体的影响，就要通过群体这种微观环境发生作用。消费心理现象是消费者个人行为的心理表现，必然受到消费者所处年龄阶段等多种因素影响。不同的年龄阶段有着不同的人生阅历，必然也有着不同的心理品质和个性特征，所以其消费心理表现出显著的差异。消费心理在消费过程中很大程度上决定了消费者的消费行为，所以研究分析年龄因素对于消费心理的影响，对于服装企业提高服务质量、完善产品设计、实现市场细分有着重要的意义。

三、在"特别关爱消费群体"中分析儿童、老年人服装消费需求

（一）消费心理学内容

消费者的心理活动过程——儿童及老年群体的服装消费心理和需求。

（二）案例目标

1.知识目标

了解和掌握服装消费心理学的基本内容和研究方法；理解消费者的心理特征及行为规律；了解儿童及老年人消费群体心理和行为的影响。

2.能力目标

培养学生对服装消费者心理及行为的分析能力；培养学生对服装消费案例的专业分析能力；培养学生对不同类型消费者和商品制订合理的营销策略的能力。

3.素质目标

培养学生运用科学的价值观和方法论分析和处理问题的能力；提升职业素养，塑造人文关怀职业理念。

（三）案例知识点

（1）童装消费需求。
（2）老年人服装消费需求。

（四）重点与难点

1.重点

结合案例理解儿童及老年人消费群体的服装消费心理及需求。

处理方法：通过案例设计、案例描述、案例分析、案例思考等环节的设计，创造情境深入理解案例，分析年龄因素等对消费者的消费心理及行为的影响。

2.难点

通过分析特别关爱消费群体消费者不同的消费心理及行为特征，做出应对儿童、老年消费者群体的营销策略，对科学的营销策略进行研究，以科学的价值观和方法论进行理论学习和实践应用。

处理方法：深入挖掘案例问题根源，以思政指导思想帮助学生树立科学的价值观和方法论，进行正确的营销策略分析。

（五）案例描述

预防和保护老年人跌伤和保护婴幼儿健康成长已经成为社会共同关注的话题，老年人预防跌伤产品以及婴幼儿监护产品也越来越受关注。随着科技的发展，老年人跌伤防护服装、婴幼儿睡眠监护产品等不断更新换代。

迈克达威品牌基于Hex Pad技术，使用聚乙烯衬垫材料设计了一款运动防护紧身短裤。该防护裤在臀部位置设计有独特的六边形透气复合材料护垫，其设计能更好地贴合人体，分散冲击负荷，舒缓运动过程中的外力冲击，具有良好的防护性，常用于篮球、健身等高强度运动服装中（图5-2）。李子丹等根据人体工程学原理，设计了老年人智能化防摔马甲，马甲在腋窝缝合处、肩部和胯部等关节处拼接了带弹性的抗冲击面料，起到了保护作用，保障了老年人安全（图5-3）。

（a）防护紧身短裤

（b）聚乙烯衬垫

图5-2　防护短裤

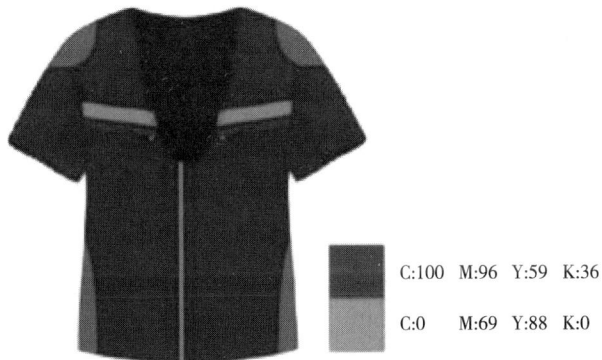

C:100　M:96　Y:59　K:36

C:0　M:69　Y:88　K:0

图5-3　老年人智能化防摔马甲

一些针对婴儿睡眠监护的可穿戴产品层出不穷。具有代表性的产品有智能手（臂、脚）环、智能鞋、智能纽扣、智能尿布、智能袜子等。例如，Owlet智能婴儿袜材料安全并且可调节大小，能够监测婴儿的健康与舒适程度，记录其心率、血氧水平、皮肤温度、睡眠质量以及睡眠位置等相关信息，给予更全面的呵护，让父母能及时掌握其必要数据，更加安心（图5-4）。

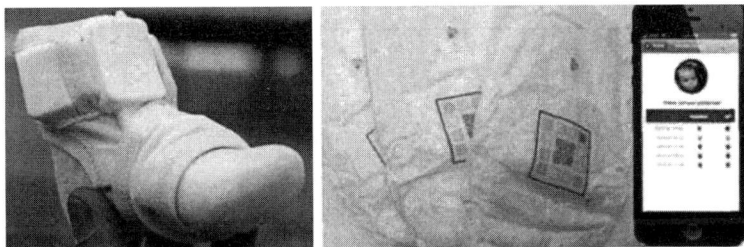

（a）Sproutling智能脚环

（b）Owlet智能婴儿袜

图5-4　婴儿睡眠监护可穿戴产品

（六）案例分析

1.重视对弱势群体的特别关爱

根据我国2000年第五次人口普查结果：60岁以上老年人口比例为10.3%，按照国际衡量标准，此数据标志着我国正式进入老龄化社会，因此老年人服装产业和相关产品的建设必须要引起设计师和企业的重视。这就要求以人为设计尺度进行服装设计，既要满足人的物质需求，又要满足人的生理和心理需求。关爱老年人是一个社会性问题，也是设计师们关注的重点。

随着经济的发展，人民生活水平提高，消费者在进行童装消费时逐渐由过去的满足生活需求的实用型向追求美观时尚、绿色环保、健康安全等全方位的要求转变，趋向于品牌化和时尚化。在童装产品的消费中，儿童的自主意识越来越强，童装设计不再只考虑家长在购买童装上的决定地位，还要考虑儿童自身的审美与喜好。

2.呵护理念影响下的童装消费需求

儿童是特殊群体，他们的肌肤柔嫩易受刺激，骨骼硬度小易变形，抵抗力低、易受伤害，认知与分辨力差。这些生理与心理特点决定了消费者对童装等儿童消费品有更高的要求。家庭、社会与市场应根据孩子们的特点与需求积极做出反应。

（1）社会倡导下对绿色环保童装的需求。在童装选择上，很多消费者开始关注服装材质以及利用率。童装对高品质的要求与短周期的穿用产生了无法避免的矛盾，这样也给社会环境和家庭经济带来了负担。生态环保、绿色循环的童装将逐渐成为未来童装消费的新需求。

（2）家庭中父母对安全健康童装的需求。儿童处于生长发育的关键时期，他们肌肤柔嫩、骨骼易变形，童装产品的质量与儿童的健康有着重要的关联。儿童天性活泼好动，好奇心强，在游戏、玩耍时易跌倒受伤，具有防护性功能的服装深受人们喜爱。

（3）市场上对以儿童身心特点为基础的人性化童装的需求。童装不是成人装的缩小版，儿童有着自己独特的需求与喜好。从儿童的本性出发，设计研究更多以儿童身心特点为基础的更加人性化的产品，以满足市场消费的需求。

3.关怀原则下的老年人服装消费需求

（1）生理需求。老年人由于体型的变化，大都会出现不同程度的驼背状态，后腰节长明显增长，前腰节长明显变短，腰臀比例失调，容易形成凸腹体和髋凸体，导致老年人很难买到合体的衣服，日常活动受限。因此在进行服装结构设计时，不能仅以常规的号型作为设计参考，通过在特定身体部位增加松量和使用弹性面料，实现板型的修正。此外，透气性好的天然纤维面料更易被老年人偏爱。

（2）功能需求。是指除了传统意义上的保暖蔽体的功能以外的智能服务要求。与急性疾病相比，老年人的健康更易受到高血压、糖尿病、心脑血管疾病等慢性非传染性疾病的威胁，而这些疾病大都可以通过可穿戴设备进行监测预防。老年人对于健康监测类的功能愿意尝试，尤其是摔倒预警功能很有价值，可以及时通知家人或医护人员。

（3）美学需求。满足老年用户的美学需求对于老年服装来说是至关重要的，因为服装的美能吸引消费者的目光，老年群体虽对服装的时尚流行不太重视，但并不意味着对美没有追求。他们对服装美学的需求包括服装的颜色、款式、图案设计等。老年人不喜欢艳丽的颜色，更偏爱中性色，倾向于休闲宽松的款式，对融入传统元素的图案设计会有好感。

（4）心理需求。老年群体在面临空巢、配偶离世、疾病缠身等消极事件时，会从原本的独立、自强、照顾方逐渐变为需要人陪同、给予关怀的被照顾方。然而实际上，大多数老年人出于自尊和不愿处于弱势地位的心理，不愿依赖子女。老年智能服装的提醒服药、跌倒保护等功能可以很好地帮助老年人实现自理，满足老年人自尊的需求。同时，老年智能服装的终端还可以连接老年人子女的智能手机，子女能通过互动界面了解老年人的健康状况，及时给予老年人情感关怀。

（5）消费需求。新时代的老年人消费水平并不低，消费观念年轻化，对于时尚的新产品往往会带有审视成分，消费更加理性。由于平时接触的信息渠道较单一，相比于广告推广等宣传，他们更愿意亲自体验。虽然有些老年人的受教育程度较低，但他们对新事物的追求热度不减，只有让老年消费者切实地感受到产品的有益效果，他们才会产生购买倾向。

（七）案例思考

就目前的市场环境而言，家长们期待在孩子的衣食住行各个方面得到健康、安全的保障，但市面上仍然存在一些质量不过关、染色不安全的童装，让部分儿童深受其害。儿童不同于成年人，他们的身体防御系统还未发育完善，易受到病菌感染或其他形式的伤害。另外，童装市场还面临着各种各样的问题，如：年龄段划分模糊、尺寸规格不统一、款式不符合儿童体型特征、设计趋向于成人化、结构设计不合理、面辅料不符合标准等。

与此同时，现有的老年服装品种规格较少、款式陈旧、面料低廉、缺乏设计感与舒适性，忽视了老年群体的实际需求与消费特点，使老年服装市场的供给和更新较为滞后。尤其是尚处于初级阶段的老年智能服装，虽然赋予了服装智能化的功能，以预防生活中的潜在危险因素对老年人健康造成的伤害，但仍存在很多问题。此外，越来越多的年轻群体出于孝心，会为家中老年人选购质优价高的中高端服饰，但实际上并不符合其需求，出现了"买用分离"的消费现象。

儿童与老年人作为特别关爱消费群体，其对服装的诉求也同样值得被重视。服装企业需分析儿童和老年服装消费者的真实需求，并依照他们的消费心理及行为特征制订合理的营销策略，给予儿童和老年群体特别关爱，以此推动我国服装市场健康发展。

第四节　实践目标

针对不同消费群体，群体间的意见和需求差异都应该予以重视和尊重。作为商家，应提升科技服务，与消费者进行高效智能的互动沟通，加强消费者与品牌的深度沟通和体验，升级产品及服务，增加品牌价值。不同消费群体间也应理解尊重消费方式、消费偏好、消费观念以及消费水平等方面的差异，营造和谐、平等、自由的消费环境。

在不同性别服装消费群体行为和心理的研究中，应科学看待男性与女性消费群体心理与行为的差异，在提供产品及营销服务中遵循平等价值观，结合两个群体的不同需求，有针对性地进行产品研发和营销策划，满足不同的消费心理，并且感受到平等的消费体验。在课程教学中，应注重培养学生的平等价值观，培育良好的社会心态。鼓励学生在行动中体现出公民主人翁的意识，发挥公民民主监督的作用，敢于向不公平、不正义的现象做斗争，学会拿起法律武器维护自己的合法权利和利益，为践行社会主义核心价值观贡献自己的力量，促进社会公平正义，共同建设和谐社会。

对于特殊消费群体，应注重服装营销中的人文关怀，从产品研发与营销服务等方面融入对这些群体消费者的尊重与关爱，提升产品的体验性、实用性及功能性，提升科技服务、人性化服务质量，通过案例使学生树立人文关怀的意识与社会责任感。

思考题

1.虚荣尺寸的概念及营销原理。

2.青年与中年消费者消费心理特征分别是什么？

3.简要说明儿童和老年消费群体的消费需求。

扫码可见
思考题答案

第六章

在"社会文化与消费心理"中的思政案例设计

📖 **课题内容：**

    1. 思政解读

    2. 教学设计

    3. 案例设计

    4. 实践目标

⊙ **课题时间：** 3课时

第六章　社会文化与消费心理PPT

◎ **教学目的：**

    1. 知识目标：了解文化自信对消费心理和行为的影响；了解文化及民主化进程对服装流行变迁的影响；了解外来文化对消费心理和行为的影响；了解本土文化对消费心理和行为的影响；了解社会文化差异对服装消费心理和行为的影响；了解消费习俗对消费心理和行为的影响。

    2. 能力目标：培养对服装消费者心理及行为的分析能力；培养对服装消费案例的专业分析能力。

    3. 素质目标：培养运用科学的价值观和方法论分析和处理问题的能力；注重社会主义核心价值观的指导作用，提升职业素养，培养专业人才爱国主义情怀。

📈 **教学方式：** 事件导入法，讨论法。

✎ **教学要求：** 解读服装消费案例，剖析案例背后的消费心理。分析各种消费者的心理活动过程，理解对消费行为的积极与消极影响。以思政指导思想提升案例理解高度和深度，掌握科学的价值观和方法论，培养分析和处理问题的专业能力。

🎞 **课前（后）准备：**

    1. 课前进行相关案例资料的搜集整理、章节心理学知识点预习、相关概念理解。

    2. 课后完成配套练习、案例视频的学习，结合专业技能培养目标进行课程实践。

第一节　思政解读

一、思政要点

在"社会文化与消费心理"中的思政体现为增强民族自豪感与自信心、文化传统传承创新、树立民主价值观民族尊重、正确的世界观。

二、思政内容

（一）增强民族自豪感与自信心

结合中国服饰文化演变与标志性时期服饰特点，让学生了解中国服饰文化发展情况，理解传统服饰技艺与文化内涵，让学生意识到中国服饰传统文化的博大精深以及非物质文化遗产的宝贵财富，同时，也需要一代又一代服装人的共同努力，推动我国服饰文化的传承与创新。培养学生的政治认同感和社会责任感，让学生意识到学好专业知识的责任，为推进服装产业发展、服务社会作出贡献。

（二）文化传统传承创新

文化是民族的血脉，是人民的精神家园。中华优秀传统文化从中华民族五千年文明中发展孕育而来，在社会文化与服装消费心理的教学内容中，介绍中国服饰传统文化的悠久历史与精湛技艺，使学生理解服饰非物质文化遗产传承与创新的重要使命，为学生继承、弘扬、建设中华优秀传统文化培根铸魂。

（三）树立民族意识

民族的风俗习惯是一个民族在长期的历史发展过程中相沿久积而成的风尚、习俗，是逐渐形成的难以改变的生活方式，表现在服饰方面形成服装习俗。服装习俗具有社会性、规范性、地域性和相对稳定性的特点，并在不同程度上反映着一个民族的历史和文化传统、心理素质，以及道德、宗教观念等。尊重各民族的服饰风俗习惯具有重要意义，有利于保护各民族的平等权利和民主权利、有利于维护民族团结、有利于繁荣和发展民族服饰文化。

（四）正确的世界观

学生应对全球服饰文化进行全面深入的了解，理解并尊重各国及各民族服饰文化差异与偏好，正确认识文化传统与创新在各国服饰行业发展中的重要意义。理解各国服饰文化的融合交流、求同存异的必要性。使学生树立正确的人生观、价值观和世界观，理解个人与社会的关系，具有社会责任感。

第二节　教学设计

一、导入方式

采用事件导入法，这种方式指在教学中根据具体内容，以相关事件的描述分析以及思考作为课程导入，包括政治事件、社会事件、时代特色事件、人物关系事件等。以实际典型事件作为案例，加深学生对理论知识的理解和分析能力，引导学生学以致用，培养对知识的综合应用和理论联系实际的能力。通过直接经验和间接经验相结合的规律进一步提高学生的思想觉悟，树立正确的价值观，明辨是非，起到防微杜渐的作用。

二、教学方法

可以采用讨论法，在教师的指导下，学生以全班或小组为单位，围绕教材的中心问题，各抒己见，通过讨论或辩论活动，获得知识或巩固知识的一种教学方法。该方法可以培养学生的合作精神，激发学习兴趣，提高学习的独立性。讨论的问题要有吸引力，有助于启发引导学生，讨论结束时要进行小结。新课程背景下，讨论法的使用要把握好六个方面：选择好讨论的主题、把握好讨论的时机、安排好讨论的程序、使用好讨论的结果、训练好讨论的技能。

三、过程设计

（一）案例一

1.案例名称
文化自信视角下国潮服装品牌建设实例。

2.设计思路

本案例设计思路如下。

（1）由安踏宣布正式签约中国国家游泳队事件导入。

（2）说明此次携手是文化自信的彰显。

（3）引入文化自信与国潮服装的概念。

（4）讲解文化自信对服装消费心理和行为的影响。

（5）以安踏为案例讨论文化自信视角下的国潮服装品牌营销策略。

3.设计内容

案例过程设计中的步骤及内容见表6-1。

表6-1　文化自信视角下国潮服装品牌建设实例课程过程设计

设计步骤	设计内容
案例导入	安踏宣布正式签约国家队事件
案例讨论	安踏作为文化自信的担当者与践行者的表现
提出问题	服装品牌如何彰显文化自信
概念理解	文化自信；国潮服装
案例分析	以安踏为例分析文化自信视角下的国潮服装品牌营销策略
案例思考	国潮服装品牌如何进行价值塑造
策略研究	国潮服装品牌营销策略研究
服装开发	国潮服装品牌建设要素；国潮服装设计开发
知识点总结	文化自信的概念；文化自信对服装消费心理和行为的影响；国潮服装概念；国潮服装品牌建设要素
实践内容	设计开发一系列彰显文化自信的国潮服装，说明文化内涵、设计特色、元素运用、消费需求、营销策略

（二）案例二

1.案例名称

文化影响下服装流行变迁与中国服装民主化进程。

2.设计思路

本案例设计思路如下。

（1）根据具体事件导入由民国时期至今旗袍的发展历程。

（2）以旗袍为例分析服装流行演变中的社会文化变迁。

（3）引入服装民主化的概念。

（4）讲解服装流行变迁与中国服装民主化进程。

（5）讨论文化如何影响服装流行变迁。

（6）思考在服装演变过程中，个人主义、时尚与民主的关系。

3.设计内容

案例过程设计中的步骤及内容见表6-2。

表6-2 文化影响下服装流行变迁与中国服装民主化进程课程过程设计

设计步骤	设计内容
案例导入	旗袍的发展历程
案例讨论	民主化发展如何影响旗袍等中国传统服饰的民主化进程
提出问题	服装流行变迁与民主化进程的关系
概念理解	社会文化与服装民主化
案例分析	由服装流行演变分析文化变迁
案例思考	服装演变过程中，个人主义、时尚与民主的关系
策略研究	服装流行民主化时代的设计观念与方式
服装开发	趋向民主化和个性化的服装设计与生产
知识点总结	服装民主化；文化影响下的服装流行变迁
实践内容	设计开发一系列适应民主化时代需求的服装，说明文化内涵、设计特色、元素运用、消费需求、营销策略

（三）案例三

1.案例名称

在"外来文化与消费心理"中论嘻哈文化服饰的流行。

2.设计思路

本案例设计思路如下。

（1）从嘻哈文化服饰的兴起事件入手。

（2）分析支持嘻哈服饰的消费热潮产生的原因。

（3）引入外来文化的概念。

（4）讲解嘻哈文化服饰流行的消费心理。

（5）讨论如何提高国人服装文化自信。

3.设计内容

案例过程设计中的步骤及内容见表6-3。

表6-3　在"外来文化与消费心理"中论嘻哈文化服饰的流行课程过程设计

设计步骤	设计内容
案例导入	嘻哈文化服饰的兴起事件
案例讨论	嘻哈服饰消费热潮产生的原因
提出问题	外来文化对服装消费者心理和行为的影响
概念理解	外来文化的概念
案例分析	分析嘻哈文化服饰发展背后的消费心理
案例思考	如何提高国人服装文化自信；如何将中国文化融入服装设计与产品策划中，并与消费者达到情感共鸣
策略研究	情感营销的内涵；嘻哈服装消费心理与行为研究；营销策略研究
知识点总结	外来文化的概念与嘻哈文化的特征；嘻哈文化对服装消费心理与行为的影响；外来文化的内涵及营销策略

（四）案例四

1.案例名称

在"本土文化与消费心理"中论中国传统、民族文化在服装中的传承创新。

6-1　本土文化与消费心理视频

2.设计思路

本案例设计思路如下。

（1）从中国传统、民族文化在服装中的传承创新事件入手。

（2）分析支持文化创新的消费热潮产生的原因。

（3）引入本土文化概念及其与外来文化的联系。

（4）讲解支持传统服饰文化背后的消费心理。

（5）讨论如何正确对中国传统文化进行创新传承。

（6）基于文化营销的消费行为研究（以传统服饰创新为例）。

3.设计内容

案例过程设计中的步骤及内容见表6-4。

表6-4　在"本土文化与消费心理"中论中国传统、民族文化在服装中的传承创新课程过程设计

设计步骤	设计内容
案例导入	中国传统、民族文化在服装中的传承创新事件
案例讨论	中国传统服饰背后隐藏的本土文化内涵与创新精神
提出问题	支持文化创新的消费热潮产生的原因
概念理解	本土文化概念及其与外来文化的联系
案例分析	支持传统服饰背后的消费心理

设计步骤	设计内容
案例思考	如何在服装中对中国传统文化进行创新传承；分析中国传统、民族文化在服装中的传承创新产生了哪些积极和消极的消费行为，以及其各自的心理和原因
策略研究	文化营销的内涵；消费行为研究——以服装文化创新为例；营销策略研究
知识点总结	本土文化概念及其与外来文化的联系；本土文化对消费心理及行为的影响；文化营销的内涵及营销策略；传统服饰品牌建设要素

（五）案例五

1.案例名称

在"社会文化差异与消费心理"中论各国服装色彩偏好。

2.设计思路

本案例设计思路如下。

（1）从各国服装色彩偏好事件入手。

（2）分析社会文化对消费心理与行为的影响。

（3）引入文化的概念及其特点。

（4）讲解各国服装色彩偏好背后的社会文化差异问题。

（5）讨论在服装新产品研发设计与营销中如何根据文化差异制订科学的策略。

（6）讨论在服装设计与营销中如何体现对各民族文化的尊重和认同。

3.设计内容

案例过程设计中的步骤及内容见表6-5。

表6-5　在"社会文化差异与消费心理"中论各国服装色彩偏好课程过程设计

设计步骤	设计内容
案例导入	各国服装色彩偏好实例
案例讨论	各国服装色彩偏好背后的社会文化差异问题
提出问题	社会文化对消费心理与行为的影响
概念理解	引入文化的概念及其特点
案例分析	各国服装色彩偏好与消费心理
案例思考	在服装新产品研发设计与营销中如何根据文化差异制订科学的策略；在服装设计与营销中如何体现对各民族文化的尊重和认同以及如何树立民主价值观
策略研究	文化与社会文化的内涵；消费行为研究——以服装色彩偏好为例；基于文化差异的服装营销策略研究
知识点总结	文化、社会文化的概念；社会文化差异对消费心理与行为的影响；各国服装色彩偏好；文化差异与服装色彩偏好的关系；在服装设计与营销中体现各民族文化的尊重和认同

（六）案例六

1.案例名称

在"消费习俗与消费心理"中论中国各民族服装风格差异。

2.设计思路

本案例设计思路如下。

（1）从中国各民族服装风格差异与消费差异事件入手。

（2）分析服装风格差异背后隐藏的消费习俗差异问题。

（3）引入消费习俗的概念及其内涵。

（4）讲解民族特色服装消费热潮背后的消费心理。

（5）讨论如何利用消费习俗制订营销策略。

（6）基于习俗营销的消费行为研究（以民族特色服装为例）。

（7）消费习俗营销策略研究。

3.设计内容

案例过程设计中的步骤及内容见表6-6。

表6-6　在"消费习俗与消费心理"中论中国各民族服装风格差异课程过程设计

设计步骤	设计内容
案例导入	中国各民族服装风格差异与消费差异事件
案例讨论	服装风格差异背后隐藏的消费习俗差异问题
提出问题	民族特色服装引发消费热潮的原因
概念理解	引入消费习俗的概念及其内涵
案例分析	购买民族风格服装的消费心理
案例思考	如何利用消费习俗制订营销策略；分析各民族服装风格差异有哪些积极和消极的消费行为，以及其心理和原因
策略研究	消费习俗营销的内涵；消费行为研究——以民族风格服装为例；营销策略研究
知识点总结	消费习俗的概念及其分类；消费习俗对消费行为的影响；消费习俗的特点；民族特色服装品牌建设要点

第三节 案例设计

一、文化自信视角下国潮服装品牌建设实例

（一）消费心理学内容

社会文化与消费心理——文化自信对服装消费者心理和行为的影响。

（二）案例目标

1. 知识目标

了解和掌握服装消费心理学的基本内容和研究方法；理解消费者的心理特征及行为规律；了解文化自信对消费心理和行为的影响。

2. 能力目标

培养学生对服装消费者心理及行为的分析能力；培养学生对服装消费案例的专业分析能力；培养学生对不同类型消费者和商品制订合理的营销策略的能力。

3. 素质目标

培养学生运用科学的价值观和方法论分析和处理问题的能力；注重社会主义核心价值观的指导作用，提升职业素养，培养专业人才爱国主义情怀。

（三）案例知识点

（1）文化自信的概念。
（2）文化自信对消费心理及行为的影响。
（3）国潮服装的概念。
（4）国潮服装品牌建设要素。

（四）重点与难点

1. 重点

结合案例理解文化自信对消费行为的影响。

处理方法：通过案例设计、案例描述、案例分析、案例思考等环节的设计，创造情境深入理解案例，分析文化自信对消费心理及行为的影响。

2.难点

以安踏为例分析基于文化视角下国潮服装品牌建设策略的关键要素,对科学的营销策略进行研究,以科学的价值观和方法论进行理论学习和实践应用。

处理方法:深入挖掘案例问题根源,以思政指导思想帮助学生树立科学的价值观和方法论,进行正确的营销策略分析。

(五)案例描述

为满足广大人民群众对日益增加的体育健身领域的需求和期待,安踏朝着多元化体育领域深入挖掘,并在中国国家运动赛事领域全面开花。安踏作为一家运动鞋服企业,近年来持续加码篮球和跑步领域,凭借其不断发展和更新的科技和产品,使消费者对其的了解和认知不断提升。

2021年5月18日,安踏宣布正式签约中国国家游泳队。在签约期内,安踏将作为中国国家游泳队战略合作伙伴及体育运动装备的独家赞助商和供应商,以国际一流的专业装备,助力国家游泳队员们在奥运赛场上再创辉煌(图6-1)。

图6-1 安踏签约中国国家游泳队

作为文化自信的担当者与践行者,服装品牌应将体育精神引入全民健身热潮中,为消费者带来更加专业化、品质化和时尚化的运动健身服饰,让品牌进一步走向世界。安踏同国家体育队的签约,可助力中国体育健儿在北京冬季奥会的国际性体育舞台上展现属于中国男士的新形象。双方的携手是一次文化自信的彰显,也必然将中国服装品牌推上新的高度。

(六)案例分析

1.文化自信概述

人们一般把生活中的人情世故、礼义廉耻以及与人、自然的相处经验总结为"文化"。而"自信"则是一种相对的概念，比如一个人学识越渊博则越有自信。"文化自信"强调的是制度、规则及行为等各个方面的优越性。

文化是一个国家、一个民族的灵魂，文化兴则国运兴，文化强则民族强，中国的文化源于中国上下五千年的历史，历经革命、改革、建设，不断精炼。我们应从内心坚定文化自信，建设社会主义文化强国，从自己出发，从各种产业、行业出发，坚定不移地走中国特色社会主义道路。

2. 文化自信对消费心理及行为的影响

消费心理是社会心理的一种直观反映。曾经，许多国内消费者心中认为外国的产品在各方面优于本国产品。出于买到好产品的强烈愿望，消费者崇拜"洋货"。今天，我国经济总量已经处于世界前列，"中国制造"惊艳世界，我们所处的消费环境已然发生了变化，已经到了"人有我有、人优我也优"的阶段，几乎在每个消费领域，都不乏品质优良、自主创新的国货品牌，消费者也将目光放到了国货品牌上。

国货的振兴，归根结底需要提高我国产品的质量和服务水平，但也不能忽视社会心理建设。人们在消费行为上的"媚外"倾向，某种意义上是文化不自信的表现。文化自信是消费自信的基础，是社会心理建设的重要内容。作为消费者，要站在今天发展的新高度上审视中国市场，增强文化自信，让消费心理赶上"中国制造"的发展，提高消费者的自信心。

3. 国潮服装概述

根据清华大学文化创意发展研究院发布的《国潮研究报告》说明：所谓"国潮"，首先要具有中国特色，其次要符合时代前沿审美和技术趋势，再者要以世界视野，展现中国自信。也就是说"国潮"，首先要"国"，其次才是"潮"，其中"国"是中国，是中国优秀的传统文化，"潮"则是时尚潮流，消费潮流。

国潮服装以服装为载体，将中国传统元素、技艺及精神面貌与现代服装设计潮流趋势相结合，设计出具有中华民族精神的服装产品。它符合中国当下潮流趋势，也符合当下年轻人的审美需求，代表的是中国传统文化。国潮服装正在一步步走向世界，在学习国外流行的同时融入具有中国特色、中国精神的元素。

4. 国潮品牌演绎文化自信——以安踏为例

（1）极致产品带动新国货。安踏品牌推出极致价值新国货公式，即"科技+颜值+故事+合适的价格"。这样既可以很潮，但不是打着"潮牌"的幌子而贵得离谱；可以是高颜值，但也有科技含量，不是简单添加中国红或者雕刻一朵牡丹花。历时三年之久打造的跑鞋新科技——安踏C37跑鞋，可以做到10万次70公斤踩踏无衰减，64%的回弹，76.3%的能量回归率，7.5%的厚度变化率，远超同行最高三项数值。但是，这款新科技产品，价格却不到300元，是真正新国货品牌应有的格局和情怀。文化自信视角下的国潮服装设计增强了消费者的强国意识和服装个性特征，国潮的流行使消费者更有理由相信潮流可以土生土长。同时，国潮服装从消费者的心理需求出发，能满足不同群体对服装的要求。

（2）与故宫跨界营销。安踏与故宫的跨界营销，是安踏企业在2020年的"新动作"。其与故宫联合冬奥会推出"安踏×冬奥"特许商品故宫特别版，此次跨界营销选择三个元素，即运动、潮流和传统文化，冬奥会代表运动、安踏代表潮流、故宫代表传统文化。这款运动鞋在2020年1月5日安踏天猫旗舰店发布之后仅20分钟即全部售罄，足见消费者的喜爱。此次跨界营销被称为2020年我国十例最成功的跨界营销之一。文化自信视角下的"国潮鞋"设计理念激活了中国传统文化魅力，使这些层出不穷的元素以不同于以往的方式被大众再次了解、熟知和喜爱（图6-2）。

（3）讲好中国故事——花木兰概念营销。2020年3月1日正式上市的安踏与花木兰联盟"老爹鞋"，针对夏日设计，颜色清凉。从目标客户来看，安踏这次联名主要将目光放在年轻女性消费者身上，将个性化、目标集中化等营销策略运用得淋漓尽致（图6-3）。

图6-2　安踏与故宫跨界营销　　　　　图6-3　安踏的花木兰概念营销

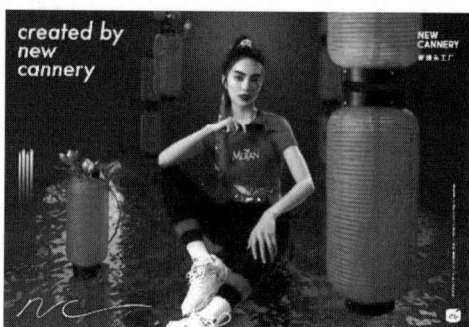

（4）心系国民体育文化。安踏品牌积极推广冰雪运动。安踏集团董事会主席丁世忠曾呼吁要加强培育冰雪产业内生增长动能，加快青少年体育标准化建设。只有真正的良心新国货品牌，才会关注国民健康运动均衡发展。从国民心智打造来看，安踏品牌已经站在了民族品牌的制高点，以超前格局将品牌的高度进行了大幅提升，并打造了具有中国体育文化特色的品牌记忆系统。

（七）案例思考

文化自信视角下国潮服装的设计是结合传统民俗和精神文化元素的内容，再以现代人的审美和技术来展现，在此基础上实现内容元素的有机连接和创意组合。它不仅是服装产品，还是中国人民的底气，是中华民族上下五千年的民族精神。国潮的迅速火爆看似是一种偶然的社会现象，其实是中国经济快速发展的必然结果，其背后有着经济、文化等多方面的动因。

服装品牌已经成为国家软实力的一种体现。中国服装品牌应当肩负起行业重任，将时尚、文化与品牌价值相融合，加强品牌建设，树立中国设计、中国企业、中国品牌的全球影响力。对于中国品牌来说，在未来打造"品牌力"尤为关键，在国际市场中找准品牌自身的定位和方向，提升产品质量和品牌价值，进行全方位的品牌打造，将是每一个中国品牌必须思考的问题。

二、文化影响下服装流行变迁与中国服装民主化进程

（一）消费心理学内容

社会文化与消费心理——文化及民主化进程对服装流行变迁的影响。

（二）案例目标

1. 知识目标

了解和掌握服装消费心理学的基本内容和研究方法；理解消费者的心理特征及行为规律；了解文化及民主化进程对服装流行变迁的影响。

2. 能力目标

培养学生对服装消费者心理及行为的分析能力；培养学生对服装消费案例的专业分析能力；培养学生对不同类型消费者和商品制订合理的营销策略的能力。

3. 素质目标

培养学生运用科学的价值观和方法论分析和处理问题的能力；注重社会主义核心价值观的指导作用，提升职业素养，培养专业人才爱国主义情怀。

（三）案例知识点

（1）服装民主化。

（2）文化影响下的服装流行变迁。

（四）重点与难点

1. 重点

结合案例理解服装流行演变中的文化变迁。

处理方法：通过案例设计、案例描述、案例分析、案例思考等环节的设计，创造情境深入理解案例，分析中国的服装民主化进程。

2.难点

以旗袍的变迁过程及其演变过程中的社会文化影响为实例，分析中国的服装民主化进程，对科学的营销策略进行研究，以科学的价值观和方法论进行理论学习和实践应用。

处理方法：深入挖掘案例问题根源，以思政指导思想帮助学生树立科学的价值观和方法论，进行正确的营销策略分析。

（五）案例描述

与西方民主化进程相比，我国近代的民主化进程由于受到历史、文化、经济等因素的影响，其发展具有一定的特殊性，而这一特殊性也直接投射到以旗袍等中国传统服饰为代表的服装民主化进程之中。

1. 20世纪：旗袍的盛世

旗袍本是满族妇女的民族服装，俗称长袍，也叫旗装。据记载，旗袍在"民国"初期，汉族妇女着其者还不多，到20世纪20年代中期才逐渐流行起来，以后逐渐成为一种普遍的服式。辛亥革命后，西方民主思想在中国知识界的传播也使女性的民主意识逐渐增强，广大女性开始对自己的身体、生活、婚姻、服饰都有了新的理解，这时旗袍的出现恰好满足了新时期女性对美的追求。"民国"时期女子选择旗袍也与女权意识有关。有学者认为，"民国"女性之所以选择旗袍，更多是为了追求与男子平等。

2. 20世纪50~70年代：旗袍的凋零

这一时期旗袍在中国的凋零来源于主流意识形态所宣扬的审美观，劳动阶级的粗犷美、朴素美取代了女性美，成为社会的主流审美而备受推崇。

3. 20世纪80年代至今：旗袍的有限回归

20世纪80年代，喇叭裤、蝙蝠衫的流行成为人性释放、爱美之心回归的标志。随后牛仔裤、T恤等一波服装潮流席卷而来，受到了国内年轻人的喜爱，成为大众流行服饰，旗袍也自然而然地回到了人们的生活之中，但其形制有着诸多的变化（图6-4）。

图6-4　旗袍风韵（左）与现代改良旗袍（右）

（六）案例分析

1.由服装流行演变分析文化变迁

服装作为人类文明的一大标志，承载着一定时期的社会精神风貌及其内涵。从大的方面来说，它是一个时代社会风俗变迁、人们思想观念变化的重要反映；从小的方面来说，对不同服装的选择，呈现出的也是个体的精神风貌和内心世界。

近代旗袍的演变生动地向我们展示了社会风情图貌。旗袍自身的衍生性和融合性终促成其流行演变，这让旗袍逐渐成为一种全民化的服装。旗袍的演变展现出平等意识的增强、重商思想的解放等，反映了社会风俗的逐步开放。

2.服装民主化概念

民主化通常指政权由独裁体制转变成民主体制的过程。不少人主张民主化可以被视为一种长期而且连续的历史过程，而且可以发生在各种社会领域，如经济民主化、家庭民主化等。服装民主化是指社会中所有公民日常生活中的着装不受任何权力部门的干预、限制，不作为阶级划分的标志，充分享有自主选择的权利。中国服装民主化进程与社会演进过程中民主思想的高涨、衰退和平稳发展有着密切关系，而且随着社会经济的发展，服装纺织及制造业也是制约服装民主化进程的一个重要因素。

3.服装流行变迁的最终模式——民主化进程

每一个历史时期都有一个占主导地位的观念，成为服装流行的导向，对人们的日常生活及行为产生巨大的影响。例如，中国诗词中描写的"楚王好细腰，宫中多饿死"，便是封建社会审美的真实写照。进入20世纪后，人类在政治、经济、科技、文化等各方面有了翻天覆地的变化，并且随着社会机遇的增加，许多曾经是社会底层的普通大众通过自身努力而成为时代的精英，他们的成功事迹与个人风采通过影视、时尚画刊以及网络等各种现代传播途径，逐渐成为展现现代社会时尚风潮的标识杆，由此，引领时代服饰流行潮头的主力逐渐失去了往日传统的贵族阶层色彩，服装流行也由"彻底专制"的贵族化时代过渡到社会精英化时代。

然而，从目前看，能引发和带动流行的还只能是来自时尚权威的社会精英集团，服装流行的传播模式仍处在"半专制"的状态中，但这并不是发展的最终目标。有研究者认为，从社会发展的趋势来看，现代社会中任何事物的发展速度都是空前的，由"彻底专制"的贵族化时代发展到现在的"半专制"精英化时代，只是服装流行传播模式发展过程中的一个过渡时期。我们最终面临的将是服装流行民主化时代的到来。

4.影响流行变迁的因素——文化

任何一种流行现象都是在一定的社会文化背景下产生和发展的，因此，它必然受到社会文化观念的影响与制约。例如，辛亥革命后西方民主思想在知识分子及民众中的传播、新文化运动的发展及妇女解放潮流的兴起，使得民国时期的服饰有了明显的民主色彩。

国际化服装是当今的主流服装，各种文化之间的界限在逐渐淡化，各国服装流行趋于一致，但同样的流行元素在不同国家仍然持有特有文化的痕迹，其表现形式也带有许多细节上的差异。地域文化同样对服装流行有着一定的影响，通过对人们生活方式与流行观念的影响，使国际性的流行呈现出多元化的状态，丰富流行的表达模式，也为流行不断注入新的活力。

流行民主化的形成意味着个人意识的觉醒，标志着一个追求自我创造和创新时代的到来。要实现中国服装的民主化进程，就需要大力提升社会的文明程度，而社会的文明程度是实现穿着民主与自由的外部环境基础。

（七）案例思考

如何在服装文化演变中看待个人主义、时尚与民主？

在法国社会学家吉尔·利波维茨基（Gilles Lipovetsky）看来，在完美时尚时代，一种新的个人主义正在形成，这种时尚中的微小区别原则正是当代个人主义的新形势，可能预示着未来民主社会发展的方向。时尚不是所有人都越来越趋于相似，而是每一个体都拥有多元性，宏大的意识形态的消失伴随更丰富、更灵活的个体出现。

挪威哲学家拉斯·斯文德森（Lars Svendsen）认为，时尚不仅是一种服装问题，还是一种总体性的社会机制问题。时尚的变迁和社会机制的变迁密切相关。哲学家赫伯特·斯宾塞（Herbert Spencer）曾预期，从长远来看，随着社会的日渐民主化，时尚将最终消亡。

斯文德森认为，"民主平衡"的结果打破了社会等级制度，这就使社会个体为了强调自己的地位，更需要借助时尚的力量。

从目前看，时尚的民主化并不意味阶级差别的消失。在席卷社会的时尚运动中，人们开始以不同的时尚消费形式来彰显地位的差异，"炫耀性消费"成了一种新的时尚。时装成为大众成员得以提升自身地位、超越他人极为重要的资源。

在服装发展演进过程中，时尚发展中个人主义与社会民主化会同步发展吗？服装民主化进程也会和整个社会的民主化进程同步前进吗？以上仍是需要探讨的课题。

三、在"外来文化与消费心理"中论嘻哈文化服饰的流行

（一）消费心理学内容

社会文化与消费心理——外来文化与消费心理。

（二）案例目标

1. 知识目标

了解和掌握服装消费心理学的基本内容和研究方法；理解消费者的心理特征及行

为规律；了解外来文化对消费心理和行为的影响。

2. 能力目标

培养学生对服装消费者心理及行为的分析能力；培养学生对服装消费案例的专业分析能力；培养学生对不同类型消费者和商品制订合理的营销策略的能力。

3. 素质目标

培养学生运用科学的价值观和方法论分析和处理问题的能力；提升职业素养，通过专业自信实现国人的服饰文化自信。

（三）案例知识点

（1）嘻哈的概念与嘻哈文化的特征。

（2）嘻哈文化对服装消费心理与行为的影响。

（3）外来文化的内涵及营销策略。

（四）重点与难点

1. 重点

结合案例理解外来文化对消费心理与行为的影响。

处理方法：通过案例设计、案例描述、案例分析、案例思考等环节的设计，创造情境深入理解案例，分析外来文化对消费心理及行为的影响。

2. 难点

运用思政内涵分析嘻哈文化服饰的消费心理，对科学的营销策略进行研究，以科学的价值观和方法论进行理论学习和实践应用，探索中国文化在服装中的传承与创新。

处理方法：深入挖掘案例问题根源，以思政指导思想帮助学生树立科学的价值观和方法论，进行正确的营销策略分析，提升国人服装文化自信。

（五）案例描述

《中国有嘻哈》是由爱奇艺自制的嘻哈音乐选秀节目，自2017年开播以来受到广泛关注。嘻哈文化也因此进入大众的视野，掀起了一阵嘻哈服饰的热潮。

（六）案例分析

1. 嘻哈文化与嘻哈风格服装

外来文化作用于本地文化的过程既是文化入侵的过程，同时也是同化和改造的过程。无论外来文化形态如何，其对本地文化均会具有一定的冲击和影响。嘻哈文化则是一种典型的外来文化。

嘻哈（Hip-Hop）是由美国贫民区的年轻人创造的街头文化，不需要华丽的舞台，也不需要布置唯美的灯光，只需要内心充满自由，肆意地表达自我。这种文化兴起于20世纪70年代的美国贫民区，年轻人认为当时正流行的迪斯科不能贴近他们的现实生活，于是嘻哈文化崭露头角。嘻哈文化起初是以打碟的形式兴起，后来出现以舞蹈为主的B-boy，再后来以快速连环炮的形式说完自己的真实生活，被称为Rapper或者MC。

嘻哈文化较为小众、特立独行，在中国香港最先开始流传，慢慢开始成为潮流，部分人模仿其Oversize（超大号）的上衣，破洞衣服、极其夸张的金属项链等装饰品，营造出玩世不恭的形象。而今的嘻哈风格服装在其形式上延续了大码、随意的风格，在图案装饰上多为字母、图案的组合，设计上更具特色，颜色鲜明。其中，运动卫衣与夹克是其典型代表（图6-5）。

图6-5　嘻哈服饰

2.嘻哈文化对服装消费行为的影响

目前我国服装行业正经历着产业转型，人们对于产品风格的需求也日益多样化，更加青睐能够彰显自身个性与形象的服装。融合多种文化进行产品创新已成为满足消费者需求的重要方式。

通过《中国有嘻哈》节目对嘻哈文化的传播，越来越多的嘻哈风格服装品牌开始兴起，尤其是"00后""90后"消费群体的着装风格，明显向嘻哈风格靠近。嘻哈文化对于装饰图案上的设计往往来自内心深处的想法，力求表达真实的自我。如此设计的服装能够显现出年轻人的创造力，迎合了年轻人向往自由的心态，很受年轻消费者追捧，而国内也涌现了"NIC IS COMING""CLOT"等嘻哈风格的潮流服装品牌。

此外，最初的嘻哈文化其实是带有暴力、种族歧视色彩的，而作为外来文化涌入中国后，其发展趋向于去政治化。受我国消费者价值观的影响，嘻哈服饰加入了中国元素，这是外来文化与本土文化优良结合的产物。

3. 消费心理研究

（1）社会效应：嘻哈文化是小众文化，而少数文化就注定有其非主流的特性。近年来人们对于外来文化的需求就是想要追求个性的结果，一方面，人们追求与众不同和创新；另一方面，嘻哈服饰的主要消费群体又纷纷效仿名人的打扮，借此来标榜自己对于潮流的追求。

（2）群体效应：嘻哈风格无拘无束、追求自由的内涵吸引了越来越多的消费者，就我国目前而言，嘻哈服饰的对应人群主要集中在11~30岁的少年与青年，这与人的心理发展阶段有着必然的联系。处在这个时期的群体，自我意识已经形成，感性与理性的双重人格伴随情绪的波动与起伏，尤其是在青春期前后，这种得天独厚的抗争精神表现越发明显，俗称心理断乳期，心理矛盾的激化使其想要突破自我，实现真正意义的独立，与现代的嘻哈精神不谋而合，个性化的需求通过服饰得到满足，成为情绪表达的第二种语言。因此，嘻哈风格在文化内涵上与青年消费群体达成率高度一致。

（七）案例思考

从嘻哈文化在我国广泛传播来看，目前人们对于文化的理解和需求在不断提高，尤其是青年消费群体更加渴望丰富的文化产品和更多元的文化体验。当下人们可以通过互联网等渠道更加便捷地接触外来文化，但同时，外来文化的全球性扩张也在不断冲击着我国传统文化与消费者的文化观，尤其是对价值观正在形成阶段的青少年造成很大影响，为其盲目的文化崇拜创造了条件。因此，我们在接受外来文化的同时也需要保持警惕，防止青少年在文化选择中迷失自我，陷入对外来文化过度崇拜当中。

四、在"本土文化与消费心理"中论中国传统、民族文化在服装中的传承创新

（一）消费心理学内容

社会文化与消费心理——本土文化与消费心理。

（二）案例目标

1. 知识目标

了解和掌握服装消费心理学的基本内容和研究方法；理解消费者的心理特征及行为规律；了解本土文化对消费心理和行为的影响。

2. 能力目标

培养学生对服装消费者心理及行为的分析能力；培养学生对服装消费案例的专业

分析能力；培养学生对不同类型消费者和商品制订合理的营销策略的能力。

3.素质目标

培养学生运用科学的价值观和方法论分析和处理问题的能力；注重社会主义核心价值观的指导作用，提升职业素养，培养专业人才对于传统文化的传承和创新精神。

（三）案例知识点

（1）本土文化概念及其与外来文化的联系。

（2）本土文化对消费心理与行为的影响。

（3）文化营销的内涵及营销策略。

（4）传统服装品牌建设要素。

（四）重点与难点

1.重点

结合案例理解本土文化对消费者消费行为的影响。

处理方法：通过案例设计、案例描述、案例分析、案例思考等环节的设计，创造情境深入理解案例，分析消费者的本土文化对消费行为及消费心理的影响。

2.难点

分析中国传统服装与民族服装面临的挑战以及发展的关键要素，对科学的营销策略进行研究，以科学的价值观和方法论进行理论学习和实践应用。

处理方法：深入挖掘案例问题根源，以思政指导思想帮助学生树立科学的价值观和方法论，进行正确的营销策略分析。

（五）案例描述

中华民族有着灿烂的服饰文化，发展多年的汉服体现了中华文化的博大精深，同时，汉服也和汉民族有着血脉联系，是汉民族重要的特征之一，也是一个民族文化的形象代表。因此，弘扬和保护汉服，赋予汉服现代文化内涵，可以使汉服得到新的发展与突破。近年来随着汉服运动的发展，中国传统文化在服装中得到了传承与创新。

（六）案例分析

1.中国传统、民族文化在服装中的传承创新

汉服的基本结构主要分为三大类，分别为"深衣""上衣下裳""襦裙"。虽然汉服的品类有明制汉服、宋制汉服等多种形制，但始终都遵守平面剪裁、交领右衽等重要标志。近几年汉服文化得以广泛传播，发展迅速，现代改良设计也为汉服注入了新

的文化内涵。对于汉服的传承创新主要体现在廓型、板型、配饰、衣襟等设计上，在传统着装上结合现代服装的特点进行优化，既保留传统文化色彩又进行了创新。

在现代服装设计中，品牌盖娅传说在2018年发布的"春夏秋冬"系列中大范围运用了中国汉服中的元素，将汉元素与现代时装相结合，展现了东方千年之美（图6-6）。

图6-6 盖娅传说2018年"春夏秋冬"系列

2021年3月27日，中国国际时装周中"楚和听香·问茶"发布会也将中式美学运用到新时代的表达中，在服装结构上，多采用汉服的交领右衽形式和创新设计的交立领形式，搭配连肩袖；面料采用的是天然原材料——棉、麻、丝、毛等进行创新设计，提花织造。纹样则提取自大唐的茶器及唐代敦煌壁画，以水纹、火焰纹和宝相花为主。这一系列的设计正是中国服饰审美气韵的传承，也是对大唐文化、丝路文化的深耕和研究，将视野引向了更为深广的文化内容（图6-7）。

图6-7　中国国际时装周"楚和听香·问茶"发布会

2.中国传统服装改良背后蕴含的本土文化内涵与创新精神

服装产品在中国传统文化中找寻设计灵感，使传统文化的概念与元素应用到服装设计和品牌建设之中，使中国传统服装得到传承与发展。在服装设计的背后体现的是对我国历史和传统文化的发扬，楚和听香、盖娅传说等品牌巧妙地把传统文化的精神理念和现代服装设计理念相结合，用独特的、易于接受的方式融入服装设计之中，体现了中国优秀文化的内涵。

服装是对文化与历史的承袭，品牌吸收借鉴传统汉服元素的文化价值，设计出带有中国特色、中国内涵的服装，既是文化美与服装美的融合，又是弘扬文化自信、继承本土文化内涵的途径。

3.传统文化元素的价值体现

（1）社会价值：弘扬文化自信是服装品牌所要传达的价值观，而传统文化渗透到社会的各个层面，更有利于让消费者感受到不同文化的特色和内涵。因此，在服装设计中对传统文化进行创新，是为传统文化增添时代性。

（2）视觉价值：汉服的形制、花纹、色彩、轮廓都能够在各方面为消费者带来视觉冲击，为现代时装设计提供良好的思路。将汉服元素贯穿到服装设计当中，更加丰富了服装的文化内涵，汉服元素也为服装增添了许多美感。

（3）人文价值：很多设计师在设计服装时都会基于整体效果加上"祥云""龙凤"等传统样式，目的是引起消费者心中的文化自信与情感共鸣。

4.消费心理研究

服装是一种文化的表现，向人们传递着当代文化背景下的情感倾向，人们通过服装的改变展现着对美的追求，因此要做到传统与现代完美融合，符合当下人们的审美标准，设计出极具民族特色且满足人们精神层面需求、富有时代气息的服装。文化消费心理是指文化消费者在购买、使用和售后反馈文化产品与服务过程中的一系列心理活动，主要指文化消费行为中消费者的心理过程和心理状态，包括消费者的消费动机和需要层次，以及消费过程中的感觉、知觉、情感、态度变化等。因此，消费者对于本土文化品牌的忠诚度以及认同感在购买决策过程中显得尤为重要，消费者更加注重产品背后文化内涵的感召，在文化消费心理的运用中往往需要赋予商品价值倾向，增强消费者对品牌的认同感。

（七）案例思考

文化是一个民族的灵魂。中国的文化源于悠久的历史，而如今服装产品开始以迎合消费者的市场营销策略，即利用传统文化对产品进行创新改造，赋予其新的内涵，满足消费者需求层次，将消费者的消费体验情感化。对于服装品牌而言，应当坚定文化自信，发扬中国传统文化与民族文化在服装上的运用，吸引更多不同文化背景的消费者，实现传统文化的现代传承。

五、在"社会文化差异与消费心理"中论各国服装色彩偏好

（一）消费心理学内容

社会文化与消费心理——社会文化差异对服装消费者心理和行为的影响。

（二）案例目标

1. 知识目标

了解和掌握服装消费心理学的基本内容和研究方法；理解消费者的心理特征及行为规律；了解社会文化差异对服装消费心理和行为的影响。

2. 能力目标

培养学生对服装消费者心理及行为的分析能力；培养学生对服装消费案例的专业分析能力；培养学生对不同社会文化背景消费者和商品制订合理的营销策略的能力。

3. 素质目标

培养学生运用科学的价值观和方法论分析和处理问题的能力；提升职业素养，能够对各民族文化尊重和认同，树立民主价值观。

（三）案例知识点

（1）文化、社会文化的概念。

（2）社会文化差异对消费心理与行为的影响。

（3）各国服装色彩偏好。

（4）文化差异与服装色彩偏好的关系。

（5）在服装设计与营销中体现对民族文化的尊重和认同。

（四）重点与难点

1. 重点

结合案例理解社会文化差异对消费心理与行为的影响。

处理方法：通过案例设计、案例描述、案例分析、案例思考等环节的设计，创造情境深入理解案例，分析社会文化差异对消费心理及行为的影响。

2. 难点

运用思政内涵分析各国服装色彩偏好与消费心理，对服装设计研发以及营销策略进行研究，以科学的价值观和方法论进行理论学习和实践应用。

处理方法：深入挖掘案例问题根源，以思政指导思想帮助学生树立科学的价值观和方法论，进行正确的营销策略分析。

（五）案例描述

色彩偏好是指人们在心理上喜欢某种颜色。人们对于某种颜色的偏爱是不同的，性别、年龄、性格等各方面的因素都会影响着人们对于色彩的喜好，从而影响对服装色彩的选择。虽然不同地域、民族的人有不同的社会文化背景，对颜色的喜好及感受是不相同的，但本质上，服装色彩的偏好反映的是不同地区消费者社会文化差异的问题，因此，服装企业在制订营销计划时对色彩偏好的研究是十分必要的。

（六）案例分析

1.服装色彩偏好影响因素

色彩可分成两个大类，有彩色系和无彩色系。有彩色系的颜色有色相、纯度、明度之分，无彩色系有白色、黑色和由白色、黑色调和构成的各种深浅不同的灰色（图6-8）。

每种色彩都具有不同的色调、明度、饱和度，有其独有的特点，可以展现不同的个性。红色代表热情，蓝色代表沉静，紫色代表浪漫，白色高贵典雅，黄色明媚如阳光，黑色低调内敛。不同消费群体对于颜色的偏好受到以下几种因素的影响。

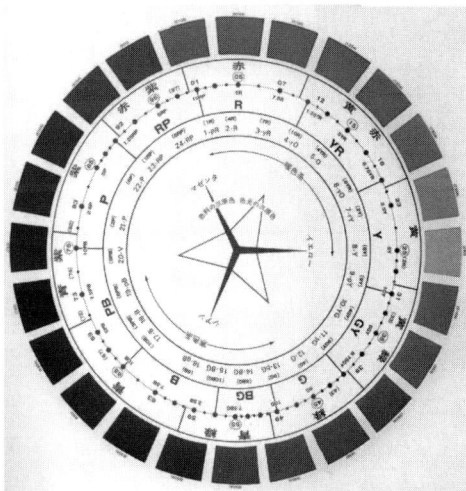

图6-8 色相环

（1）民族因素。不同地区文化、民族历史不同，对颜色的感受也不同，这也与其所处的地域有关，如处在热带的消费群体往往喜欢饱和度较高的鲜明色，而地处寒带的群体则偏好较灰暗的颜色。

（2）性别因素。男性、女性对于色彩的感受不同，因此对于不同的色彩也有不同的态度。从服装上看，男性大多数以黑白灰为主，女性则更偏爱红绿蓝色，虽然消费者个体之间可能会有差异，但女性消费者往往更喜欢鲜明的颜色。

（3）年龄因素。在中国消费群体中，对于服装色彩的偏好呈现出极为明显的年龄分层，有许多被评价为"老气"的颜色深受中老年人喜爱，如较为暗沉的红色，也有许多颜色被贴上"时髦"的标签，受年轻群体追捧，如较为跳跃的、饱和度较高的颜色。由此可以看出，多数消费者会根据其年龄阶段形成对服装色彩的偏好，选择更加符合当前年龄的服装颜色。

（4）款式因素。不同的服装款式有不同的功能，人们对于服装的定义也会影响对色彩的偏好。在世界范围内，较为正式的西装往往都会选择黑色、藏蓝等较为暗沉的颜色，旨在营造一种成熟稳重的感觉；而对于礼服裙装类服饰，人们倾向于选择香槟色这类典雅大气的颜色。

除此之外，消费者的性格特征及季节因素也会影响其对于服装色彩的喜好。

2.色彩偏好背后的社会文化差异问题

不同地域的消费者对于服装色彩的偏好受民族、地理等因素影响，正是这些影响因素构成了一个地区的社会文化。社会文化是人类社会发展过程中的产物，其充分反映了社会物质文明和精神文明，体现了社会的意识形态，对整体社会的消费行为、消费需求都有着直接的影响。社会文化以其特殊的形态约束和限制了社会群体的价值观、人生观、道德观，从而深层次地影响了消费需求。

在不同社会文化背景下生活的消费群体有各自的生活习惯与价值取向，从而形成了多样化的消费习惯。受社会文化的影响，消费者必定优先选择能够满足其心理需求、符合当地文化内涵的产品，如果要准确把握消费者的心理需求，就必须充分了解消费者所处的社会环境及其文化氛围。

3.在服装设计与营销中体现对民族文化的尊重和认同

在服装设计与营销中引用民族图案与色彩，必须在思想上与民族文化表达的内涵所契合。中华民族文化是各族人民在长期的社会实践活动中对社会认知的结果，浩瀚庞大。民族文化是一种抽象的符号，在数千年中经过人们的思想加工，凝结着中国传统精神，彰显各民族的社会意志，反映人们的生活情感。

例如，青花图案多为蓝白相间的纹样，是一种高光泽的胎白底。在中国，蓝色象征勇气和永恒。纯蓝色显示出恬静、优美、理性、冲淡平和的氛围。白色代表纯洁和美丽。蓝色与白色结合，配以饱满、优美的图像，能表达出清新、明亮、干净的风格。青花的蓝白色图案在当今服装设计中可应用到节日服装、社交服装、具有中国风的职业女性服装、职业休闲装、时尚休闲装、运动休闲装等（图6-9）。

增添中国元素是现代服装设计的主要手段之一。因此，只有了解一个民族的历史，才能将民族文化与服装设计完美契合，把具有中国民族风的服装文化推向世界。

图6-9　青花瓷纹样

4.消费心理研究（情感心理）

（1）从众心理。社会文化是在一个群居的大背景下形成的，在此基础上消费者必然会做出偏向群体的消费决策，社会文化情感因素也必然会影响消费行为和决策。

（2）求异心理。在消费者群体中，青年消费者往往追求新颖、标新立异，他们会通过自己与众不同的选择对非常规服装色彩产生偏好，彰显个性。

（3）刻板印象。刻板印象的体现往往是在男性、女性色彩偏好差异上，受社会群体的影响，部分消费者在幼时就会形成男孩穿蓝色、女孩穿粉色的刻板印象，从而影响成年后的消费决策。

（七）案例思考

服装色彩偏好这一研究为产品研发与营销提供了新的方向，但同时应当注意在营销过程中除了考虑色彩偏好之外也要重视对服饰色彩搭配的偏爱。

人们在选择服饰时会面临各种各样的色彩搭配。此外，对于色彩偏好的研究还可与流行色相结合，将流行色赋予新的社会文化内涵，提高服装设计和营销的水平，把握不同消费群体的服装色彩偏好，从而对服装配色进行创新设计，精准定位消费群体，满足消费者物质与心理需求，为企业提升经济效益。

此外，对于消费者来说也应当大胆尝试新的颜色，跳出长久以来形成的社会文化的束缚，创造更加多样的时尚潮流。

六、在"消费习俗与消费心理"中论中国各民族服装风格差异

（一）消费心理学内容

消费者的心理活动过程——消费习俗对服装消费者心理和行为的影响。

（二）案例目标

1. 知识目标

了解和掌握服装消费心理学的基本内容和研究方法；理解消费者的心理特征及行为规律；了解消费习俗对消费心理和行为的影响。

2. 能力目标

培养学生对服装消费者心理及行为的分析能力；培养学生对服装消费案例的专业分析能力；培养学生对不同类型消费者和商品制订合理的营销策略的能力。

3. 素质目标

培养学生运用科学的价值观和方法论分析和处理问题的能力；注重社会主义核心价值观的指导作用，提升职业素养，培养专业人才的文化自信。

（三）案例知识点

（1）消费习俗的概念及其分类。

（2）消费习俗对消费行为的影响。

（3）消费习俗的特点。

（4）民族特色服装品牌建设要素。

（四）重点与难点

1.重点

结合案例理解不同消费者的消费习俗对消费行为的影响。

处理方法：通过案例设计、案例描述、案例分析、案例思考等环节的设计，创造情境深入理解案例，分析消费者的消费习俗对消费心理及行为的影响。

2.难点

运用社会主义核心价值观分析民族服装面临的挑战以及发展的关键要素，对营销策略进行科学的研究，以科学的价值观和方法论进行理论学习和实践应用。

处理方法：剖析社会主义核心价值观内涵，深入挖掘案例问题根源，以思政指导思想帮助学生树立科学的价值观和方法论，进行正确的营销策略分析。

（五）案例描述

我国是多民族国家，每个民族都有各自的历史与风俗，长久以来形成了各自的服饰风格。服饰上的差异是区分各民族的重要标志，每个民族都有独特悠久的服饰文化。从民族的服饰风格差异中，也体现出不同地区消费者消费习惯的不同。

（六）案例分析

1. 中国各民族服装风格差异

我国少数民族服装主要的特色就是色彩对比鲜明，工艺精湛，配饰精美，款式多样，且包含极为独特的民族风情。

我国南北少数民族服饰在风格和设计制作上存在较大差异。北方天气寒冷，较干燥，少数民族多着长衣，南方则分为上衣下裳；此外，在厚度上，北方少数民族服饰较厚重，注重实用性，南方少数民族的服装款式多样，材质更加轻薄，多以棉麻为主，更加注重美观性，以服饰传播文化的作用更加明显。如苗族妇女的装束多是短上衣和百褶裙，在纹路装饰上采用苗族独特的蜡染刺绣工艺，在色彩选择上以红色、蓝色居多，在头颈等部

图6-10　苗族妇女服饰

位还有独特的银饰作为装饰（图6-10）。

北方的少数民族的长衣更加注重实用性，形式单一，装饰较少。为了御寒保暖，服装大多都十分厚重，多用动物皮毛。如蒙古族多穿厚重的长袍、坎肩、皮帽皮靴，衣身较肥大，多红、黄、深蓝色（图6-11）。

2.服装风格差异的原因

（1）地域原因：我国幅员辽阔，地形丰富，经纬跨度大，由此造成了南北地区温度、降水、海拔等差距。北方寒冷多风雪，冬季长，风沙大，气候干燥，多草原，游牧民族较多，常用狩猎来的动物皮毛制衣；而南方多位于亚热带，气候炎热湿润，且盛产棉麻，用棉麻制衣，因此服装多轻薄。

图6-11 蒙古族妇女服饰

（2）历史原因：纵观我国历史，自古以来北方多战乱，是军事重地，故北方服装注重实用性与防护性；南方地处江南鱼米富庶之地，更加注重美观性。

3.服装风格差异背后隐藏的消费习俗差异问题

服装差异因地域等因素引起，体现的是一种消费习俗的差异。消费习俗主要包括物质生活习俗和社会活动习俗，前者包含衣、食、住、行等基础性消费，受地理环境影响较大；后者指民俗节日消费、宗教信仰消费等消费习俗。

消费习俗经过地区群众漫长的生活逐渐演变发展而来，潜移默化地影响着当地群众的各个方面，具有长期性；习俗的产生和沿袭离不开社会环境，是社会风俗的组成部分，因而具有浓厚的社会色彩。某些具有较强的社会性的风俗，由于受社会环境、意识形态等影响，也会随着社会的发展不断发展变化，具有社会性。

消费习俗也是一种约定俗成的概念，并没有明文规定，强制约束。

4.消费心理研究

（1）稳定性。消费习俗具有社会性，是被当地消费者普遍接受的，正如端午节吃粽子、中秋节吃月饼这种传统习俗一样，是长久以来共同遵守且长期不会改变的。形成了一定的消费习俗后，会对后来的消费行为产生很大的影响。同时，由于消费习俗的稳定性，导致当产品与消费习俗发生冲突时，消费心理不易发生变化，消费者在短时间内难以接受新产品。

（2）从众性。是指个体受群体压力的影响，与大多数人的决策相一致的行为。群体消费习俗影响了消费者的从众心理，从而强化了消费行为。

（3）禁忌性。人们为了避免某种想象的力量或危险事物所带来的灾祸，从而对某种人、物、言、行有所限制或自我规避，规范人们的思想道德和行为，渗透到人们的物质生活和精神生活的各个领域。禁忌的消费心理是与社会、地区的发展历史、文化背景、宗教信仰等都极为有关的问题，渗透进人类社会生产、生活的各个方面。不同的国家、民族、文化背景下，人们禁忌对象不同，因而制约着人们的消费心理和行为。

（七）案例思考

消费习俗是长期顺延下来的一种消费行为，形成了固定的消费模式，对于服装品牌来说，在制订营销计划时可以从消费习俗入手，挖掘消费群体消费习俗中的文化内涵，在帮助消费习俗传播的同时满足消费者心理和情感上的需求，引导消费行为。所以，应当加强产品创新，在产品中迎合消费习俗，注重消费群体的风俗习惯，针对不同文化背景的消费者制定独特的营销计划，在助力文化传播的同时促进消费。

第四节　实践目标

通过国潮服装品牌案例学习，使学生了解国潮服装品牌建设要素以及建设的必要性，理解核心技术与文化内涵对于国潮服装品牌建设的重要意义，使学生掌握国潮服装品牌建设的基本流程、产品策划方法以及营销策略，树立文化自信，增强民族自豪感与自信心。

学生通过对我国服饰文化的学习，可以了解我国辉煌灿烂的服饰文化与如今取得的辉煌成就，一方面加深对我国历史、文化的认同感，另一方面增加基本的专业知识，对于行业发展的历史进程、发展现状、发展趋势有所了解，提升民族自豪感与自信心。另外，让学生了解各国文化与消费习俗对服装消费心理和行为的影响以及表现在着装上的百花齐放，了解我国服装产业在世界上的重要地位、本土品牌取得的成就以及中国传统文化服饰的魅力，增强学生民族自信心与自豪感，为中国服装的发展与文化传承打下基础。

在消费习俗与服装消费心理的教学内容中，通过案例讲解典型民族的服装设计、穿着与消费习俗，使学生认识到应对各民族和国家的服装风俗习惯予以尊重，理解保护各民族的平等权利和民主权利的重要意义，以及维护民族团结、繁荣和发展民族服饰文化的重要使命。

在社会文化与服装消费心理的教学内容中，通过案例讲解各国及各民族服装文化与着装偏好，使学生全面深入地了解全球服饰文化，理解不同文化影响下的着装差异，正确认识文化传统与创新在各国服装行业发展中的重要意义。理解各国服饰文化之间融合交流、求同存异的必要性。使学生树立正确的人生观、价值观和世界观，理解个人与社会的关系，具有社会责任感。

思考题

1.服装品牌如何彰显文化自信？

2.如何在服装文化演变中看待个人主义、时尚与民主？

3.分析外来文化对服装消费者心理和行为的影响。

4.阐述本土文化消费心理的概念和策略。

5.分析社会文化差异背后的消费心理。

6.如何利用消费习俗制订营销策略？

扫码可见
思考题答案

第七章

在"商品因素与消费心理"中的思政案例设计

📖 **课题内容:**

1. 思政解读

2. 教学设计

3. 案例设计

4. 实践目标

▷ **课题时间:** 4课时

◎ **教学目的:**

1. 知识目标:了解新产品设计对于消费心理的影响;了解新产品研发对消费心理和行为的影响;了解新产品消费者类型及其消费心理和行为;了解商品包装对消费心理和行为的影响;了解服装商标对消费心理和行为的影响;了解产品命名对消费心理和行为的影响;了解服装商品价格对消费心理和行为的影响;了解产品质量对消费心理和行为的影响。

2. 能力目标:培养对服装消费者心理及行为的分析能力;培养对服装消费案例的专业分析能力;培养服装人才过硬的专业技能和创新能力。

3. 素质目标:培养运用科学的价值观和方法论分析和处理问题的能力;注重社会主义核心价值观的指导作用,提升职业素养,培养专业人才的工匠精神。

📊 **教学方式:** 问题导入法,自主学习法。

✎ **教学要求:** 解读服装消费正反面案例,剖析案例背后的消费心理。分析各种消费者的心理活动过程,理解对消费行为的积极与消极影响。以思政指导思想提升案例理解高度和深度,掌握科学的价值观和方法论,培养分析和处理问题的专业能力。

👤 **课前(后)准备:**

1. 课前进行相关案例资料的搜集整理、章节心理学知识点预习、相关概念理解。

2. 课后完成配套练习、案例视频的学习,结合专业技能培养目标进行课程实践。

第七章　商品因素与消费心理PPT

第一节　思政解读

一、思政要点

在"商品因素与消费心理"中的思政体现为爱国情怀与民族自信，改革精神、时代精神，创新精神，工匠精神，树立诚信价值观，树立正确的审美观、艺工结合、智育美育协同发展，知识产权保护，质量安全意识，科技赋能，创新思维，科学品牌发展观。

二、思政内容

（一）爱国情怀与民族自信

在中国自主品牌发展的过程中，充分展现了中华民族踏实奋进与科学技术并重、与时俱进开拓创新的精神，年轻一代服装人有责任和义务继续传承与发扬。同时，消费者对于中国自主品牌的认可和青睐度的提升，也反映了中国自主服装品牌的发展壮大以及国人的民族自信和国家荣誉感的增强。

（二）改革精神、时代精神、创新精神

创新是一个民族进步的灵魂，是一个国家兴旺发达的不竭动力。在服装产品研发中，创新是产品的灵魂，主要包括：新技术新元素的运用、审美意识突破以及服装文化创新等方面。在服装新产品研发的案例教学中，使学生了解创新思维的重要作用，结合消费者求新求异的服装消费心理，进行服装新产品策略研究，增强创新意识和创新技能。

（三）工匠精神

发扬爱岗敬业、争创一流、艰苦奋斗、勇于创新、甘于奉献的劳模精神，崇尚劳动、热爱劳动、辛勤劳动、诚实劳动的劳动精神，执着专注、精益求精、一丝不苟、追求卓越的工匠精神。劳模精神、劳动精神、工匠精神是以爱国主义为核心的民族精神和以改革创新为核心的时代精神的生动体现，是鼓舞当代大学生风雨无阻、勇敢前进的强大精神动力。使学生理解工匠精神在服装新产品研发、设计等方面的重要意

义，培养精益求精、执着专注的职业素养。

（四）树立诚信价值观

诚信是社会主义核心价值观的基本要素、道德基础和基本价值取向，是社会和谐的纽带，在人际交往、社会发展、治国理政等方面都发挥着十分重要的作用。诚信教育是核心价值观教育的基础环节，培育和践行社会主义核心价值观需要社会诚信体系的支撑。在教学内容中注重诚信教育，通过案例使学生了解服装消费中诚信价值观的影响作用，理解诚信对于服装行业、服装企业、消费市场、消费者个体以及相互之间和谐共处的重要意义。使学生自觉践行社会主义核心价值观，从个人做起，从诚信做起，在认识、改造自然和社会的活动中，尊重客观事实，信守承诺，反对虚妄和欺骗，共同营造诚信的社会风尚。

（五）树立正确的审美观、艺工结合、智育美育协同发展

人们消费心理的多维性和差异性决定了商品包装必须满足多维的情感诉求才能吸引特定的消费群体产生预期的购买行为。销售包装是推销策略的缩影，包装设计的心理策略是非常逻辑化的促销创意，它不仅要从视觉上吸引特定的消费群体产生预期的购买行为，更要从心理上捕捉消费者的兴奋点与购买欲。根据不同的消费群体心理需求设计商品包装的外观和功能，对于营销会产生积极作用。通过相关案例教学，使学生了解服装商品包装的心理策略，理解运用艺术手法与工艺结合可提升服装商品包装的战略价值，创造出美感与实用并存的设计效果。培养学生艺术审美及设计能力，实现智育美育协同发展。

（六）知识产权保护

服装不同于一般文艺作品，其知识产权保护具有特殊性。服装知识产权涉及设计图、打板图和服装成衣，主要包括原创著作权保护和反不正当竞争。通过案例讲解，使学生认识到在服装新产品研发中，知识产权保护法治意识的重要性以及侵犯知识产权的严重后果和不良影响。理解知识产权保护可以鼓励服装企业向消费者提供差异化产品，强化创新意识，增强消费者对企业的信任程度，提高企业产品市场销量和经济效益。

（七）质量安全意识

在服装设计和生产中，服装面辅料的生产过程由于纺织、印染、后整理等工序，可能存在pH值过高或过低、甲醛、禁用偶氮染料、异味、色牢度等级低等安全卫生

隐患；金属扣、环、拉链等辅料可能存在重金属超标问题，不合理的设计和使用还会造成婴幼儿误吞等情况的安全隐患，危害服装消费者的健康和安全。同时，假冒伪劣的服装商品，还会造成频繁的退换货行为，削弱消费者的购买信心，降低品牌信任度，影响服装市场的良性发展。通过对该内容的讲述，可以培养学生的质量安全意识，让学生了解到服装除了实用性和装饰性两大重要功能外，还必须符合国家对纺织品基本安全技术规范的标准，确保不发生质量与安全问题，从而深入贯彻落实"把人民健康放在优先发展战略地位"的行动纲领。

（八）科技赋能

近年来，我国服装业不断向科技、环保的时尚产业转型，智能制造、品牌建设、国际化程度不断提高。各服装高校和企业在新型面料、绿色工艺、先进生产技术、智能制造等领域开展了技术研发与创新，在智能服装以及功能性服装研发等方面都取得了明显进展。通过本章的课程学习，学生应具备用科技赋能服装新产品研发意识，在工程实践中，合理利用现代信息技术推动服装产业的智能化发展，满足消费者日益增长的对于服装的科技需求。

（九）创新思维

创新是一个民族进步的灵魂，是一个国家兴旺发达的不竭动力。在服装新产品研发中需要创新精神，要敢于大胆地尝试，理论联系实际，增强创新意识，始终保持年轻人的蓬勃朝气、昂扬锐气和浩然正气，永不满足于固守成规，坚持不懈地追求更高、更新、更优、更好的目标。

（十）科学品牌发展观

我国作为服装生产大国、出口大国、消费大国，仍然与品牌强国存在差距。近年来，随着我国整体消费能力的优势凸显，品牌意识正在逐步增强。尤其是"十三五"以来，打造中国品牌已经上升到了国家层面。毫无疑问，品牌成为一种国家实力的象征。我国正从"制造大国"向"制造强国"迈进，"中国制造"要想在世界站稳脚跟，就必须全方位升级中国品牌。教学中应注重激发学生积极进取，发展国有品牌的意识，让学生认识到品牌兴则产业兴、品牌强则中国强，进一步提高中国服装品牌在国际市场的传播力和竞争力。

第二节 教学设计

一、导入方式

采用问题导入法,这种方式是教师根据课程内容,在教学开始时根据学生的认知水平,提出形式多样、富有启发性的问题,引导学生回忆、联想、预测,或渗透本课学习的主题。该方法可以激发学生的学习兴趣,打开思维,带着问题进行学习,使学生学会思考和解决问题,增加实践能力。

二、教学方法

教学方法采用自主学习法,这种方法指为了充分拓展学生的视野,培养学生的学习习惯和自主学习能力,锻炼学生的综合素质,结合课程内容给学生设置思考题,让学生利用网络资源、查阅文献等途径自主学习的方式寻找答案,提出解决问题的措施,然后进行讨论和评价。此过程可增强学生分析问题、处理问题的能力,加深对知识的理解与运用,增强学习能力和解决问题的能力,激发学习兴趣。

三、过程设计

(一)案例一

1.案例名称
在"新产品设计与消费心理"中论服装行业的工匠精神。

2.设计思路
本案例设计思路如下。

(1)由舒朗企业的产品创新与工匠精神的体现为案例引入。

(2)引入新产品设计概念。

(3)分析新产品开发的重要意义。

(4)讲解新产品消费心理。

(5)研究新产品设计的心理策略。

(6)引入工匠精神概念。

(7)探讨服装新产品设计中工匠精神的构建。

3.设计内容

案例过程设计中的步骤及内容见表7-1。

表7-1 在"新产品设计与消费心理"中论服装行业的工匠精神课程过程设计

设计步骤	设计内容
案例导入	舒朗企业的产品创新与工匠精神体现
案例讨论	新产品设计中如何体现工匠精神
提出问题	服装行业新产品研发的要素有哪些
概念理解	新产品设计
案例分析	讲解新产品消费心理
案例思考	新产品开发的意义；服装品牌根据消费者需求进行新产品设计的策略研究
素质培养	探讨服装新产品设计中工匠精神的构建途径
知识点总结	新产品设计概念及意义；新产品设计的心理策略；工匠精神概念；服装业在新产品设计中的工匠精神
实践内容	设计开发一系列体现工匠精神的创新服饰类产品，说明其设计特色及营销策略

（二）案例二

1.案例名称

在"新产品研发与消费心理"中论"歌力思"的品牌文化。

2.设计思路

本案例设计思路如下。

（1）由"歌力思"的新产品研发入手。

（2）思考该品牌研发新产品的原则。

（3）引入品牌文化的概念。

（4）分析品牌文化对于消费心理与行为的影响。

（5）讨论服装新产品如何在创新的同时弘扬品牌文化。

（6）品牌文化策略研究。

3.设计内容

案例过程设计中的步骤及内容见表7-2。

7-1 新产品研发与消费心理视频

表7-2 在"新产品研发与消费心理"中论"歌力思"的品牌文化课程过程设计

设计步骤	设计内容
案例导入	"歌力思"新产品研发
案例讨论	思考该品牌研发新产品的原则
概念理解	品牌文化的概念

设计步骤	设计内容
案例分析	服装品牌文化对于消费心理与行为的影响
案例思考	服装新产品如何在创新的同时弘扬品牌文化
策略研究	服装品牌文化与消费心理；新产品研发策略研究
知识点总结	品牌文化的概念；新产品研发对消费心理与行为的影响；服装新产品研发的原则与策略

（三）案例三

1.案例名称

在"新产品消费者类型"中论破洞牛仔裤的兴起与风靡。

2.设计思路

本案例设计思路如下。

（1）由破洞牛仔裤的兴起与风靡入手。

（2）思考破洞牛仔裤消费热潮产生的原因。

（3）引入新产品消费者的分类与特征。

（4）分析破洞牛仔裤消费热潮背后的消费心理。

（5）讨论如何根据新产品不同类型消费者进行个性化营销。

（6）通过服装新产品策划引导大众树立正确的审美观。

3.设计内容

案例过程设计中的步骤及内容见表7-3。

表7-3 在"新产品消费者类型"中论破洞牛仔裤的兴起与风靡课程过程设计

设计步骤	设计内容
案例导入	破洞牛仔裤的兴起与风靡
案例讨论	破洞牛仔裤的兴起与风靡中体现的新产品消费者类型
提出问题	破洞牛仔裤消费热潮产生的原因
概念理解	新产品消费者的分类与特征
案例分析	破洞牛仔裤消费热潮背后的新产品消费者心理
案例思考	如何根据不同的新产品消费者心理进行差异化营销
策略研究	新产品消费者类型的内涵；消费行为研究——以破洞牛仔裤为例；服装新产品营销策略研究
知识点总结	新产品消费者的类型；不同消费者类型的消费行为及心理；针对不同消费者类型的服装新产品营销策略
素质培养	通过服装新产品策划引导大众树立正确的审美观

（四）案例四

1.案例名称

在"产品包装与消费心理"中论"LV"的包装策略。

2.设计思路

本案例设计思路如下。

（1）由"LV"的包装策略入手。

（2）思考包装与消费者心理的关系。

（3）引入包装的内涵与功能。

（4）分析产品包装背后的消费心理。

（5）讨论如何正确进行包装设计。

（6）基于产品包装的消费行为研究。

（7）包装设计营销策略研究。

7-2 产品包装
与消费心理视频

3.设计内容

案例过程设计中的步骤及内容见表7-4。

表7-4 在"产品包装与消费心理"中论"LV"的包装策略课程过程设计

设计步骤	设计内容
案例导入	"LV"的包装策略
案例讨论	"LV"包装背后的消费心理
提出问题	包装如何迎合消费心理
概念理解	包装的内涵与功能
案例分析	品牌包装设计的关键要素
案例思考	如何根据服装商品特点正确进行包装设计
策略研究	包装营销的内涵；消费行为研究；包装策略研究
知识点总结	包装的内涵与功能；包装与消费心理；包装设计营销策略；服装品牌包装设计的关键要素
实践内容	为一款服装商品设计包装并说明设计策略

（五）案例五

1.案例名称

在"商标与消费心理"中论山寨服装如何刺激了消费痒点。

2.设计思路

本案例设计思路如下。

（1）由市面上出现山寨服饰品牌商标现象引入。

7-3 商标与
消费心理视频

（2）思考为何会出现服装山寨盗版现象。

（3）引入商标的概念。

（4）讲解商标与消费心理。

（5）分析影响消费者购买山寨产品的心理因素。

（6）讨论针对服装盗版山寨现象的对策及反思。

3.设计内容

案例过程设计中的步骤及内容见表7-5。

表7-5　在"商标与消费心理"中论山寨服装如何刺激了消费痒点课程过程设计

设计步骤	设计内容
案例导入	山寨服饰品牌商标现象
案例讨论	会出现服装山寨盗版现象的原因
提出问题	消费者购买山寨产品的心理原因
概念理解	商标的概念
案例分析	商标与消费者心理
案例思考	针对服装盗版山寨现象的对策；如何普及关于知识产权的法律意识以提高服装企业及消费者群体的诚信意识
策略研究	影响消费者购买山寨产品的心理因素；服饰品牌营销策略研究
素质培养	服装品牌的诚信意识建设要素
知识点总结	商标概念；商标与消费者心理；山寨产品消费心理因素；针对服装设计中山寨盗版现象的对策
实践内容	研究服装品牌商标防山寨盗版举措

（六）案例六

1.案例名称

在"产品命名与消费心理"中论服装品牌命名的"点睛"与"避雷"。

2.设计思路

本案例设计思路如下。

（1）由服装品牌命名案例入手。

（2）讨论服装品牌命名的"点睛"与"避雷"。

（3）引入产品命名的概念、作用。

（4）讲解产品命名对消费行为产生影响背后的消费心理。

（5）分析服装品牌命名要素。

（6）基于产品命名策略的消费心理研究。

（7）服装商品命名策略研究。

3.设计内容

案例过程设计中的步骤及内容见表7-6。

表7-6 在"产品命名与消费心理"中论服装品牌命名的"点睛"与"避雷"课程过程设计

设计步骤	设计内容
案例导入	服装品牌及商品命名案例
案例讨论	服装品牌命名的"点睛"与"避雷"
提出问题	产品命名如何影响消费心理与行为
概念理解	产品命名的概念、作用
案例分析	产品命名影响消费行为背后的消费心理
案例思考	服装品牌命名要素；分析产品命名对服装品牌有哪些积极和消极的影响及其心理和原因
策略研究	产品命名的内涵；服装命名的消费心理与行为研究；服装商品命名策略研究
知识点总结	产品命名的概念、作用；产品命名对消费心理与行为的影响；产品命名的内涵及营销策略；服装产品命名的要点

（七）案例七

1.案例名称

在"产品价格与消费心理"中论"双11"的服装价格战术。

2.设计思路

本案例设计思路如下。

（1）由"双11"的服装价格战术了解入手。

（2）思考折扣战术消费热潮产生的原因。

（3）引入常见的定价策略与价格歧视的概念。

（4）分析"双11"背后的消费心理。

（5）讨论如何在定价策略中秉承诚信价值观，培养理性消费观念。

7-4 产品价格与消费心理视频

3.设计内容

案例过程设计中的步骤及内容见表7-7。

表7-7 在"产品价格与消费心理"中论"双11"的服装价格战术课程过程设计

设计步骤	设计内容
案例导入	"双11"的服装价格战术
案例讨论	折扣战术消费热潮产生的原因
提出问题	价格战术背后有哪些营销策略
概念理解	常见的定价策略与价格歧视的概念

设计步骤	设计内容
案例分析	"双11"背后的消费心理
素质培养	如何在定价策略中秉承诚信价值观，培养理性消费观念
策略研究	产品价格的心理策略内涵；服装产品价格与消费心理和行为研究；科学定价策略研究
知识点总结	产品价格对消费心理与行为的影响；服装产品定价策略；服装商品定价要素
案例思考	商家如何诚信定价，以质量和服务赢得消费者长久青睐

（八）案例八

1.案例名称

在"产品质量与消费心理"中论"3·15"曝光网购服装质量问题与消费者维权。

2.设计思路

本案例设计思路如下。

（1）由"电诉宝"平台投诉网购服装店家事件引入。

（2）调研当前我国网购消费者维权状况。

（3）分析产品质量感知与消费心理。

（4）引入消费者主权理论的含义。

（5）讲解消费者主权的基本内容。

（6）讨论保护消费者权益的重要性。

（7）讲解中国"3·15"文化及我国和谐消费环境的构建。

（8）讨论"3·15"文化引领下如何帮助消费者找回诉讼维权的自信。

3.设计内容

案例过程设计中的步骤及内容见表7-8。

表7-8 在"产品质量与消费心理"中论"3·15"曝光网购服装质量问题与消费者
维权课程过程设计

设计步骤	设计内容
案例导入	"电诉宝"平台投诉网购服装店家事件
案例讨论	常见网络消费纠纷维权问题
提出问题	调研我国网购消费者维权途径及状况
概念理解	消费者主权理论
案例分析	产品质量感知与消费心理的关系
案例思考	消费者权益保护的重要性；为保护消费者权益，服装企业及消费者有何有效举措

设计步骤	设计内容
策略研究	消费者维权策略研究
知识点总结	产品质量感知与消费心理；消费者主权理论的含义；消费者主权理论的内容及其意义；"3·15"文化及我国和谐消费环境的构建
实践内容	进行消费者权益保护法的相关学习与宣传

第三节　案例设计

一、在"新产品设计与消费心理"中论服装行业的工匠精神

（一）消费心理学内容

商品因素与消费心理——新产品设计与消费心理。

（二）案例目标

1.知识目标

了解和掌握服装消费心理学的基本内容和研究方法；理解消费者的心理特征及行为规律；了解新产品设计对于消费心理的影响。

2.能力目标

培养学生对服装消费者心理及行为的分析能力；培养学生对服装消费案例的专业分析能力；培养学生服装人才过硬的专业技能和创新能力。

3.素质目标

培养学生运用科学的价值观和方法论分析和处理问题的能力；注重社会主义核心价值观的指导作用，提升职业素养，培养专业人才的工匠精神。

（三）案例知识点

（1）新产品设计概念及意义。

（2）新产品设计的心理策略。

（3）工匠精神概念。

（4）服装业在新产品设计中的工匠精神。

（四）重点与难点

1.重点

结合案例理解新产品设计对于消费者心理的影响。

处理方法：通过案例设计、案例描述、案例分析、案例思考等环节的设计，创造情境深入理解案例，分析服装新产品设计对消费心理及行为的影响，以及工匠精神对服装企业发展的积极作用。

2.难点

分析服装企业面临的挑战以及新产品设计发展的关键要素，对科学的营销策略进行研究，以科学的价值观和方法论进行理论学习和实践应用。

处理方法：剖析工匠精神内涵，深入挖掘案例问题根源，以思政指导思想帮助学生树立科学的价值观和方法论，进行正确的营销策略分析。

（五）案例描述

舒朗与珂蕾朵姆先后荣获"中国服装品牌年度大奖创新大奖""中国服装大奖最具创意奖"，舒朗董事长感慨道：17年前，舒朗白手起家，从台下的看客到现在已经拥有线上线下十几个自主创新品牌，其中，两个品牌先后获得中国服装大奖，如今业绩依然保持两位数的增长，秋冬装增长速度更是高达70%，从微观层面体验到中国经济的复苏。服装企业需要学习的是工匠精神，工匠精神是广义的，是一种对于本身产品、包括企业追求极致、卓越的态度。舒朗人一直秉持工匠精神，扎扎实实做好每一件衣服，工匠精神就是舒朗精神，舒朗精神就是把快乐带给每一个消费者，回归产品本质，并希望传统服装企业或者新兴的互联网服装品牌都应该按照工匠精神去开发自己的产品，去寻找创意点。

（六）案例分析

1.新产品设计概述

新产品是一切企业生产经营活动的主体。所谓新产品，是指采用新设计构思、新技术原理开发生产出的全新型产品，或从结构、功能、材料、工艺等各方面出发，应用新设计构思、新技术原理，对老产品进行重大改进并显著提高老产品的性能或增加功能而得到的改良型新产品（图7-1）。

新产品设计（New Product Design，NPD）是产品创新和企业成功的重要因素，如三星电子、苹果等公司通过卓越的设计赢得了持续的竞争优势。设计的复杂性要求企业必须突破组织边界以寻求创新，而拥有多元化知识的供应商是新产品设计的重要知

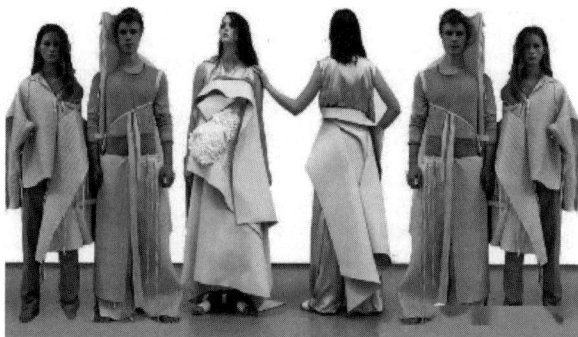

图7-1　服装系列新产品设计

识来源。越来越多的制造企业开始投入大量资源，以吸引供应商参与新产品设计。

2.新产品开发的重要意义

从市场产品更新换代速度日益加快的趋势来看，今天制造业竞争的焦点已转向对市场的快速响应和产品创新。在激烈的全球化竞争环境中，新产品开发与设计日益成为竞争的焦点，能更快响应市场需求的企业将赢得竞争先机，而反应迟钝的企业注定要失去市场并遭受损失。开发出符合市场需求的新产品是企业响应市场需求和产品创新能力的体现。所以，在知识经济时代，决定制造业竞争力的关键应该是新产品设计及开发的能力。就新产品设计对企业的意义而言，其可以成为竞争优势的源泉，增强企业形象。企业在持续的新产品设计中不断提高研发能力，最终提高企业的品牌知名度和品牌价值。

3.新产品消费心理

根据创新程度和消费心理影响程度的不同，新产品可以划分为三大类。第一类是应用科技成果开发出来的前所未有的新产品，即创新产品，这种全新产品的出现与推广，会引起消费方式与消费心理的重大变化，使人们物质与精神方面的消费需求得到更高程度的满足。第二类是应用新技术、新工艺或新材料，对原产品进行改革和创新而形成的新产品即革新产品，这类产品能够给消费者以新的利益和心理上的满足，对消费心理的影响比较大，对原有的消费方式、消费观念、消费习惯也有一定的影响。第三种是通过对原产品进行某些方面的改良而形成的新产品，即改进产品，其在保持原产品基本特点与用途的基础上，使产品质量更高、更方便实用，而且产品改进又迎合了现代消费者求新、求变的心理，易于为消费者所接受。

新产品的产生和消费者心理变化是相辅相成的。消费者心理的目标预期为新产品的发展指明了方向，同时新产品的优势又引领着消费人群的步伐，具体到实践中来，两者的配合又必须建立在新产品的设计和推广上。

4.新产品设计的心理策略

成功的新产品必须能满足特定消费者的心理要求。消费者对新产品的心理追求是多样化的，不同的消费者，其个性心理特征会导致对不同产品的需求，因此，新产品设计不但要注意满足消费者共同的基本需要，同时还应考虑产品的个性，使之与消费者的个性心理特征相适应，以吸引消费者的购买。

（1）效用细分策略。是指针对不同消费者对同类产品的不同需要，设计差异化的产品，以突出产品各自的效用，满足差异化的需求。

（2）个性标榜策略。不同的消费者在兴趣、爱好、气质、价值取向等许多方面都有所不同。对待个性化突出的消费者，应当设计具有个性化的产品以满足他们的需求，比如体现奔放、沉稳、粗犷、严谨、纯真等具有个性特征的产品。

（3）情感寄托策略。在现代社会中，消费者往往会通过购买某种产品或消费某种产品来寄托或表达某种感受，如亲情、友谊、希望、追求等，可以寄托情感的产品以装饰品、工艺品、随身物品为主。设计这类产品，要特别强调新奇、别致和寓意深刻、构思巧妙。

（4）目标追求策略。对于消费者为满足个人进步并不断提高自身社会价值而消费的产品，在设计时要突出产品的特定功能，使消费者的特定需求能尽快得到满足，从而巩固该产品的市场地位。

5.服装行业新产品设计中的工匠精神

（1）工匠精神。是包含着敬业、专注、创新等优秀价值观念在内的对自身职业发展的精神追求。从"术"与"道"的关系上看，它是一种基于"术"却超越"术"的职业发展之"道"，其随着个体与社会发展逐渐内化为劳动者的职业精神。工匠精神综合反映了劳动者在个人职业生涯中的职业道德、职业能力和职业品质，是劳动者的长期职业价值取向和行为表现。在长期的实践中，社会主义建设事业的各行各业都离不开工匠。工匠以"敬业、精益、专注、创新"的职业价值取向和行为表现，成为中国制造、中国创造的重要生产力，孕育了"执着专注、精益求精、一丝不苟、追求卓越的工匠精神"。

（2）服装行业需要工匠精神。服装行业的洗牌正在走向深水区，精工细作和创新能力能否到位，在很大程度上决定着一个品牌未来的存活。随着各种服装品牌的不断涌现，特别是价格亲民的快时尚品牌遍地开花，几乎每一个人都可以以低廉的价格购买当下最流行的款式，如果仅看重款式的话，时尚早已成为所有服装品牌的共性，而当下消费者最需要的，应该是进一步对品质和创新的要求，而只有精工细作的工匠精神，才是实现品质和创新的重要保证。无论服装企业运营模式如何转变、服饰产品如何推陈出新，对衣服本身来说，品质永远是最重要的，就像无论新媒体的渠道有多么广泛和快速，也依然要坚持"内容为王"的本质一样。作为一件商品，褪去各种华丽的营销包装后，我们终将要把眼光放到衣服本身的品质上来。

（七）案例思考

社会在快速发展，市场和用户对产品的结构、种类、功能和质量会不断提出新的要求，新产品设计已经成为竞争焦点。顾客的需求和偏好不断变化，市场的竞争日益激烈，产品的经济生命周期越来越短，在这种情况下，既增加了新产品开发的复杂度，也增加了企业新产品开发的紧迫性，迫使企业不断研究新产品开发的新模式和新方法，以便提高产品质量和开发速度，实现快速响应市场的需求。

无论是传统产业还是高新技术产业，创新创造始终是中华民族屹立于世界民族之林的重要法宝，急需更多的高素质技术人才成为经济和社会建设的主力军。劳动者特别是青年劳动者应积极投身技能成才、技能报国之路，以坚定的理想信念、过硬的职业本领、卓越的职业追求，坚守平凡，不甘平庸，追求极致，乐于奉献，为实现中华民族伟大复兴注入人才动力。

二、在"新产品研发与消费心理"中论歌力思的品牌文化

（一）消费心理学内容

商品因素与消费心理——新产品研发与消费心理。

（二）案例目标

1.知识目标
了解和掌握服装消费心理学的基本内容和研究方法；理解消费者的心理特征及行为规律；了解新产品研发对消费心理和行为的影响。

2.能力目标
培养学生对服装消费者心理及行为的分析能力；培养学生对服装消费案例的专业分析能力；培养学生对不同服装品牌制订新产品研发计划的能力。

3.素质目标
培养学生运用科学的价值观和方法论分析和处理问题的能力；提升职业素养，培养服装从业者改革精神、时代精神、创新精神。

（三）案例知识点

（1）品牌文化的概念。

（2）新产品研发与消费心理。

（3）服装新产品研发的原则与策略。

（四）重点与难点

1.重点

结合案例理解服装品牌新产品研发对消费心理与行为的影响。

处理方法：通过案例设计、案例描述、案例分析、案例思考等环节的设计，创造情境深入理解案例，分析服装品牌文化对消费心理及行为的影响。

2.难点

运用思政内涵分析新产品研发的原则与策略，对科学的营销策略进行研究，以科学的价值观和方法论进行理论学习和实践应用。

处理方法：深入挖掘案例问题根源，以思政指导思想帮助学生树立科学的价值观和方法论，进行正确的营销策略分析。

（五）案例描述

歌力思（ELLASSAY）是我国知名服装品牌，在成为具有国际竞争力的时装品牌集团的战略目标下，歌力思并购了如Laurel，IRO等具有一定规模的成熟服装品牌，进一步提高了服装设计与新产品研发水平。公司与Laurel品牌的德国母公司LaurelGmbH在产品设计研发上达成战略合作，服装的剪裁设计与面料选择更加科学化、舒适化。此外，公司在并购Ed Hardy品牌后，新增了男装、童装等生产线，专业水平不断提高，来自法国、意大利、韩国的设计咨询顾问以及韩国板型技术顾问，一同协助公司提高设计研发团队水平，提升品牌形象。Vivienne Tam品牌深耕高级定制服装领域，无论是裁剪工艺还是板型设计都具有深厚的功底。品牌资源的协作，大幅提高了歌力思研发设计团队的水平。2017年，歌力思在新产品研发中的支出较上一年增长了约一倍（表7-9）。

表7-9　2015~2017年"歌力思"财务年报

报告期	2015-12-31 年报	2016-12-31 年报	2017-12-31 年报
研发支出总额（百万元）	33.47	41.72	82.37
占营业收入比例（%）	4.01	3.69	4.01

（六）案例分析

1.歌力思的品牌文化

歌力思的品牌核心价值观是诚信、卓越、务实、快乐、时尚。

诚信是立足之本，一个品牌的口碑最基本的要素就是诚信，故在歌力思的品牌文化中，诚信放在首位。歌力思的品牌目标是成为"中国高级时装的主导品牌"，其品牌规划也与品牌文化相吻合，而快乐理念则体现着歌力思的人文关怀，快乐消费、快乐工作，致力于打造更优质的品牌。

歌力思的品牌文化在其店铺色彩、展示陈列以及会员增值服务与包装设计中皆有体现（图7-2）。

图7-2　歌力思门店

2.品牌文化的概念

品牌的文化内涵表现为品牌具有的独特的性格特征，即品牌所表现的是目标消费群易于并乐于接受的某种精神价值，而这种价值就是企业创造的、赋予品牌的、体现企业核心价值与企业文化的一部分。通过各个渠道传播品牌的核心价值观，形成大众消费者熟知的品牌理念，即品牌文化。通过文化营销，可以丰富品牌形象，使其更加饱满立体。建立品牌文化的关键在于使消费者形成共鸣，与消费者进行情感交流从而打动消费者。

3.新产品研发的原则与策略

新产品研发是塑造品牌文化必不可少的一部分，如歌力思通过并购的方式扩大产品覆盖面，拓展消费群体，从而推动整体业绩的增长，提高品牌价值。歌力思品牌价值的提高离不开并购的品牌所做出的贡献，而旗下品牌所带动的新产品研发热潮则起到了支柱性的作用。

在进行研发时也需要注意，产品的研发主题离不开品牌文化，需与品牌文化紧密贴合，以提升品牌价值为主旨，打造能够增加消费者认可度的品牌至关重要；在研发过程中注重工艺的运用，在工艺和板型制造方面与时俱进，推陈出新，从而提高研发团队设计水平；通过技术分析，做出销售预测与营销方案，进一步考虑其可行性，为新产品的研发提供依据。

4.消费心理研究

（1）刻板印象。刻板印象是指人们对某类事物产生固定的、笼统的看法，在品牌形象的影响下，刻板印象尤为显著，例如，消费者对某品牌形成了物美价廉的定位，当消费者想要选购高档服装时会首先排除该品牌。

（2）自我概念。自我概念即一个人对自身存在的认知，包括个体的能力、态度、价值观等方面内容。消费者认同的品牌文化，往往会与自己的社会地位、身份等保持一致。

（七）案例思考

服装品牌如要做到为大众所熟知，最为重要的就是树立正确的品牌形象，从而更好地传播令消费者认可的品牌文化。而新产品的研发则为建设品牌文化提供了有效途径，通过品牌推出的新产品可以让消费者更好地认识该品牌的定位、理念、质量等多方面要素，因此，在研发新产品时需要密切贴合品牌文化。同样，不符合品牌文化的产品可能会降低消费者的认可度，从而影响消费者的购买决策，故在推出新产品时也要具有评估思维，持谨慎态度。

三、在"新产品消费者类型"中论破洞牛仔裤的兴起与风靡

（一）消费心理学内容

商品因素与消费心理——新产品消费者类型。

（二）案例目标

1.知识目标
了解和掌握服装消费心理学的基本内容和研究方法；理解消费者的心理特征及行为规律；了解新产品消费者类型及其消费心理和行为。

2.能力目标
培养学生对服装消费者心理及行为的分析能力；培养学生对服装消费案例的专业分析能力；培养学生对不同类型消费者和商品制订合理的营销策略的能力。

3.素质目标
培养学生运用科学的价值观和方法论分析和处理问题的能力；提升职业素养，培养服装专业人员与服装消费者正确的审美观。

（三）案例知识点

（1）新产品消费者的类型。

（2）不同消费者类型的消费行为及心理。

（3）针对不同消费者类型的服装新产品营销策略。

（4）通过服装新产品策划引导大众树立正确的审美观。

（四）重点与难点

1.重点

结合案例理解新产品消费者类型及其消费心理和行为。

处理方法：通过案例设计、案例描述、案例分析、案例思考等环节的设计，创造情境深入理解案例，分析新产品消费者类型及其消费心理及行为。

2.难点

分析破洞牛仔裤从流行到普及的消费者类型及其消费心理，对服装新产品进行科学的营销策划，以科学的价值观和方法论进行理论学习和实践应用。

处理方法：深入挖掘案例问题根源，以思政指导思想帮助学生树立科学的价值观和方法论，进行正确的营销策略分析。

（五）案例描述

破洞牛仔裤由美国人发明，20世纪90年代开始在中国流行。破洞牛仔裤一经出现就引来了年轻人的狂热追捧，以展现自己潮人的标志。直至现在，破洞牛仔裤仍然流行在广大消费者中，也频频出现在各大秀场和时尚潮流人士身上，展现了消费者对新兴产品的追求。

（六）案例分析

1.破洞牛仔裤的兴起与风靡

牛仔裤最早是西部牛仔的典型搭配，后来因其休闲时尚的风格逐渐演变为多种元素构成的街头文化标志。牛仔裤象征着自由、追逐个性的牛仔文化与牛仔精神，通过与时尚行业、服装行业等各行业的营销开发，逐渐形成了"牛仔风格"。目前，牛仔裤的板型与风格也逐渐多样，有更多的衍生产品日益兴起。

早在20世纪60年代，嬉皮士将自己的牛仔裤磨毛，呈现颓废风格，以体现其不羁的个性，通过这种狂放不羁风格的服装来表达对主流的抵制。牛仔裤因其耐磨结实的特性被视为在工作或运动时可以穿的裤子，需要很长时间才会破损换新，而穿破洞牛仔裤意味着穿了很长时间，显示了一种对高消费行为的鄙视。

破洞牛仔裤在中国的流行起初是为了劳动需要，人们需要结实厚重的服装，牛仔裤因此进入人们的视野，后来以穿着舒适美观为本。近年来，因摩登风格引起对时尚的追求，出现了手磨猫须、钉珠绣花等各种工艺，以及对于破洞牛仔裤版型、破洞部位和磨毛形式的创新，破洞牛仔裤成为时尚前端的服饰（图7-3）。

2. 破洞牛仔裤兴起与风靡中的新产品消费者类型

新产品指发明产品与改良产品两大类。从这一角度看，牛仔裤属于发明产品，而破洞牛仔裤则属于改良产品，对牛仔裤进行创新改进，带给消费者更加新颖的体验，满足了人们的消费需求。破洞牛仔裤在精神内涵与外观创新方面也激发了追求新产品类型的消费者购买。

新产品消费者类型主要分为以下几种。

（1）创新型。新产品由少数创新者率先使用。创新者通常极富冒险精神，一般是收入水平、社会地位和受教育程度较高的年轻人。

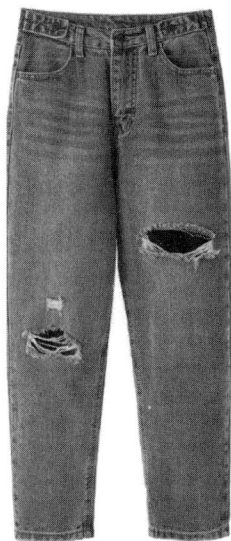

图7-3　破洞牛仔裤

（2）早期采用者。第二批接受新产品的群体，多在产品的介绍期和成长期采用新产品，并对后面的采用者影响较大。

（3）早期大众。这类采用者的采用时间较平均采用时间要早，有较强的模仿心理，他们在购买时往往深思熟虑，态度谨慎。

（4）晚期大众。晚期大众接受新产品的时间相对较晚，他们的信息多来自周围的同事或朋友，很少借助宣传媒体收集所需要的信息。他们从不主动采用或接受新产品，直到多数人都采用且反映良好时才行动。

（5）落后采用者。落后采用者是采用产品的落伍者，拘泥于传统的消费行为模式，在产品进入成熟期后期乃至进入衰退期时才会采用。

破洞牛仔裤主要内涵有三种情况：首先是反叛，本质上是自我主体意识的觉醒，象征着本体与外界事物产生矛盾后的激活，由此引发对破除规则、消解完美的作用力的追求，期许通过这种强硬化的手段来达到对传统的撞击；其次是个性化，主要渗透到年轻群体中，从着装上展示个体的差异，以追求"不一样"为口号，其也是最早一批拿起剪刀割破牛仔裤走上街头的人，因此，青年消费者属于破洞牛仔裤的创新型消费者；最后是性感，从艺术美学角度来看，破洞牛仔裤可通过人体的部分裸露展示身体的线条和曲线，但还有部分是被布料包裹着的，这种似露非露的形态增添了些许性感内涵，从某种意义上暗示了现代社会对于解放身体的正当诉求。

牛仔裤这种简单、随意的服装象征着刚毅自由、坚毅勇敢，受牛仔裤内在价值影响的年轻一代消费群体，崇尚破洞牛仔裤所代表的真实、自然。牛仔裤表达了一种简单、随意、不会刻意去迎合的服装风格，作为新兴产品，与消费者在价值观上的高度吻合必然会受到新型消费群体的追捧。破洞牛仔裤正是因大众能够接受的价值，赢得了较大规模消费者的青睐。

3.消费心理研究

从破洞牛仔裤的兴起与风靡中，可以看出新产品消费者在做出消费决策时，除了考虑实用价值外还注重文化情感价值。在新产品进入市场的不同时期，不同类型的消费者其消费心理也呈现出不同特点。创新型消费群体思想前卫，追求潮流；早期采用者在创新型群体的影响下更易接受新产品；早期大众则有较强的模仿心理；晚期大众有从众心理，易受周围朋友的影响；落后采用者的消费心理则较为保守。

破洞牛仔的本质是创新与颠覆，当产品受到广大消费者认可时，实际上体现出的是消费者的心理需求，折射的是消费者对于产品价值的认同以及内心对于创新的期望。新产品满足了消费者的心理需要，主要包括：追求美、自我实现、炫耀消费、群体一致性消费、模仿消费、冲动消费。

（七）案例思考

任何事物兴起都与其背后的文化因素有关。破洞牛仔裤从时尚前沿设计文化逐步演变为一种有生活气息的、受大众追捧的大众文化，说明受文化影响的不同类型消费群体消费心理的差异与转变。企业在推出新产品时应在不同时期针对不同类型的消费群体，有针对性地制订营销计划，根据其独特的消费心理进行营销推广。企业也可以借助适当的文化营销，让消费者最大限度地了解新产品，以影响消费者的购买倾向。

四、在"产品包装与消费心理"中论"LV"的包装策略

（一）消费心理学内容

商品因素与消费心理——商品包装与消费心理。

（二）案例目标

1.知识目标

了解和掌握服装消费心理学的基本内容和研究方法；理解消费者的心理特征及行为规律；了解商品包装对消费心理和行为的影响。

2.能力目标

培养学生对服装消费者心理及行为的分析能力；培养学生对服装消费案例的专业分析能力；培养学生对不同类型消费者和商品制订合理的包装策略的能力。

3. 素质目标

培养学生运用科学的价值观和方法论分析和处理问题的能力；培养审美能力和创新意识，提升职业素养。

（三）案例知识点

（1）包装的内涵与功能。
（2）包装与消费心理。
（3）包装设计营销策略。
（4）品牌包装设计的关键要素。

（四）重点与难点

1. 重点

结合案例理解商品包装对消费行为的影响。

处理方法：通过案例设计、案例描述、案例分析、案例思考等环节的设计，创造情境深入理解案例，分析商品包装对消费心理及行为的影响。

2. 难点

以科学的价值观分析服装商品包装面临的挑战以及发展的关键要素，以科学的价值观和方法论进行理论学习和实践应用，策划服装商品包装策略。

处理方法：深入挖掘案例问题根源，以思政指导思想帮助学生树立科学的价值观和方法论，进行正确的营销策略分析。

（五）案例描述

路易威登（Louis Vuitton）宣布，品牌于2003年开始启用的棕色系包装将正式退出历史舞台，取而代之的是一套使用皇家藏红花色（Safran Impérial，一种介于橙色和黄色之间的颜色）的购物袋与包装盒。比起鲜明但已令人审美疲劳的 Logo，换上具有品牌基因的经典色也许是个更好的选择。为了追求与其他品牌的不同，"LV"所选择的新包装颜色确实更年轻、明亮、时尚，让人眼前一亮，皇家藏红花色也一跃成为近年来流行的颜色之一，备受广大服装品牌与消费者的追捧，根据该色所设计的服装也频频登上各大秀场（图7-4）。

（六）案例分析

1. "LV"的包装策略

路易威登的定位是高档奢侈品，主要消费群体是力求能够突出自身个性，带来精

图 7-4 "LV"新包装

致高雅生活方式的人群。路易威登从某种意义上来说卖的不是产品本身，而是产品所富含的能够带给消费者的各种各样的情感共鸣，这种理念在其新包装上都可以体现出来。"LV"的包装采用一种类似哈密瓜皮的浅橙色，视觉效果偏向年轻化；材质也更厚，更有弹性且更环保。"LV"包装上的蓝色丝带则取自20世纪"LV"给客人定制手提箱时镌刻首字母所用的颜色。

"LV"之所以选择更换包装，是希望包装不要太时髦，使其拥有较长的生命周期。因为大多数包装都是黑或白，而LV想要不同。由此可见，产品包装与其品牌内涵是密不可分的，同时对服装品牌也有着宣传推广的作用。

2. 产品包装的内涵与功能

目前，各类产品纷繁复杂，视觉设计是消费者对产品形成第一印象最直接的来源。产品包装是将美学与科学相结合，对产品起到一定保护、美化、存储作用的物品，其在消费过程中的重要作用与日俱增，服装产品的外观设计可以更好地体现产品特色，起到一定的广告效果，让消费者快速获得产品的功能特性与商品种类等基本信息，吸引消费者的注意，从而促进消费者的购买欲，加深消费者对该品牌的印象。

产品包装的功能已向多元化方向发展，除了上述几点对产品本身的促进作用外，其还可作为单独物品进行二次利用，发挥其单独功能，从中也体现了可持续发展的理念，如纸质包装袋在使用后能改造成置物篮，更受消费者青睐。

产品包装应保持与产品品牌形象的一致性，并且可以通过设计影响消费者的最终购买决策。因此，为了确保产品包装的设计符合时尚潮流，包装设计不仅需要美观，更需要深刻了解市场需求。

3. 包装设计营销策略与设计原则

服装产品的包装可分为内包装和外包装，一般的服装产品只有外包装，而内衣、婴幼儿服装、领带（领带夹和领结）、袖扣、包、鞋等则采用内包装与外包装相结合

服装消费心理学课程思政案例教程

的方式，这主要取决于这些产品本身的特点以及企业对品牌的定位。市场上服装产品包装的材料多种多样，如塑料材质、纸质材料、金属材料、纺织品材料等，在造型设计上也各有特点。在进行产品包装时需要从以下几方面考虑。

（1）材质。包装材质的选择会直接影响产品的视觉效果，目前最广泛使用的材质是塑料，但随着可持续发展理念的兴起，采用符合环保要求的可降解材料是十分必要的。除此之外，也可选择硬挺的纸质材料，如牛皮纸、蜡纸等。在材料选取方面，应根据产品定位、产品类型、消费对象以及包装预算等方面来进行选择。

（2）色彩。色彩的选择是包装设计的关键因素，一般来说，包装的色彩应与服装品牌风格相一致，如"LV"的包装使用的浅橙色就与其品牌理念相吻合。在选择包装颜色时也可根据当季流行色来考虑。除此之外，色彩选择也需要根据产品类型进行设计，如男性的服装多为黑、蓝、灰等低明度的颜色，而女性则可以选取咖色、橘色、白色等较明亮的颜色。

（3）文字图形设计。文字图形是包装最直观的因素，其中必不可少的因素就是品牌的LOGO。如何更好地展现品牌形象，则是进行图形设计时首要考虑的问题。图形设计在风格上应符合产品的个性，例如，线条等几何设计可以展现出低调、成熟的风格，不规则图形可彰显个性、时尚。在设计图形文字时应从整体效果考虑，注重品牌风格的展示，增强消费者对品牌的认知。

4. 消费心理研究

（1）实用心理。消费者追求商品的实用性，更加注重该包装是否经久耐用或是重复利用，同时更加关注包装能否防水抗压，更好地保护服装。

（2）求美心理。心理学认为，女性的思维更加具有联想性与装饰性，在看到美观的包装时更容易联想到服装商品是否美观，从而引发积极的心理活动，引发购买动机。

（3）求异心理。现如今追求个性化已成为一种趋势，目前大多数服装品牌都采用包装袋的形式进行产品包装，因此采用盒装等与众不同的形式更能引起消费者的购买欲望。

（4）其他心理。其他心理包括环保、怀旧、情感、便利等方面。

（七）案例思考

产品包装是体现产品理念与宣传推广品牌的重要途径，从"LV"的包装策略中可以看出，设计符合产品定位的包装对于提高消费者的购买欲望起到促进作用，利用消费者的"求异""求实""求美"心理对产品包装进行有针对性的设计。

但产品包装是锦上添花，服装品牌的核心还应致力于打造更加优质的产品。如果一味追求新颖美观的产品包装而忽略了对于产品的研发，则会陷入本末倒置的僵局。

五、在"商标与消费心理"中论山寨服装如何刺激了消费痒点

（一）消费心理学内容

商品因素与消费心理——商标与消费心理。

（二）案例目标

1.知识目标

了解和掌握服装消费心理学的基本内容和研究方法；理解消费者的心理特征及行为规律；了解服装商标对消费心理和行为的影响。

2.能力目标

培养学生对服装消费者心理及行为的分析能力；培养学生对服装消费案例的专业分析能力；培养学生分析影响消费者购买山寨产品的心理因素的能力。

3.素质目标

培养学生运用科学的价值观和方法论分析和处理问题的能力；注重社会主义核心价值观的指导作用，提升职业素养，培养专业人才关于知识产权的法律意识和诚信的职业道德。

（三）案例知识点

（1）商标概念。
（2）商标与消费者心理。
（3）山寨产品消费心理因素。
（4）对服装山寨盗版现象的对策。

（四）重点与难点

1.重点

结合案例理解服装商标对消费心理的影响。

处理方法：通过案例设计、案例描述、案例分析、案例思考等环节的设计，创造情境深入理解案例，分析消费者购买山寨服装的消费心理。

2.难点

分析消费者的道德观念对山寨服装消费心理及行为的影响，对抵制山寨服装策略进行研究，以科学的价值观和方法论进行理论学习和实践应用。

处理方法：深入挖掘案例问题根源，以思政指导思想帮助学生树立科学的价值观和方法论，对山寨服装的营销策略进行分析，说明抵制山寨服装的主要对策。

（五）案例描述

从高仿名牌的百姓服饰，到改头换面的明星礼服，"山寨风"强劲冲击着服装界。

与网友们对山寨服装的故意恶搞和调侃不同，一些消费者与山寨服装的交手经历却是心酸。他们一般是在不知情的情况下购买了山寨服装，不小心成了山寨产品的受害者。例如，武汉市某消费者，购买了"桓源祥"羊绒衫作为家人的生日礼物，回家后被家人发现非"恒源祥"。该消费者选择维权，执法人员检查发现商家打着"恒源祥"的旗号，卖"桓源祥"的衣服。

（六）案例分析

1.服装设计中山寨盗版的现状

目前的服装生产还停留在价格竞争的低水平阶段，同时拥有强大服装设计能力的强势品牌比例较小。由于服装设计的外观十分直观，科技含量不高，一些服装生产厂家在服装设计中就采取模仿和抄袭的手段。在中国的服装设计行业里，同样一款服装在不同品牌中出现时，消费者往往会选择价格比较低的盗版服装，这不但给原版的服装生产厂家带来了经济损失，也侵犯了那些购买原版服装消费者的利益。

中国服装设计盗版的现状可以归结为以下几点：①服装设计盗版行为有增无减、屡禁不止；②购买服装设计盗版产品的消费者主要以中低收入者或无收入者为主；③服装设计盗版产品主要以女装和名牌产品为主；④服装设计盗版行为随处可见，流动性强，范围广，人们随便在一个路边摊就可以买到服装的盗版产品；⑤一些服装制造业的正规单位、公司也参与到服装设计盗版活动中。

2.商标的概念

商标是一种具有标志性的图形符号，是一种商品、一种形式，也可以说是一种服务。商标一般是由图形或者文字结合的方式构成的，通过商标能够很好地帮助人们记住商品，也能够很好地和其他商品进行区分。设计商标是为了能够更好地保证贸易顺利运行，所以商标的语言一定要满足商业的需求，无论是哪一种产品的标识，设计者在设计时都应该考虑到一些容易记忆、寓意吉祥或者含有赞美元素的内容。

3.商标和消费者心理

商标可以说是一个商品的缩影，能够充分地体现这个商品和其他商品在质量、用途上的差异，能够充分彰显出商品的一些特色，同时也蕴含了丰富的精神文化。商标对于商品而言就好比一个人的名字，有了商标才能够为人所知，只有这样才能够为后面的知名做好铺垫。消费者心理就是消费者在消费中产生的一种心理诉求，包括消费者对商品的认知、情绪，如果能够掌握消费者的心理，自然能够帮助商家对产品进行设计研发，及时调整营销策略，从而让产品在众多同类的商品中脱颖而出，获得消费者的喜爱。成功的商标在一定程度上能够呈现出优质的商品，从而抓住消费者的眼球，进而激发消费者购买的欲望。

4.影响山寨服装消费的心理因素

（1）伦理意识与道德判断。消费者的伦理意识是其道德判断形成的决定因素。伦理意识是指导个体或群体选择、购买使用产品或服务的道德法则、原则或标准。个体的伦理意识包含两个维度：理想主义与相对主义。理想主义指的是个体对道德普遍原则的接受程度，理想主义者对道德判断持有的统一标准不会因具体情况而变；而相对主义指的是个体对道德普遍原则的拒绝程度，相对主义者的道德判断是视情况而定的。研究表明，消费者的道德判断会显著影响其对山寨时尚类产品的购买意向，理想主义与山寨品的购买意向负相关，相对主义是山寨品购买意向的正预测指标。

（2）感知风险。一般产品的山寨品消费通常涉及财务风险、功能风险、法律风险（被起诉风险）三类。对于山寨品消费来说，社会风险则更加重要，山寨品的消费者会担心别人注意到他们购买和使用的是山寨品。大量研究表明，消费者的感知风险会影响消费者对山寨品购买行为的态度及意向。感知风险越低，消费者购买山寨品的意向越高。有研究发现，感知风险是山寨品消费中最重要的影响因素。

（3）价值意识。是指在符合一定的质量标准的前提下，消费者期望尽可能地支付更低价格的意识。由于山寨品为消费者节省了一大笔开支，即便它在质量上有所欠缺，消费者对它的感知价值仍然较高。研究发现，价值意识较强的消费者对仿冒产品的态度会较为积极，购买意向也会较强。

（4）追求新颖。指个体追求新的、陌生的、未知的事物的倾向。具有较高追求新颖倾向的消费者往往更加崇尚时尚，更有可能购买山寨奢侈品。这是因为这些产品使他们不必频繁地为快速更新的时尚奢侈品支付高昂的价格，又能满足他们对新奇事物的好奇心与占有欲。

5.服装山寨盗版现象的对策

（1）从服装设计师的角度出发。设计师要有强烈的责任感和事业心，努力提高自己的业务和设计水平，加强对服装市场流行趋势的把握，不抄袭别人成功的服装设计产品，通过自己的不懈努力设计出具有个性的服装品牌。

（2）从服装消费者的角度出发。消费者应该提高个人的文化修养与思想境界，努力提高个人的生活水平，不盲目跟随潮流、人云亦云，加强自我保护意识和打击服装盗版和山寨意识，认真学习法律和法规，同时也需要广大的服装消费者自觉抵制和行动。

（3）从国家和政府职能监督部门的角度出发。应该健全服装市场杜绝盗版和山寨的法律机制，放弃一些地方保护思想，严厉打击服装盗版和山寨行为，并且对生产经营者进行经济和法律上的制裁。

（4）从全社会的角度出发，普及关于知识产权的法律意识，使得服装生产企业和消费者个人自觉抵制服装设计中的盗版和山寨现象，注重从业人员本国服装品牌文化的培养，鼓励研发物美价廉的大众化服装产品，推动品牌服装平民化，拉近与普通服装消费者的距离。

（七）案例思考

随着市场经济的不断深化发展，诚信意识已经越来越深入到社会经济发展的各个角落。对于面向较为高端客户群体的服装企业而言，品牌和声誉对企业的长远可持续发展尤为重要，要想塑造良好的市场形象，打造具有一定知名度的服装品牌，在经营中坚守诚信精神就非常必要。诚信意识是推动服装企业发展的精神动力，是促进服装企业内外沟通的桥梁，是服装企业生存发展的基础。诚实守信、坚持公平和正当的商业竞争原则，不仅有利于企业自身的长远发展，更关系到整个市场环境的健康有序。

六、在"产品命名与消费心理"中论服装品牌命名的"点睛"与"避雷"

（一）消费心理学内容

商品因素与消费心理——产品命名与消费心理。

（二）案例目标

1. 知识目标
了解和掌握服装消费心理学的基本内容和研究方法；理解消费者的心理特征及行为规律；了解产品命名对消费心理和行为的影响。

2. 能力目标
培养学生对服装消费者心理及行为的分析能力；培养学生对服装消费案例的专业分析能力；培养学生对不同类型消费者和商品制订合理的营销策略的能力。

3. 素质目标
培养学生运用科学的价值观和方法论分析和处理问题的能力；提升职业素养，培养专业人才改革精神、时代精神与创新精神。

（三）案例知识点

（1）品牌命名的概念、作用。

（2）产品命名对消费心理与行为的影响。

（3）产品命名的内涵及营销策略。

（4）服装产品命名的要点。

（四）重点与难点

1.重点

结合案例理解服装商品命名对消费心理与行为的影响。

处理方法：通过案例设计、案例描述、案例分析、案例思考等环节的设计，创造情境深入理解案例，分析服装产品命名对消费心理及行为的影响。

2.难点

运用思政内容分析服装产品命名的策略及关键要素，对科学的营销策略进行研究，以科学的价值观和方法论进行理论学习和实践应用。

处理方法：深入挖掘案例问题根源，以思政指导思想帮助学生树立科学的价值观和方法论，进行正确的营销策略分析。

（五）案例描述

服装企业品牌是产品最贴切的代号，也是产品投入到大众社会中给予消费者的第一印象。它是产品的一种包装方式，同时也是企业打造品牌形象的基本要素。一个好的品牌名字可以彰显出企业文化与经营理念，因此，一个好的命名成为企业形象的重要表现和营销商品的有效手段。例如，"雪中飞"作为冬季运动服装品牌，命名不仅充满自如和活力，并且与服装的类别和穿着场合紧密联系。

（六）案例分析

1.服装品牌命名的"点睛"与"避雷"

服装品牌在命名时，应以体现品牌和产品的服务特色、利于市场营销为准则。具体来说，有以下几点需要注意。

（1）生动形象，突出特色，具有鲜明性。命名应该简单明了、朗朗上口、便于记忆，能够快速让消费者辨认和识别出品牌产品；忌冗长复杂，如IBM公司被大多数人熟知，但它的全称"国际商用机器公司"（International Business Machines）却鲜为人知，因其过于冗长，难以传播。

（2）具有独特性，避免千篇一律。命名时能够彰显产品的主要特性，与其他同类型产品做区分。与众不同，能给人留下深刻印象，具有新鲜感，忌与其他品牌相似，以免让消费者难以分清。

（3）迎合消费心理，适应消费者的喜好。命名时也需要考虑消费者心理和习惯，与积极的事物相联系，比如中国许多传统品牌多采用吉、祥、庆等字眼，迎合了消费者对于美好事物的追求，引发丰富联想与好感。但选用吉祥名的同时也需注意与品牌相关联，避免趋于平庸、看不出产品特性，这对后续的品牌推广十分不利。

（4）应具有文化内涵。品牌命名是面向消费者的一张名片，因此考虑消费者所生活的文化环境与背景十分必要。消费者的认知意识、行为习惯、思维方式、情感都必然带有文化特色。例如，许多定位面向世界的国际品牌多采用英文命名，意在使世界范围内的消费者都能接受。在向世界推广的同时，也要避免音译中包含贬义的意思，需要考虑到多元文化背景，如"李宁"的拼音形式"Lining"与"衬里"的英文一致，在外国消费者看来容易形成误解（图7-5）。

图7-5　商品命名需考虑多元文化背景

2.服装品牌命名的作用

（1）进行品牌定位。从命名中就能对品牌进行粗略的定位，起到了区隔的作用。区隔能力使消费者产生好奇心，萌发对产品的兴趣；可以消除消费者面对选择所产生的厌倦情绪，感到耳目一新，尽快做出购买决策；也可以让消费者迅速记住该品牌，提高品牌的传播效应。

（2）分类作用。不同类型的服装品牌命名往往会带有不同的色彩，以人名命名的品牌，往往会让人联想为时装品牌，而不会认为是运动服装品牌。

（3）浓缩产品属性。品牌名称可以把广告、包装、造型等因素的"意味"浓缩、积淀在其中，突破时间、空间的制约进行传播。同时，消费者对品牌的满意度、好感度也是通过品牌名称表达的，广告、包装、产品造型均没有这一特性。因此，品牌名称可以体现出品牌精神的核心。例如，YOUNGER（雅戈尔）的寓意是"穿上它会更年轻"，WARRIOR（回力）意为勇士，这与回力所传达的"回天之力"非常契合，向消费者传达的就是穿上回力鞋的人会勇往直前，在销售的同时也能传播品牌理念（图7-6）。

图7-6　产品命名中传达的产品属性与品牌理念

3.产品命名对消费行为的影响

产品命名的目的是要打造一张品牌名片，更有效地吸引消费者，使尽可能多的受众记住品牌，以达到营销传播的效果。因而，引发消费者的认同感是其关键所在。名字是一个符号，但从品牌文化角度来说，它也是一个品牌形象的标志，体现着产品定位，更体现出一个品牌的内涵。

成功的命名必然会在消费群体中对其消费行为与购买决策产生一定的影响。从情感营销的角度看待品牌命名，其往往都是在宣扬一种价值观念和生活态度，在情感上引起受众的共鸣，倡导品牌所推崇的生活方式和情感方式，从而借助品牌命名传播企业文化，塑造企业形象。企业形象是受众群体对该企业整体的感知与印象，是公众对企业所传达的精神及其外部物理特征的整体印象与评价。企业形象的塑造是一种精神输出，被公众接受后可产生一定的社会影响和社会效应，进而影响整个消费群体的消费行为。

4.消费心理研究

消费者制订购买决策时，在品质、价格和品牌三者中，更加依赖品牌。中国人的传统更是注重"老字号"。品牌是一个将精神文化与消费受众相联系的过程，将品牌文化传递给消费者，使之认同与追随是品牌建设的目标。

此外，从认知科学角度来看，消费者选择品牌时，区分性原则显得尤为重要。认知心理学研究认为，在实际生活中，消费者面临的大多数信息都很复杂，人们通常凭借零碎的信息来辨认物体和认识事物。实证研究也表明，一旦消费者对特定品牌形成稳定的偏好，在搜寻过程中，他们往往利用商标名称走捷径。因此，选择一个利于记忆、鲜明生动的品牌名称是十分有效的营销手段。

（七）案例思考

品牌命名会带给消费者带来众多联想，让品牌形象更加深入人心，使消费者看到该品牌就能联想到该品牌的属性特征。同时，给消费者感官带来负面影响的品牌命名也会降低品牌的传播效果。所以，在设计品牌或产品名称时一定要趋吉避忌，遵从各地的风俗习惯和文化心理差异，顺应主流价值观，尤其是面向世界消费群体的品牌应当注重品牌名称发音转化的差异问题，以更好地服务于品牌定位。

七、在"产品价格与消费心理"中论"双11"的服装价格战术

（一）消费心理学内容

商品因素与消费心理——商品价格与消费心理。

（二）案例目标

1. 知识目标

了解和掌握服装消费心理学的基本内容和研究方法；理解消费者的心理特征及行为规律；了解服装商品价格对消费心理和行为的影响。

2. 能力目标

培养学生对服装消费者心理及行为的分析能力；培养学生对服装消费案例的专业分析能力；培养学生对不同类型消费者和商品制订合理的价格策略的能力。

3. 素质目标

培养学生运用科学的价值观和方法论分析和处理问题的能力；提升职业素养，培养服装行业人员诚信价值观。

（三）案例知识点

（1）商品价格对消费心理与行为的影响。
（2）服装商品定价策略。
（3）服装商品定价要素。

（四）重点与难点

1. 重点

结合案例理解商品价格对消费心理与行为的影响。

处理方法：通过案例设计、案例描述、案例分析、案例思考等环节的设计，创造情境深入理解案例，分析商品价格对消费心理及行为的影响。

2. 难点

运用思政内容分析"双11"的服装价格战术，对科学的营销策略进行研究，以科学的价值观和方法论进行理论学习和实践应用。

处理方法：深入挖掘案例问题根源，以思政指导思想帮助学生树立科学的价值观和方法论，进行正确的营销策略分析。

（五）案例描述

近年来，"双11"火爆全网，是典型的电商促销节日，对拉动我国消费市场具有显著作用，其能够流行的核心在于其价格和折扣。在购物过程中最受消费者关注的就是心仪商品的价格是否更低，"双11"推出的诸多优惠活动使消费者产生便宜的感觉，因而凭借价格营销策略促使消费者的消费热情节节高升。

（六）案例分析

1.“双11”的服装价格战术

“双11”的价格政策是：必须低于9月15日至11月10日期间成交最低价的9折；11月12日至12月11日期间不得低于“双11”当天售价出售。综上，“双11”的价格基本上是9~12月的最低价格，而低廉的价格使广大消费者热情高涨。

2.“双11”的服装价格战术背后的营销策略

价格营销是指根据市场需求，合理制订价格的营销策略，在合适的时间通过适当降低产品价格刺激市场销售。常用的价格营销策略有以下几种。

（1）尾数定价。大部分中低端服装品牌在定价时均采用6、8、9等数字来结尾，如99元、199元等，虽然只比整数定价便宜1元，但在消费者的感官中199元比200元购买要实惠很多，因而更容易产生购买倾向。

（2）整数定价。奢侈品牌常采用整数定价策略，相比于尾数定价更能展现高档的消费体验，从而改变消费者的认知，形成对商品的价格认同。

（3）沉锚定价。在“双11”活动界面有很多商家会标注原价与现价，现价往往是原价的7折左右，使消费者产生巨大折扣的错觉从而影响其消费判断，受原价信息的干扰，消费者易认为本次消费十分划算，从而产生购买冲动。

（4）捆绑定价。近年来，捆绑定价成为商家热衷的营销策略，单件产品价格不变，但购买产品组合时价格比单独购买两个商品更为低廉，巧妙地降低了消费者对单一商品价格的关注度。

3.“双11”购物狂欢节体现的价格歧视理论

价格歧视分为一级价格歧视、二级价格歧视和三级价格歧视。“双11”活动主要体现了二级价格歧视。二级价格歧视就是商家对于商品收取的价格多少随消费者购买数量的多少而不同。在“双11”活动中，商家多采用满减形式来吸引消费者，买得越多折扣就越多，但实际上这一行为只是商家的销售策略，并没有便宜太多，反而增加了营业额。

4.消费心理研究

（1）求廉心理。“双11”购物狂欢节所售卖的商品折扣力度较大，许多平时较贵的商品在“双11”时购买比较划算，性价比相对较高，从而受到广大消费者的追捧。

（2）从众心理。临近“双11”时，铺天盖地的宣传为消费者带来一种全民消费的错觉，会使没有购买计划的消费者产生极大的从众心理。

（七）案例思考

现如今的电商时代，"双 11"引领全年购物热潮，有着举足轻重的地位，而价格作为消费者购买产品时最为敏感的因素，则是"双 11"的营销核心。但目前各个平台不断推出各类打折活动，让消费者对促销的敏感性大大降低，长期进行价格营销也会降低品牌的产品定位，使消费者在潜意识中给该品牌贴上廉价的标签。因此，价格折扣策略应当选择适当的时候，折扣力度也需要仔细考虑，否则会适得其反。在价格营销中，许多消费者会抱着多买划算的心态购买商品，导致大量的资源浪费，这一现象在捆绑定价中尤为明显。

电商兴起衍生出购物狂欢节这一产物，商家在促进消费的同时也应当注重价格营销的运用，在诚信经营的前提下进行营销，打造互惠双赢的新局面。

八、在"产品质量与消费心理"中论"3·15"曝光网购服装质量问题与消费者维权

（一）消费心理学内容

商品因素与消费心理——产品质量对服装消费者心理和行为的影响。

（二）案例目标

1. 知识目标

了解和掌握服装消费心理学的基本内容和研究方法；理解消费者的心理特征及行为规律；了解产品质量对消费心理和行为的影响。

2. 能力目标

培养学生对服装消费者心理及行为的分析能力；培养学生对服装消费案例的专业分析能力；培养学生消费者维权的能力。

3. 素质目标

培养学生运用科学的价值观和方法论分析和处理问题的能力；注重社会主义核心价值观的指导作用，提升职业素养，培养专业人才法治意识。

（三）案例知识点

（1）产品质量感知与消费心理。

（2）消费者主权理论的含义。

（3）消费者主权理论的内容及其意义。

（4）"3·15"文化及我国和谐消费环境的构建。

（四）重点与难点

1.重点

结合案例理解消费者的产品质量感知与消费心理。

处理方法：通过案例设计、案例描述、案例分析、案例思考等环节的设计，创造情境深入理解案例，分析消费者的产品质量感知与消费心理。

2.难点

分析当前我国网购消费者维权状况，引入消费者主权理论的基本内容及意义，对科学的营销策略进行研究，以科学的价值观和方法论进行理论学习和实践应用。

处理方法：深入挖掘案例问题根源，以思政指导思想帮助学生树立科学的价值观和方法论，进行正确的营销策略分析。

（五）案例描述

2021年中央电视台"3·15"国际消费者权益日晚会的主题是"提振消费，从心开始"。此外，国内知名网络消费纠纷调解平台电诉宝发起了第十届"新消费 新维权 新责任主题活动"，用户进行网络消费纠纷维权的热情高涨。在电诉宝全年受理的全国480家互联网消费平台海量用户消费纠纷案例大数据中，披露了各种社交电商典型消费投诉案例。

代女士于2020年4月26日向电诉宝投诉称自己在某电商平台购买了某品牌的衣服4件，卖家于4月28日发货，自己于5月4日收到货，拿到货后及时打开，发现商品与所拍款式不相符合，马上联系客服进行退货退款沟通，并于5月5日中午进行快递寄件。可是卖家收到货后，诬陷其恶意调包，拒绝签收，且拒绝退款。代女士多次联系客服没有结果，包裹也被退回，商家一直拿不出证据，并且否认发错货。接到用户投诉后，电诉宝第一时间将投诉案件移交该平台相关工作人员督办妥善处理，但并未收到来自被投诉平台的任何有关处理回复。

（六）案例分析

1.网购消费者维权状况的分析

通过对网络消费理论的研究和消费者消费维权动态的关注，有研究者对不同年龄段的消费者发放问卷，以反映网购消费者当前的消费和维权状况。

调查发现，消费者本身对自身权益的不重视是维权难以开展的首要因素。消费者对维权向谁主张、寻求何种证据、用何种方式等方面缺乏认识。其次，网络消费者维权的法律途径在实践中较难实施，最突出的问题是时间、金钱成本太高，法律途径太过复杂，因此消费者只能通过差评、向电商平台投诉等有限的方式来维护自己的权益。最后，网购方面的法律法规还有待完善。《电子商务法》对电子商务平台的运营做了较为详细的说明，但是在实践中，一些细节内容往往难以被立法者注意到。比如在《电子商务法》第27条中，对于经营者信息进行了规定。然而在实践中，许多个人网店并没有实名注册，更不用说提供真实完整的信息。另外，许多网店商家也没有履行及时更替信息的义务，有关部门也没有监管到位，为后期执法带来不便。

2.产品质量感知与消费心理

网络购物环境下，服装消费者在购买前的决策阶段不能直接接触产品，商品描述及购买评价决定着消费者对商品质量的判断，同时消费者会对商家的售后服务产生一定的预期，即如果购买后不满意，消费者可以根据商家提出的退换货政策及售后服务完成退换货。因此，感知商品质量及感知服务质量很大程度上影响着消费者是否购买某商品。在收到商品后，产品质量相对客观地展现在消费者面前，如果商品质量绩效低于消费者期望，就会引发消费者强烈的退货意愿。在这样的情况下，客服提供的售后服务如果能安抚消费者情绪，则会对消费者的退换货行为有所调节，此时感知服务质量对消费者退换货决策的影响会更明显。

3.消费者主权理论的含义

消费者主权诠释了市场上消费者和商品生产者关系的一个概念，即消费者根据自己的意愿和偏好到市场上选购所需的商品，将消费者的意愿和偏好通过市场传达给商品生产者，于是生产者听从消费者的意见安排生产，提供消费者所需的商品。消费者主权实质上在市场交换各主体的关系中最终具有决定性地位，该理论保证了生产者和消费者的利益都得到充分的满足和实现，有利于社会资源的优化配置，也有利于社会生产终极目的全面和真正地实现。随着市场的扩展、消费品的丰裕，消费者主权与公民权具有了同等重要的价值，从一个重要的方面丰富和深化了公民权的内涵。

4.消费者主权的基本内容

关于消费者主权的基本内容，最初主要是指美国总统肯尼迪于1962年3月15日提出的消费者四项基本权利：获得消费安全的权利、取得消费资讯的权利、自由选择商品的权利、合理申诉的权利。后来，消费者主权的内容又增加了保证生活环境质量权和索赔权。以上六项权利构成消费者主权的核心内容，围绕这些权利，还可以派生出许多具体的权利。我国《消费者权益保护法》所规定消费者的九项基本权利，即为消费者主权。

5.保护消费者权益的重要性

消费者权益保护是指消费者在购买商品和使用服务时，由社会确保其消费权利和利益的思想和行为的统称。保护消费者权益是商品经济发展到一定阶段的必然产物，是协调个体营利性和社会公益性的矛盾、保证市场经济良性运行的重要手段。保护消费者权益有利于维护社会经济秩序，完善行政执法、行业自律、群众参与的市场监管体系；有利于提高人的生存质量、生活质量及生命质量；同时也有利于社会的安定和谐，实现社会公平正义。总之，消费者权益能不能得到充分保护，是检验市场经济是否成熟、社会是否和谐的一个重要标准。

6.中国"3·15"文化与和谐消费环境的构建

目前，国内消费环境中还存在着一些不和谐的因素，例如：假冒伪劣产品屡禁不绝、价格欺诈、霸王条款、以虚假广告为代表的虚假宣传、强制交易、消费纠纷解决不及时、消费者救济不够，消费安全问题突出、保护消费者权益的法律法规不够健全、部分消费者科学消费的意识比较薄弱等。

构建和谐消费环境是人类社会经济发展的客观要求，也是建设社会主义和谐社会的重要内容。"和谐消费环境的内涵包括完备的消费者权益保护法律体系、完善的社会维权机制、经营者具备诚实守信公平交易的经营道德、消费者具有科学理性的消费素质、全社会的消费信息有畅通的沟通渠道五个方面。"这些方面都构成了中国"3·15"文化的价值目标。以构建和谐消费环境为重点，努力建立一个公平与公正的消费环境，卓有成效地推进社会主义和谐社会的建设历程是"3·15"文化肩负的历史使命。

7."3·15"文化引领下帮助消费者找回诉讼维权的自信

法律问题从一开始就不仅是法律问题，也是文化问题。消费者权益的法律保护必须依赖良好的消费者权益保护法律文化，注重事实和法理的判断和衡量，以事实为依据，以法律为准绳，维护消费者的合法权益。在此引领下，广大消费者能够主动依法维权，通过合法的诉讼程序打击各种侵权行为。

近年来，在"3·15"文化的引领下，中国消费者的依法维权行动进步神速，硕果累累，消费者依法维权的意识大大增强，越来越多的消费者开始觉醒，知法、学法、用法，不仅有力地维护了自身的合法权益，而且极大地繁荣和普及着中国"3·15"法制文化。

（七）案例思考

1.商家增强质量安全意识

商家的入驻机制有待加强，需要通过不断完善相应的法律法规来严格管控商家以及其他收集个人信息的企业对用户信息的使用，相关监管部门和有关平台需要合作监督和管理商家对消费者的信息使用情况。所以保护消费者信息还需法律、监督部门和各大平台相互合作，为消费者保驾护航，营造安全的网络环境。

2. 消费者增强法律意识

根据中华人民共和国《消费者权益保护法》相关条款，网络消费者享有安全权、知情权、自主选择权、公平交易权、求偿权、结社权、受教育权、受尊重权和监督权。大多数消费者都不是很了解相关权益有哪些，而这些权益中最容易被商家或企业侵犯的就是知情权。消费者与商家的信息不对称、交易不够诚信、存在隐瞒现象等问题，所以消费者无法真正全面了解商品的信息。消费者应用法律武器维护自身的合法权益，加大消费者权益保护的相关法律宣传，使更多消费者了解相关法律。

3. 丰富维权渠道

传统的维权方式主要有协商、调解、申诉、仲裁和起诉。一般的维权顺序是：与经营者协商和解、拨打12315请求消费者协会调解、向有关行政部门进行申诉、仲裁机构仲裁、向人民法院提起诉讼。当消费者的权利受到侵害时，大部分消费者往往只会采取第一步进行维权，但得到的结果大都不满意。

针对此类问题，建议增加维权渠道，比如新媒体渠道、公众号渠道和短视频渠道等。这些渠道对于消费者而言较为便利，方便解决维权难、维权效率慢等问题，而且其最大特点是影响范围广。无论是传统的维权方式还是创新的维权方式，我们都应主动保护自身相关利益，莫让不良商家继续侵犯正当利益。

第四节　实践目标

在中国自主品牌服装研发的案例教学中，使学生了解提升品牌核心竞争力，需要踏实奋进与科学技术并重、与时俱进开拓创新的精神。中国文化在服装自主品牌建设中的体现，需要年轻一代服装人继续传承与发扬。在服装品牌文化中融入中国传统文化精髓，激发消费者的情感消费，将中国服饰文化发扬光大，是中国自主服装品牌建设的目标。通过学习，培养学生的爱国情怀、民族自信、文化自信，作为一名继往开来的服装新人继续奋发学习，增长技能。

服装业的创新可以从科技、品牌、绿色、人才等多方面进行。其中，创新和发明一直是推进世界科技进步的重要力量。科技创新是实现经济高质量发展的战略支撑和根本要求，也是行业发展的根本驱动力。通过培养学生的创新思维意识，使其通过专业学习后具备服装设计、生产等方面的创新思维能力和实践能力，从而提升服装消费市场水平。面对知识经济的挑战，善于学习，敢于实践，善于团结合作和自我挑战。培养学生的科技创新意识，发挥科技创新支撑引领作用，通过科技赋能，不断提高服装消费市场的科技含量。

随着服装个性化和品质需求的提升，服装定制受到消费者的青睐，服装新产品设计中，结合定制模式，可为消费者提供选材更加独到、做工更加精良、细节更加完美的服装。服装定制各环节都离不开服装研发人员精益求精、一丝不苟的工匠精神，满足消费者的求美心理和高层次需求。通过学习，使学生牢记细节决定成败，培养严谨、追求卓越的工匠精神。

消费者在服装购买活动中的各种心理反应都与商品价格密切相关，受商品价格心理功能的影响。商品价格在一定程度上体现了商品价值的大小和质量的高低，是衡量商品价值的功能，而对于物超所值的商品，消费者会产生冲动购买的消费心理。此外，价格还象征着消费者的社会经济地位，消费者在购买商品时，通过想象和联想，把商品价格与兴趣爱好、生活品质、价值观、文化品位等联系起来，以满足自身的社会心理需求。因此，奢侈品品牌往往利用涨价的营销方式来刺激消费需求。不正当的价格竞争会扰乱市场秩序，也会误导消费者购买不需要或者不值得的商品。在相关教学案例的学习中，使学生了解商品价格的功能以及对消费者心理的影响，理解价格的心理功能，树立诚信价值观，维护服装消费市场稳定发展。

在服装新产品研发、设计、命名和包装中，既要明确性能和功能需求，又要关注消费者对服装商品的美学需求。学生在学习过程中，应注重对自身艺术与科学素养的协同培养，养成艺工融合的思维方式。培养学生对社会美的正确观点和感受社会美的能力，通过工程和艺术的融合、逻辑思维和情绪体验的结合，顺应服装市场和消费需求的发展趋势，应对新时代挑战，更好地服务人民群众。

商品名称是企业借用语言文字对商品的主要特征概括反映的称号。商标设计是确定优化性商标的创造劳动。商品命名用文字、图案表示出来就是商标。它不仅是消费者借以识别商品的主要标志之一，而且是引起消费者心理活动的特殊刺激物。品牌商标及商品命名受法律保护，商标能给商品做宣传，使消费者易于识别确认，引起兴奋、欣赏，诱发联想和想象。在设计商标时要根据市场特点、经营方式、销售对象、传播媒体的特点，运用不同的策略，以便在消费者心中产生声望，变成无形的巨大财富。通过学习，使学生了解商标及商品命名的原则和作用，理解商标侵权造成的严重后果和法律责任，培养产权保护意识。

近年来，一些国际品牌的服装屡屡曝出存在质量问题。一方面，随着直播带货模式的普及，网购服装质量问题与消费者维权困难情况也频繁曝光，同时服装存在的安全隐患问题也备受关注，影响了服装消费市场的稳定和消费者的信心。另一方面，求真务实的模范企业也为坚守服装质量安全做出了表率，赢得了消费者信赖和良好的市场口碑，促进了企业良性发展。通过案例的讲解，使学生了解忽略质量安全问题的危害以及注重质量安全的重要意义。培养学生的质量安全意识，具备消费维权的知识和能力，传播正能量，让大众认识到服装质量安全的重要性。

智能服装的兴起是需求个性化及产业互联网发展的必然产物，它在满足服装功能性需求和穿着安全性的基础上，从增强绿色环保理念、完善功能差异化等方向进行设计研发，运动和医疗是目前智能服装的主要应用领域，极具市场前景。智能服装研发离不开科技助力，将科技与服装产业相结合，通过案例讲解，引导学生了解服装行业发展的未来趋势，从而激发学生在服装消费市场研究中引入科技创新的灵感，深刻意识到科技是第一生产力的重要性。

服装产品的创新设计主要体现在工艺和技术的创新、审美的创新以及设计理念的创新。服装产品的创新设计，应在注重款式变化多样的同时，与服装设计新理念相结合，在捕捉国际时尚潮流的同时，立足中国传统文化，把握当代多元化的审美倾向及功能需求，不断从设计理念、工艺技术、款式和材料上寻求创新和突破。在相关教学案例学习中，应培养学生的差异化创造思维、探索式创新思维，从而培育出高素质的专业人才。

品牌是一个国家政治、经济、文化和社会发展到一定阶段的历史产物，是一个国家或民族综合竞争力的高度体现。品牌文化在本质上担当起了国家图腾和民族富强的社会重任与历史使命。通过案例讲解和视频播放，重塑学生对本土品牌的认同感，培养学生的品牌自信意识。

思考题

1.阐述新产品设计的心理策略。

2.新产品研发中需要注意什么？

3.阐述新产品消费者的分类与特征。

4.阐述包装的内涵与功能。

5.分析消费者购买山寨产品的心理原因。

6.说明服装品牌命名要素。

7.说明常见的定价策略与消费心理。

8.为保护消费者权益，服装企业及消费者有何有效举措？

扫码可见
思考题答案

第八章

在"营销因素与消费心理"中的思政案例设计

📖 **课题内容：**

1. 思政解读

2. 教学设计

3. 案例设计

4. 实践目标

⊙ **课题时间：** 4 课时

◎ **教学目的：**

1. 知识目标：了解营销环境对消费心理和行为的影响；了解陈列对消费心理和行为的影响；了解橱窗设计对消费心理和行为的影响；了解营销体验对消费心理和行为的影响；了解营销模式对消费心理和行为的影响；了解营销信息对消费心理和行为的影响；了解营销服务对消费心理和行为的影响。

2. 能力目标：培养对服装消费者心理及行为的分析能力；培养对服装消费案例的专业分析能力。

3. 素质目标：培养运用科学的价值观和方法论分析和处理问题的能力，提升职业素养，培养和谐友善营销价值观。

📊 **教学方式：** 市场调查法，现场教学法。

✎ **教学要求：** 解读服装消费案例，剖析案例背后的消费心理。分析各种消费者的心理活动过程，理解对消费行为的积极与消极影响。以思政指导思想提升案例理解高度和深度，掌握科学的价值观和方法论，培养分析和处理问题的专业能力。

👥 **课前（后）准备：**

1. 课前进行相关案例资料的搜集整理、章节心理学知识点预习、相关概念理解。

2. 课后完成配套练习、案例视频的学习，结合专业技能培养目标进行课程实践。

第八章　营销因素与消费心理PPT

第一节　思政解读

一、思政要点

在"营销因素与消费心理"中的思政体现为职业道德和规范、管理创新精神、诚信价值观、树立友善和谐价值观、树立公正法治价值观、科技服务与时尚服务、立足新格局。

二、思政内容

（一）职业道德和规范

职业道德是与人们职业活动紧密联系的，符合职业特点要求的道德准则、道德情操与道德品质的总和，它既是对本职人员在职业活动中的行为标准和要求，又是职业对社会所负的道德责任与义务。本章通过使学生了解服装营销因素与消费心理，能够在一定程度上认识服装营销中相关从业人员的职业要求和营销技巧。服装经营活动的进行需要从业者在工程实践中理解并遵守工程职业道德和规范，履行责任。

（二）管理创新精神

管理创新不仅体现在更新岗位设计和工作流程，更体现在对经营观念、经营战略、组织结构、激励和约束制度、组织行为、管理规范、管理方法和管理技术以及在企业文化整合上进行系统性的调整。学生是企业管理人才的后备力量，培养学生的创造性思维，使管理工作更有合理的前瞻性和科学性，让学生敢于面对知识经济的挑战，善于学习，敢于实践，善于团结合作和自我提升。

（三）诚信价值观

诚信是社会主义核心价值观从公民个人层面提出的价值准则，是公民基本道德规范。它涵盖了公民道德行为各个环节，贯穿了社会公德、职业道德、家庭美德、个人品德各方面，是每一位公民都应当树立的道德规范和价值追求，也是评价公民道德行为准则的基本价值标准。诚信是市场良性发展和稳定运营的根本，也是企业的立身之本、立业之本、发展之本，需要每一个公民践行诚信价值观，树立规则意识，尊重事实，信守诺言，内诚于心，外信于人。

（四）树立友善和谐的价值观

友善既是高尚的个人美德，又是重要的公民道德规范，在维系社会成员之间的和谐关系中扮演着不可或缺的作用。在市场经济运转过程之中，竞争压力不可避免地带来人际关系的紧张，各种社会矛盾凸显，而培育和践行社会主义友善价值观，无疑能为缓解社会矛盾、维护社会良序、促进社会和谐提供坚实的价值基础。

古希腊哲学家亚里士多德把友爱分为善的友爱、有用的友爱和快乐的友爱三种，认为善的友爱才是稳定、持久、值得人们追求的。在这一意义上，友善意味着人们对于他人的自我道德投射，即发现他人与自我的道德相似性。对他人的友善本质上是对于其所具备的优秀品质的推崇。就此而言，友善的发生基于人们对于美德的追求。在我国的传统文化中，友善也表现出了与亚里士多德相似的内涵。孔子提出"仁者爱人"，孟子则强调与人为善，其内涵都在于以善为原则帮助、成就他人。因此，友善不是建立人际关系的技巧，而是人与人之间为了实现友善价值的相互促进和帮助。作为公民道德规范的友善，本质上是指友好善良的公民伦理关系和公民秩序。

在中国，和谐自古以来就是中华文明遵循的核心价值理念。和谐被视为万事万物存在的根据和发展的动因。据《国语·郑语》载，西周末年，著名思想家史伯就说过："夫和实生物，同则不继。以他平他谓之和，故能丰长而物归之。""和"即不同、差异，是万物生存、发展的基础，"同"即简单的同一，不能产生任何新的东西。所以，《荀子》说："万物各得其和以生，各得其养以成。"可见，"和"既是万物"生"的根据，也是万物"成"的"达道"。培育和践行、弘扬社会主义核心价值观，一方面要善于继承和发扬中华民族优秀文化传统中蕴含的和谐价值理念；另一方面，要遵循培育社会主义核心价值观的一般规律，做到内化于心，外化于行。此外，还要将培育和弘扬社会主义核心价值观和构建和谐社会的实践结合起来。

树立消费者、企业及行业友善和谐的价值观是服装消费市场正常平稳运行和良性积极发展的重要保障，也是建设资源节约型、环境友好型社会，统筹人与自然关系，促进可持续发展的重要举措。

（五）树立公正法治价值观

公正、法治是社会层面的价值内涵，与社会建设息息相关。公正即公平正义，是在处理利益关系中，所享受权利和承担义务协调统一；法治即遵纪守法，维护社会秩序，法律面前人人平等。如果衡量一个国家的法治文明程度，公开公正无疑是核心要素之一。用公开促公正，与其说是一种必要的程序保障，不如说是社会主义法治精神的文化建设，这既需要用社会主义核心价值观来衡量，也有助于全民形成对核心价值的基本共识。法治是人类政治文明的重要成果，是现代社会的基本框架。大到国家的政体，小到个人的言行，都需要在法治的框架中运行。法治反映了人类文明社会法律制度成长与变迁的基本目标，体现了社会主体从事法治改革的价值理想。中国特色社会主义法治理论是中国特色社会主义理论体系的重要组成部分，是人类法治理论的最新成果。它深刻回答了社会主义法治的本质特征、价值功能、内在要求、基本原则、发展方向等重大问题，对什么是社会主义法治、如何依法治国、如何建设社会主义法治国家和中国特色社会主义法治体系等一系列根本性问题形成系统认识，具有鲜明的理论品格、时代特征及重大的现实意义和历史意义。

树立公正、法治的价值观是服装消费市场正常平稳运行和良性发展的重要保障，也是维护消费者合法权益，维护市场秩序和社会诚信的重要手段。

（六）科技服务与时尚服务

科技服务是通过社会组织或者成员相互提供方便的一种活动类型。时尚消费是营销心理学研究的一个热点和难点，时尚价值是消费者追求的基本价值之一，当时尚成为企业发展的基本策略，把握时尚规律、深挖时尚之源、进行时尚设计、发展时尚的市场策略将变得十分重要。因此，在对未来的时尚消费预测中，营销心理方案也必然日趋完善和系统理论化。企业必须分析当前时尚的特点，把握消费者的心理，从而设计出适合市场的时尚产品；研究消费者信息和时尚信息、科技成果信息，并将信息最终纳入产品，进而夺取市场，赢得消费者青睐。

为消费者提供科技服务、时尚服务是服装营销管理创新的重点。从消费者需求出发，与时俱进，研发科技赋能的新产品，提供科技服务，提升产品的体验性、实用性以及功能性，提升科技服务、人性化服务质量。培养学生管理能力及创新精神，为专业领域新技术新应用研究培养具备创新思维的人才。

（七）立足新格局

随着我国国民经济水平的不断发展，国民消费水平也加速升级，传统服装产业加速升级专业化分工，市场分工细化造就了今天服装产业及上下游全产业链的布局调整。目前以服装制造加工业为核心形成了包含其在内的发展"四大新领域"：①以新型科技面料辅料为前端形成的专业化交易市场领域；②依托创意设计融合植入智能设备形成的新型服装智慧制造领域；③传统线下贸易与线上电商新零售融合，以超级客户（用户）为导向的服装交易领域；④结合服装物流配送辅助为基础的万物互联网领域。服装新的营销模式应满足服装生产者、经营者、运输者、消费者等各类人群多维度需求，引领新格局，共创新未来。

第二节　教学设计

一、导入方式

采用市场调查法，这种方式是指通过实地观察或网络调查、研究和学习，从而获得新知识或巩固已学知识的教学方法。学生在了解市场调查方法以及在实际工作中应用的同时，还能培养口才表达、协调沟通、与人相处能力、理解能力、组织策划能力、逻辑思维能力、创新能力、决策能力等社会能力。通过市场调查增加课程的实践基础，使学生对所学内容有初步了解，提高课程教学的流畅性和丰富性。

二、教学方法

教学方法为现场教学法，这种方法是以现场为中心，以现场实物为对象，以学生活动为主体的教学方法，通过对现场事实的调查、分析和研究，提出解决问题的方法，或总结出可供借鉴的经验，从事实材料中提炼出新观点，从而提高运用理论知识认识问题、研究问题和解决问题的能力。该方法具有直观性、参与性、互动性和趣味性的特点。

三、过程设计

（一）案例一

1.案例名称

在"营销环境与消费心理"中论线下各规模服装零售模式的优劣。

2.设计思路

本案例设计思路如下。

（1）从服装零售模式调研入手。

（2）分析各种零售模式的优劣。

（3）引入营销环境的概念。

（4）分析营销环境对消费心理的影响。

（5）分析线下服装零售要素。

3. 设计内容

案例过程设计中的步骤及内容见表8-1。

表8-1 在"营销环境与消费心理"中论线下各规模服装零售模式的优劣课程过程设计

设计步骤	设计内容
市场调查	服装零售模式调研
现场教学	分析各种零售模式的优劣
提出问题	线下零售模式的不足与展望
概念理解	营销环境的概念
案例分析	营销环境对消费心理与行为的影响
案例思考	各种线下服装零售模式如何制订科学的营销策略；分析营销环境对服装零售积极和消极的影响，对消费心理和行为的影响及原因
策略研究	营销环境的内涵；服装线下零售消费行为研究；营销策略研究
知识点总结	服装零售模式；零售模式对消费心理与行为的影响；线下各规模服装零售模式的优劣；线下服装零售要素

（二）案例二

1. 案例名称

在"陈列与消费心理"中论各类服装品牌的陈列法则。

2. 设计思路

本案例设计思路如下。

（1）先调研服装品牌的陈列法则。

（2）分析各个品牌陈列的特点。

（3）引入商品陈列的法则。

（4）分析商品陈列背后的消费心理。

（5）理解商品陈列的意义和作用。

（6）分析如何更好地设计陈列方式。

3. 设计内容

案例过程设计中的步骤及内容见表8-2。

表8-2 在"陈列与消费心理"中论各类服装品牌的陈列法则课程过程设计

设计步骤	设计内容
市场调查	服装品牌的陈列法则
现场教学	分析各个品牌陈列的特点

设计步骤	设计内容
提出问题	商品陈列的意义和作用
概念理解	商品陈列的法则
案例分析	商品陈列背后的消费心理
案例思考	如何根据服装商品类别更好地设计陈列方式；分析商品陈列如何影响消费者决策过程及其心理和原因
策略研究	运用商品陈列进行营销的内涵；消费行为研究；营销策略研究
知识点总结	商品陈列的概念；陈列对消费行为的影响；陈列与消费心理的关系及营销策略

（三）案例三

1.案例名称

在"橱窗设计与消费心理"中论"之禾"的陈列创意。

2.设计思路

本案例设计思路如下。

（1）由"之禾"的橱窗陈列调研入手。

（2）分析服装品牌橱窗设计理念。

（3）橱窗的概念及橱窗设计的要素。

（4）分析橱窗设计背后的消费心理。

（5）分析如何更好地利用橱窗设计提高客户黏性。

（6）橱窗设计策略研究。

（7）探索服装品牌橱窗设计要素。

3.设计内容

案例过程设计中的步骤及内容见表8-3。

表8-3 在"橱窗设计与消费心理"中论"之禾"的陈列创意课程过程设计

设计步骤	设计内容
市场调查	"之禾"橱窗陈列
现场教学	"之禾"橱窗陈列的设计亮点
提出问题	服装品牌橱窗设计理念有哪些
概念理解	橱窗的概念及橱窗设计的要素
案例分析	橱窗设计背后的消费心理
案例思考	如何更好利用橱窗设计提高客户黏性；举例说明如何根据服装品牌文化和理念进行橱窗陈列设计

设计步骤	设计内容
策略研究	橱窗设计的内涵；橱窗设计与消费行为研究；营销策略研究
知识点总结	橱窗的概念及橱窗设计的要素；橱窗设计对消费心理与行为的影响；陈列创意的内涵及营销策略；品牌橱窗设计要素

（四）案例四

1.案例名称

在"营销体验与消费心理"中论家居用品的体验式购物模式。

2.设计思路

本案例设计思路如下。

（1）由家居用品的体验式购物模式调研入手。

（2）引入体验营销的概念与特征。

（3）分析体验式营销与消费心理。

（4）探索体验式营销要素。

（5）分析以人为本科学发展的体验式营销策略。

8-1 体验式营销与消费心理视频

3.设计内容

案例过程设计中的步骤及内容见表8-4。

表8-4 在"营销体验与消费心理"中论家居用品的体验式购物模式课程过程设计

设计步骤	设计内容
市场调查	家居用品的体验式购物模式
现场教学	分析家居用品体验式购物模式的要素
提出问题	体验式购物满足了哪些消费需求
概念理解	体验营销的概念与特征
案例分析	分析体验式购物模式背后的消费心理
案例思考	如何做好体验式营销策略；在体验式营销中如何做到以人为本科学发展
策略研究	体验营销的内涵；基于体验营销的消费行为研究；营销策略研究
知识点总结	体验营销的概念；体验因素对消费心理与行为的影响；体验营销的内涵及其要素；体验式购物营销策略要点

（五）案例五

1.案例名称

在"营销模式与消费心理"中论"太平鸟"线上线下协同新营销模式。

2.设计思路

本案例设计思路如下。

（1）由太平鸟线上线下协同新营销模式调研入手。

（2）分析该营销模式的优势。

（3）引入营销模式的概念和特点。

（4）分析该营销模式背后的消费心理。

（5）分析新时代服装品牌该如何进行营销策划。

3.设计内容

案例过程设计中的步骤及内容见表8-5。

表8-5　在"营销模式与消费心理"中论"太平鸟"线上线下协同新营销模式课程过程设计

设计步骤	设计内容
市场调查	太平鸟线上线下协同新营销模式
现场教学	分析该营销模式的优势
提出问题	该营销模式成功的关键因素是什么
概念理解	营销模式的概念和特点
案例分析	分析该营销模式背后的消费心理
案例思考	新时代服装品牌该如何进行营销策划
策略研究	营销模式的内涵；服装消费心理与行为研究；新营销模式研究
知识点总结	营销模式的基本概念与形式；营销模式对消费心理与行为的影响；协同营销的内涵及营销策略；新时代服装品牌营销模式的建设要素

（六）案例六

1.案例名称

在"营销信息与消费心理"中论"海澜之家"的POP广告设计。

2.设计思路

本案例设计思路如下。

（1）由"海澜之家"的POP广告设计调研入手。

（2）分析广告设计与消费行为。

（3）引入POP的概念及其特点。

（4）分析广告设计背后的消费心理。

（5）分析如何正确地制订广告策略。

（6）总结服装广告策略要素。

8-2　营销信息与消费心理视频

3.设计内容

案例过程设计中的步骤及内容见表8-6。

表8-6 在"营销信息与消费心理"中论"海澜之家"的POP广告设计课程过程设计

设计步骤	设计内容
市场调查	"海澜之家"的POP广告设计
现场教学	分析POP广告设计的内涵
提出问题	广告设计与消费行为间的联系有哪些
概念理解	POP广告的概念及其特点
案例分析	广告设计背后的消费心理
案例思考	如何科学地制订广告策略;分析通过广告营销产生的积极和消极的消费行为及广告策略要素
策略研究	广告营销的内涵;广告营销的消费行为研究;营销策略研究
知识点总结	POP广告的概念与特征;广告营销对消费行为的影响;广告营销的内涵及营销策略;服装品牌投放广告要素

(七)案例七

1.案例名称

在"营销服务与消费心理"中论电商服装品牌售后服务举措。

2.设计思路

本案例设计思路如下。

(1)由电商服装品牌售后服务典型举措调研入手。

(2)分析售后服务对消费心理与行为的影响。

(3)引入售后服务的内容与举措。

(4)分析消费者青睐优质消费服务背后的消费心理。

(5)分析如何利用售后服务塑造品牌形象。

(6)营销服务的内涵及策略。

(7)电商服装品牌优质售后服务的要素。

3.设计内容

案例过程设计中的步骤及内容见表8-7。

表8-7 在"营销服务与消费心理"中论电商服装品牌售后服务举措课程过程分析

设计步骤	设计内容
市场调查	电商服装品牌售后服务典型举措
现场教学	分析服装品牌优质售后服务的特点及其作用
提出问题	售后服务对消费心理与行为有哪些影响

设计步骤	设计内容
概念理解	售后服务的内容与举措
案例分析	消费者青睐优质消费服务背后的消费心理
案例思考	如何利用售后服务营销塑造品牌形象；如何提升电商服装品牌售后服务质量
策略研究	营销服务的内涵；电商服装品牌售后服务策略
知识点总结	售后服务的内容与举措；服务因素对消费心理与行为的影响；营销服务的内涵及营销策略；电商服装品牌优质售后服务的要素

第三节　案例设计

一、在"营销环境与消费心理"中论线下各规模服装零售模式的优劣

（一）消费心理学内容

营销因素与消费心理——营销环境与消费心理。

（二）案例目标

1.知识目标

了解和掌握服装消费心理学的基本内容和研究方法；理解消费者的心理特征及行为规律；了解营销环境对消费心理和行为的影响。

2.能力目标

培养学生对服装消费者心理及行为的分析能力；培养学生对服装消费案例的专业分析能力；培养学生对不同类型消费者和商品制订合理的营销策略的能力。

3.素质目标

培养学生运用科学的价值观和方法论分析和处理问题的能力，提升职业素养，培养和谐友善的营销价值观。

（三）案例知识点

（1）服装零售模式。

（2）零售模式对消费心理与行为的影响。

（3）线下各规模服装零售模式的优劣。

（4）线下服装零售要素。

（四）重点与难点

1.重点

结合案例理解营销环境对消费行为的影响。

处理方法：通过案例设计、案例描述、案例分析、案例思考等环节的设计，创造情境深入理解案例，分析营销环境对消费心理及行为的影响。

2.难点

运用思政内容分析线下服装零售面临的挑战以及发展的关键要素，对科学的营销策略进行研究，以科学的价值观和方法论进行理论学习和实践应用。

处理方法：深入挖掘案例问题根源，以思政指导思想帮助学生树立科学的价值观和方法论，进行正确的营销策略分析，探索线下服装零售发展之路，促进线上线下服装和谐营销。

（五）案例描述

线下零售业发展至今已经形成成熟的零售模式。随着科技的发展，电子商务模式兴起，零售行业面临着巨大挑战，无论是实体店还是电子商务都有自身的弊端。对各种规模零售模式的分析可以让越来越多的商家意识到整合双渠道营销环境的重要性。

（六）案例分析

1.服装零售模式

（1）传统零售模式。在传统的服装零售模式中，服装产品会经过多个环节，包括服装加工商、服装制造商、服装批发商、服装零售商等，最后到达消费者手中。传统零售模式主要包括百货店、超市、专卖店、购物中心等。

①百货店：最先兴起的线下零售模式，店内商品种类丰富多样，且信誉度高，质量有一定保证，经营形式是将各类商品摆放在柜台上供消费者选购，一般配有专门的销售人员对产品进行介绍与销售，服务较好（图8-1）。

图8-1 服装传统零售模式——百货店

②超市：最初主要销售日用品，满足大众需求，后来形成服装专营超市，商品种类多，价格低廉，以自主选购的形式深受消费者青睐（图8-2）；

图8-2　服装传统零售模式——超市

③专卖店：是一种专门经营某一品牌的零售模式，更加专业化与个性化，可为消费者提供优质的服务，是品牌线下零售的一种重要形式（图8-3）；

图8-3　服装传统零售模式——专卖店

④购物中心：是集购物、休闲、娱乐餐饮于一体的综合场所，满足了大众多样化的消费需求，成为如今最为火热的零售模式（图8-4）。

图8-4　服装传统零售模式——购物中心

（2）与线下互补引流的线上模式。线上零售模式是一种新的服装零售方式，网络成为服装电子销售的主要场所。电子销售在很大程度上打破了地域的限制，使得跨地域的交易成为可能。服装电子销售最大的特点是，商家和消费者直接交易，省去了较多的中间环节，为商家和消费者提供了极大的便利。

2. 零售模式对消费行为的影响

在经营活动中，线下零售环境、招牌设计、门店风格、内部装潢、商品陈列等营销环境因素都是给消费者留下第一印象的事物。不同的印象会引发消费者不同的情绪体验，从而改变购买心理，影响着购买决策的执行。

在如今"泛娱乐化"日益兴起的时代，购物中心这种休闲娱乐性质的零售模式有着得天独厚的优势，人们往往会在玩乐之余经过购物中心内的各品牌门店，而门店通过营销广告等形式可以在消费者心里留下模糊记忆，即使没有购买计划的消费者也可能会被某件商品吸引。

此外，品牌专卖店有着传达品牌理念、塑造品牌形象的作用，因此其服务营销有更大的优势。在专卖店内有专业的服务人员可以随时解答顾客问题，为顾客提供多样化的服务。更加注重品牌质量与服务体验的消费者往往会首选专卖店。

3. 线下零售模式的不足与展望

在互联网不发达的时候，消费者的消费行为只能在线下进行，实体店就有着不可替代的优势，而如今购物方式发生了巨大的变化，实体零售商也面临着一些问题，如广告营销渗透力度不够、受时间和空间的限制、种类有限等。消费群体较为固定，处于一种被动的营销环境。

在此背景下，新零售应运而生。新零售是一种新兴的零售模式，它并不是一种全新的零售业态，只是在零售技术飞速发展的背景下为了顺应零售业发展新趋势而产生的一种区别于传统零售业和网络零售业的零售模式。新零售是运用云计算、大数据等新技术，对传统零售业和网络零售业加以创新、升级的一种零售模式，目的是实现线下门店和线上纯电商的升级改造以及融合发展，最终将产品和服务更好地展示给消费者，满足他们的个性需求，实现场景化零售。这样就实现了线上线下双线融合，整合了双线资源，赋予线下零售店更多体验的功能。线上店铺则承担选购的作用，借助广告的快速传播营造出更好的营销环境，增强线上推广力度，提供商品信息，实现利润最大化。

线下零售的转型应当注重以人为本的客户体验，打造口碑营销，通过多种途径加快转型，优化服务人员管理，提升专业素养。

4. 新零售环境下的消费心理

（1）积极消费。在营销媒介的广泛传播下，人们的消费心理和意识变得更加积极，在各类"种草"、直播营销的环境下，极易做出购买决策。

（2）非理性消费。网络平台的及时性与互动性，诱导了消费者的购物欲望，在线下零售中的体验环境可以让消费者置身于购物的情景之中，通过人性化、互动化、感性化的方式调动消费者的购买欲望，通过场景设置改变营销环境，影响消费者在购物过程中的决策判断。

（七）案例思考

营销环境的改变对于消费者来说是一种更好的体验，通过商家的营销手段，无论是在线下零售还是通过线上零售，都能够更好地满足其追求便捷、性价比、个性化的心理，在享受优质服务的同时进行高效消费。但同时，消费者也应当理性对待商家的营销策略，避免受营销环境的影响而导致非理性消费。

对于商家来说，线下传统零售的转型是一条全新的道路，实体零售业应当积极开展线上业务，构建电商平台，利用新兴技术加速转型升级，基于自身的优势，进一步满足消费者的购物需求；同时也应当注重自身品牌形象的塑造，提高服务质量，在发展线上业务的同时要不断延伸线下业务，注重营销媒介的传播效应，提高引流能力。

二、在"陈列与消费心理"中论各类服装品牌的陈列法则

（一）消费心理学内容

营销因素与消费心理——陈列与消费心理。

（二）案例目标

1. 知识目标

了解和掌握服装消费心理学的基本内容和研究方法；理解消费者的心理特征及行为规律；了解陈列对消费心理和行为的影响。

2. 能力目标

培养学生对服装消费者心理及行为的分析能力；培养学生对服装消费案例的专业分析能力；培养学生对不同类型消费者和商品制订合理营销策略的能力。

3. 素质目标

培养运用科学的价值观和方法论分析和处理问题的能力；注重社会主义核心价值观的指导作用，提升职业素养，培养专业人才的职业素养。

（三）案例知识点

（1）商品陈列的概念。

（2）陈列对消费行为的影响。

（3）陈列与消费心理的关系及营销策略。

（四）重点与难点

1. 重点

结合案例理解门店陈列对消费行为的影响。

处理方法：通过案例设计、案例描述、案例分析、案例思考等环节的设计，创造情境深入理解案例，分析门店陈列对消费心理及行为的影响。

2. 难点

运用思政内容分析不同款式服装陈列的法则以及营销的关键要素，对科学的营销策略进行研究，以科学的价值观和方法论进行理论学习和实践应用。

处理方法：深入挖掘案例问题根源，以思政指导思想帮助学生树立科学的价值观和方法论，进行正确的营销策略分析。

（五）案例描述

陈列是线下服装门店营销最有效的手段之一，为了促进产品营销与传播品牌文化和主打风格，需要借助视觉传达、广告营销学、人体工程学等多门学科的理论知识来协助完成。经过科学规划和精心设计的店铺陈列，能提高门店布局陈设的档次，增加产品的附加值，重点是能够吸引消费者，提高沉浸体验，促进产品的销售。只有与陈列产生互动，顾客才能通过视觉接触对产品有初步的认识，从而产生购买欲望。可以说，商品陈列是一个门店视觉营销中最关键的一坏，有着举足轻重的地位。每一个品牌的陈列都应与其产品定位相结合，形成独特的风格，让顾客通过陈列设计来为品牌风格贴上标签。

（六）案例分析

1.服装陈列典型方案

（1）仓储式陈列。形成整齐划一的陈列风格，主题式集聚陈列，搭配推荐式陈列与棚板区上叠下挂或上挂下叠式陈列相结合，让顾客能够迅速找到想要的商品（图8-5）。

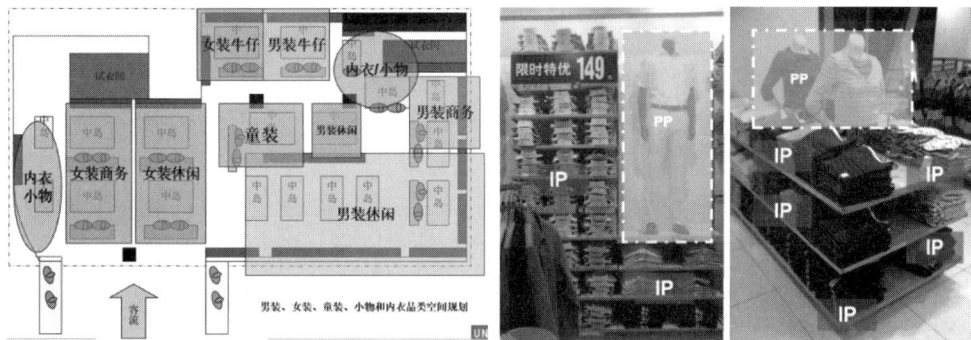

图8-5　仓储式陈列

（2）场景式陈列。按照不同的牌内定位分类区域，每个区域有几组板块，每个板块单位里都有一个服饰上下装正侧挂的搭配方案，每次上新是每个板块内调动陈列，形成时尚又不失大气的陈列风格，以色彩搭配法和均衡法为陈列形态，陈列主题一般以促销或节日氛围为主（图8-6）。

图8-6　场景式陈列

（3）连带陈列法。将不同的商品进行搭配，以套装的形式进行展示，整体陈列风格以优雅时尚为主（图8-7）。

图8-7　连带陈列法

（4）情景式陈列。营造出古典的中式奢华陈列风格，以人体模特与展台组合展示，整体基调为白色（图8-8）。

图8-8　情景式陈列

2.陈列技法设计

所谓服装陈列，是以服装为主题，利用不同服装的款式、品种、面料、颜色、特性等方面，通过特定的艺术手法展示出来，突出商品的特色及卖点，吸引顾客的注意，从而最大限度地引起顾客的购买欲望。服装陈列是商品陈列中的一个分类，决定着服装品牌整体店面的形象，也可以说是一种摆放的艺术，是传递到顾客眼中最前沿的形象。商品陈列是视觉营销的重要组成部分，包括重点商品陈列（PP）和单品陈列

（IP）。根据门店空间面积可以组合搭配，合理利用。

重点商品陈列是吸引消费者视线的主要区域，一般设置在展柜、展台、模特等消费者最容易驻足观看的地方，是店铺推广重要产品的主要途径。

单品陈列以商品摆放为主，一般采用叠放和挂放的方式，是最主要的营销点。单品陈列一般要做到既能够吸引消费者的注意，又能摆放和展示更多的单品，做好分类。

重点商品陈列和单品陈列二者结合，则能表现出强大的联动效果，消费者在重点商品陈列处注意到产品展示效果，同时很快就能在单品陈列处找到同款并进行试穿，能够促进消费者的购买决策。

商品陈列的主要方法有叠放式陈列、挂式陈列、平铺式陈列、模特陈列、组合陈列、主题陈列和场景陈列等。不同的陈列方式呈现出的视觉效果是不同的。

3.服装陈列的意义

服装陈列是将多种产品集中陈列展示给消费者，使产品最大限度地展现其特色。借助颜色搭配和道具配合设计的陈列方式是心理学与艺术的集中体现，达到视觉营销的效果，给予消费者更加丰富的情感体验。单一产品和统一色调的商品大面积陈列可以给消费者呈现强烈的视觉冲击，引起顾客注意。根据消费者行走路线设置的服装陈列可以增加产品与消费者的接触机会，辅助体验式营销策略的实现。同时，陈列也是向顾客展示产品风格和塑造品牌形象的途径，陈列风格能够激发消费者对品牌形象的共鸣，使品牌形象更加深入人心。

4.消费心理研究

服装陈列与心理学和行为学息息相关。例如，大多数消费者在生活中都习惯使用右手，所以一般商铺都会将主打产品和当季新品摆放在门店右侧，这样可以增加消费者对商品的接触。从陈列的整体布局来说，包括陈列主题、重点商品展示、距离、色彩搭配、空间布局、数量设计、路线设计都会运用到人体工程学的原理，借助对消费者心理的研究综合运用于陈列的设计过程中。

有序的色彩搭配可以营造出整齐的氛围，井然有序的视觉效果可以带来强烈的冲击力，因此许多店铺都选择将同色系的服装放置在一起。除此之外，还较多运用色彩对比与色彩渐变的效果，使消费者产生韵动协调的层次感，激发消费者的兴趣。

平衡原则符合人们的心理取向。协调平衡的陈列可以使消费者在视觉上产生和谐舒展、稳定有序和简洁明了的感觉，为消费者营造出舒适的心理体验。

根据消费者平时的行走习惯进行陈列，确定摆放位置，有选择地突出商品的价值特点，也是刺激消费者购买心理的方法。

（七）案例思考

商品陈列的主要目的是吸引消费者的目光，引导消费者对商品产生兴趣并主动观察商品，以便促使接下来进入到试穿和决策购买的环节。陈列属于消费者与产品之间的互动，陈列设计的效果可以提高购买效率，这就要求商家在进行产品摆放时要关注消费者的心理需求，为消费者带来心理上的满足感，正确运用陈列法则，提升美感，提高顾客的满意度。

同时，应当借助科技发展的成果，如采用红外等设备借助大数据分析消费者的行为，更好地实施陈列计划。当然，如今经济社会的高速发展也必然会引起人们消费习惯和消费行为的改变，在进行服装陈列时也需要分析消费者需求，不断调整完善陈列方案，大胆创新，充分通过心理学原理以促进产品营销效果。

三、在"橱窗设计与消费心理"中论"之禾"的陈列创意

（一）消费心理学内容

营销因素与消费心理——橱窗设计与消费心理。

（二）案例目标

1. 知识目标

了解和掌握服装消费心理学的基本内容和研究方法；理解消费者的心理特征及行为规律；了解橱窗设计对消费心理和行为的影响。

2. 能力目标

培养学生对服装消费者心理及行为的分析能力；培养学生对服装消费案例的专业分析能力；培养学生对不同类型消费者和商品制订合理的营销策略的能力。

3. 素质目标

培养学生运用科学的价值观和方法论分析和处理问题的能力；提升职业素养和专业能力，培养创新精神。

（三）案例知识点

（1）橱窗的概念及橱窗设计的要素。

（2）橱窗设计对消费心理与行为的影响。

（3）陈列创意的内涵及营销策略。

（4）品牌橱窗设计要素。

（四）重点与难点

1.重点

结合案例理解服装品牌橱窗设计对消费心理与行为的影响。

处理方法：通过案例设计、案例描述、案例分析、案例思考等环节的设计，创造情境深入理解案例，分析服装品牌橱窗设计对消费心理及行为的影响。

2.难点

运用思政内容分析之禾服装橱窗陈列设计案例，对科学的营销策略进行研究，以科学的价值观和方法论进行理论学习和实践应用，探索服装品牌橱窗设计要素。

处理方法：深入挖掘案例问题根源，以思政指导思想帮助学生树立科学的价值观和方法论，进行正确的营销策略分析，培养创新设计能力与专业技能。

（五）案例描述

橱窗是展示品牌形象的窗口，也是展示新品的重要渠道。橱窗陈列能够最先刺激消费者的视觉神经，达到诱导、引导消费者购买的目的，消费者在进入门店之前都会有意或无意地浏览橱窗，橱窗的设计陈列对调动消费者的购买情绪有着重要影响。之禾（ICICLE）是一家上海服装品牌，其"人与自然和谐共生"的品牌理念通过大胆的橱窗展示设计为大众所熟知。

（六）案例分析

1."之禾"的橱窗陈列

基于"天人合一"的古老思想，之禾致力于寻求人与自然的和谐共生。该品牌以简约的当代风格，选用高品质天然原料，为都市人提供舒适、优雅而环保的着装体验，且产品线丰富。"之禾"的橱窗依旧贯彻环保材料，大多数都是用纯天然材料来体现，能够让顾客感受到现代人与自然和谐共生的着装体验（图8-9）。

图8-9 之禾的橱窗陈列（1）

2.之禾橱窗设计的亮点

（1）贯彻品牌理念。"之禾"的每一块橱窗设计都最大限度地体现了品牌理念，多以枯木、稻草等自然元素进行橱窗设计（图8-10）。

图8-10　之禾的橱窗陈列（2）

（2）创意大胆。用草编织的动物与人体模特一起在橱窗中进行展示，这种艺术品般大胆的橱窗设计可以吸引消费者的注意（图8-11）。

图8-11　之禾的橱窗陈列（3）

（3）橱窗主题贴合季节。之禾的展示橱窗在每季推出新品时的装饰都采用与季节相符合的造型，秋冬新品与枯草编制的稻草人相搭配，更突出主题（图8-12）。

图8-12　之禾的橱窗陈列（4）

3.橱窗的功能及其意义

橱窗的作用是传播品牌文化、进行商品展示。吸引消费者是橱窗设计的最主要目的，因此，橱窗可以清楚地向消费者传达产品信息，给予消费者视觉冲击，同时也能满足消费者精神层面的需求，即观赏性质。橱窗对于品牌来说起到装饰、美化以及展示的作用，对于消费者来说则有引发其购买兴趣、引导消费心理的功能。

4.品牌橱窗设计对消费者心理的影响

（1）空间布局。橱窗的空间布局是通过人体模特展示以及装饰物的相互联系给消费者的直观感受，让消费者在浏览橱窗的极短时间内接收到产品的属性、特点及其内涵，通过生动的展示让消费者基于自己的认知、体验和情感，对展示产品甚至整个品牌做出自己的评价，即确立心理上的品牌形象。

（2）色彩运用。色彩对于消费者的心理与行为有着直接的效应，基于色彩心理学的研究发现，在蓝色等波长较短的环境中，人的情绪较安静沉谧，而在波长较长的红光等环境中，会给人一种温暖的感觉，使人产生兴奋情绪。因此，利用色彩对比、明度对比、纯度对比等方式设计橱窗，可影响消费者的心理与行为。

（3）灯光运用。在橱窗中通过使用冷色光或暖色光等不同色调的灯光，可给人不同的氛围感。采用整体照明或重点照明的方式可突出橱窗展示的重点，引起消费者在情感上的共鸣。

5.消费心理研究

（1）消费者的认知因素。消费者对橱窗的认知决定着消费者的决策行为。当消费者对众多服装品牌店铺进行第一印象的信息处理时，橱窗信息的传达是否准确，消费者对品牌所传达的信息是否准确理解，取决于消费者的认知程度。简单来说，服装品牌橱窗在第一时间吸引消费者关注并打动消费者的程度，对其进店行为增加了可能性。橱窗成功的标准即是在短时间内与消费者的认知产生有机结合，为消费者创造出记忆点。

（2）消费者的情感因素。消费者的情感可以影响认知，还会影响消费者的决策以及购买行为。情绪这一不稳定因素有时会受外界环境刺激的影响而被唤醒，由此可能产生冲动消费行为。

（七）案例思考

"之禾"橱窗设计的成功之处在于其艺术性的氛围，且视觉效果与品牌理念完美结合，在促进营销的同时进一步塑造了品牌形象，提升了橱窗的创意性。此外，交互式体验橱窗设计也可以加强橱窗功能，利用 AR 等技术对橱窗内容进行丰富，可以更好地与消费者进行互动，推动其情绪唤醒。

四、在"营销体验与消费心理"中论家居用品的体验式购物模式

（一）消费心理学内容

营销因素与消费心理——营销体验与消费心理。

（二）案例目标

1. 知识目标
了解和掌握服装消费心理学的基本内容和研究方法；理解消费者的心理特征及行为规律；了解营销体验对消费心理和行为的影响。

2. 能力目标
培养学生对服装消费者心理及行为的分析能力；培养学生对服装消费案例的专业分析能力；培养学生对不同类型消费者和商品制订合理的营销策略的能力。

3. 素质目标
培养学生运用科学的价值观和方法论分析和处理问题的能力；提升职业素养，充分理解体验在营销中的重要作用，做到以人为本、科学发展。

（三）案例知识点

（1）体验营销的概念。
（2）体验因素对消费心理与行为的影响。

（3）体验营销的内涵及其要素。

（4）体验式购物营销策略要点。

（四）重点与难点

1.重点

结合案例理解体验式购物对消费心理与行为的影响。

处理方法：通过案例设计、案例描述、案例分析、案例思考等环节的设计，创造情境深入理解案例，分析体验式购物对消费心理与行为的影响。

2.难点

运用思政内容分析家居用品的体验式购物模式，探索体验式营销要素及策略，对科学的营销策略进行研究，以科学的价值观和方法论进行理论学习和实践应用。

处理方法：深入挖掘案例问题根源，以思政指导思想帮助学生树立科学的价值观和方法论，秉承以人为本、科学发展的观念进行科学的营销策略分析。

（五）案例描述

目前，新兴的家居购物广场一改以往的单品类售卖模式，而是将不同类别的商品成套搭配展示，展现出不同的家居场景。不仅使消费者身临其境感受到实际使用的状态和效果，并且能够激发消费者的创造欲，促进购买成套商品，增加销售量。同时，消费者可以在场馆内沉浸式地体验家居用品，不仅为购买决策提供了可靠的保障，也为休闲娱乐提供了一片新天地。

（六）案例分析

1.家居用品的体验式购物模式

传统家居市场会将产品分门别类摆放好供顾客挑选，而新兴的家居购物广场则是打破了零散售卖的销售方式，使用样板间将场地进行产品的成套销售，将房间布置成不同风格，实现真实的居家氛围。

体验式购物体现了商家对卖场展示的精心安排，展示区被分割为若干小区域，每一个区域都有不同的主题，营造出不同的家居体验氛围，让顾客能够将心仪的主题布置原样复制到家里。

从卖场布局来看，其家具展间的呈现顺序大致如下：先是客厅、书房，然后是卧室、厨房，最后是餐厅以及儿童房。这一呈现顺序是根据顾客的参观习惯定制的，更能够引起顾客共鸣。此外，购物路线的设计也可以让顾客更长时间地留在店内，将更多商品呈现在消费者的视线中，从而诱导其购买计划外的商品。

体验式购物模式最关键的一点是善于最大限度地展现产品价值。商家采用了由消费者自行提货、自行运输、自行组装的策略，鼓励消费者在卖场"拉开抽屉、打开柜门"，进行独立探索。

2.家居用品体验式营销设计的要点

体验式营销这一概念最早于20世纪90年代出现。它是随着"体验经济"这个名词产生的。著名学者伯恩德·施密特（Bernd H. Schmitt）在其所写的《体验式营销》（*Experiential Marketing*）一书中，将"体验式营销"定义为：站在消费者的感觉、情感、思维、行动、关系等五个方面重新定义、设计营销的思考方式。基于此，体验式营销的主要特点就是注重顾客体验，以达到引起消费者情感共鸣的目的，再进行非理智消费。其最重要的布局就是空间环境设计。

样板间的布局为消费者提供了沉浸式的体验，除了成套布局之外，还最大限度地允许消费者试用、体验展示出的产品，帮助消费者体验到身处于该布局中的感受，增加消费者的好感。随处可坐的零距离接触更是帮助消费者更快地做出购买决策，且成套布局也会让消费者产生成套购买的想法。

3.体验式营销模式背后的消费心理

环境布局的好坏在物理感官上很难体现出来，往往都是通过在一系列体验后产生心理反馈。在空间上通过看、听、使用等体验，在心中产生初评价，产生积极或消极的心理反馈，进而影响消费者决策是否购买产品。在这一流程中，心理体验起着尤为重要的作用。体验式营销以消费者为中心，以沉浸式场景为契机，强调通过人本理念和感性的方式提高消费者的购买欲望。消费者的购买决策过程是理性的，但在感性的、体验式的决策中，消费者往往通过一时的感官体验而产生了购买动机，故而在体验后购买了许多不在购买计划中的产品。

（七）案例思考

在家居用品的体验式购物过程中，轻松舒适是最主要的感受。正是在这种人本理念的覆盖下，体验式营销从商品布局、配套服务延伸到了家居创意等方面。而这种人本理念的体验营销也可作为服装行业的参考案例，消费者通过直接感知环境与产品，对产品做出评价，进而决定是否购买。这种自主性的购物方式能够促进消费者体验产品、购买产品的心情，最终引导消费者的购买行为。

五、在"营销模式与消费心理"中论"太平鸟"线上线下协同新营销模式

（一）消费心理学内容

营销因素与消费心理——营销模式与消费心理。

（二）案例目标

1. 知识目标

了解和掌握服装消费心理学的基本内容和研究方法；理解消费者的心理特征及行为规律；了解营销模式对消费心理和行为的影响。

2. 能力目标

培养学生对服装消费者心理及行为的分析能力；培养学生对服装消费案例的专业分析能力；培养学生对不同类型消费者和商品制订合理的营销模式的能力。

3. 素质目标

培养学生运用科学的价值观和方法论分析和处理问题的能力；提升职业素养，提升科技服务能力和意识，立足新格局。

（三）案例知识点

（1）营销模式的基本概念与形式。
（2）营销模式对消费心理与行为的影响。
（3）协同营销的内涵及营销策略。
（4）服装品牌新营销模式的建设要素。

（四）重点与难点

1.重点

结合案例理解服装品牌营销模式对消费行为的影响。

处理方法：通过案例设计、案例描述、案例分析、案例思考等环节的设计，创造情境深入理解案例，分析服装品牌营销模式对消费心理及行为的影响。

2.难点

运用思政内容分析现代服装品牌营销模式面临的挑战及发展的关键要素，对科学的营销策略进行研究，以科学的价值观和方法论进行理论学习和实践应用。

处理方法：深入挖掘案例问题根源，以思政指导思想帮助学生树立科学的价值观和方法论，进行正确的营销策略分析。

（五）案例描述

自互联网兴起以来，网络购物成为人们日常购物的新兴途径。随着信息化时代的到来，网上办公、网上购物等线上模式迎来了新一轮的机遇，许多服装企业也改进了营销模式，采用线上网店与线下专卖店相结合的双渠道，即线上线下协同新营销模式。太平鸟公司就是一家采用双渠道分销的典型公司，该公司线上线下协同营销，逐渐提高了收益，是传统服装行业向新模式转型成功的典型案例，在2021年的"双11"狂欢节中更是创造出前所未有的佳绩（图8-13）。

图8-13 2021年"双11"狂欢节"太平鸟"线上线下全渠道销售额

（六）案例分析

1.太平鸟线上线下协同新营销模式

根据太平鸟发布的2020年财报，太平鸟在2020年的收入为93.9亿元，同比增长18.4%，净利润为7.1亿元，同比上涨29.2%，太平鸟的年营业收入和净利润都创下了历史新高（图8-14）。

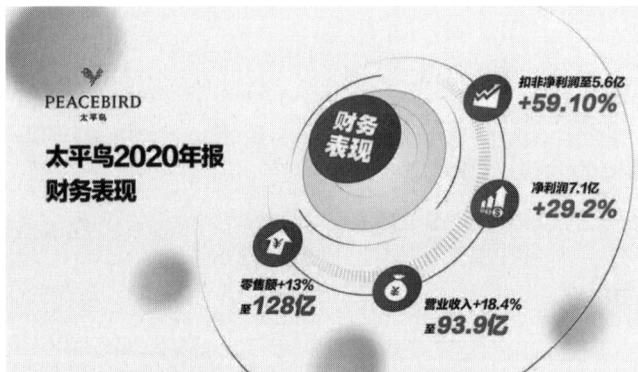

图8-14 太平鸟2020年财务年报

这一业绩要归功于太平鸟在营销模式上的战略转型。太平鸟坚持把重心放在线上，巩固与天猫等线上平台的战略合作，并开启了抖音等直播平台的布局。在天猫的帮助下，太平鸟实现线上线下会员体系一体化、线上买单门店发货、数据化精准营销等创新模式下的新零售"智慧门店"。不同于传统门店模式，智慧门店零售模式结合在中国已经发展完善的物流体系，同时整合线上线下体验一体化，即线上浏览，实体体验。智慧门店集体验、服务、互动于一体，顾客可以迅速找到任何衣服进行消费，由此成功构建新零售生态环境，大大提升转化率。同时，线下门店也进行了调整，提高门店运营效率,增加加盟店数量,整改低效率的直营渠道店。在营销时采用双渠道并进的方式,设计线上套餐、秒杀、预售等新的营销策略,以带动线下业绩目标达成,开启线上线下相结合的营销模式。

随着信息化时代的到来,消费者适应了线上购物。虽然多数线下门店暂停营业,但全渠道业务依旧火热,停止营业的线下门店依旧能够进行销售。与此同时,为解决库存区需求量之间的协调问题,太平鸟选择数字化转型,融资8亿元用于数字化转型项目,具体包括构建消费者洞察与深度链接平台、供应链运营效率提升平台和基础保障支持平台。太平鸟试图通过数字化手段,更好地洞察消费者需求,进行精准营销,同时提升供应链的智能化决策和运营水平。从生产制造、供应链、商品运营、全渠道营销一体,力求实现数字化和智能化,提高企业经营效率,使全渠道新零售营销模式更加完善。

2.营销模式对消费者行为的影响

目前的营销策略借助网络技术、智能技术,以消费者为中心,开创各类营销模式。

(1)多渠道结合的实体店营销。采用批发零售模式、分公司或代理模式、服装旗舰店、加盟店、工厂店等,各种实体店结合网络不断推出新点子、新优惠。实体店营销是最传统也是最基本的营销模式,可以使消费者最大限度地进行体验购物,亲身试穿,增加购买意向。

(2)多平台电商营销模式。通过淘宝、天猫、微信小程序等线上渠道进行网上营销,电商营销可将消费者信息数据化、广告推送个性化、产品定制化,吸引消费者重复购买,维持用户黏性。同时,近年来兴起的"网红营销""种草营销""直播带货"等流行的线上营销模式,在消费者购买阶段上减少了收集信息和评价方案这两个阶段,最大限度地引起消费者的购买意愿。

3.线上线下协同营销模式的优势

(1)提升品牌知名度。线上平台具有传播快、信息多、覆盖面大的优势,其广告营销的效率更高,效果更好,在线上平台通过直播促销等方式进行营销可扩大消费群体,占领更多的市场份额。

(2)规范产品价格体系。一般来说,线上平台的售价因平台折扣等因素会略低于线下渠道,长此以往会拉低线下门店的营业额,协同营销可以规范和统一价格,减少因价格不同而导致的消费者对品牌认可度的下降。

(3)把握消费者喜好。线上平台依托强大的数据平台可快速整合消费者信息,最大限度地把握当今流行趋势以及各类型消费者的喜好,明确用户定位,从而增加用户黏性,与消费者联系更加紧密,有针对性地研发新产品,进一步细分市场。

4. 服装品牌营销新模式的建设要素

随着中国人口红利的消失，新零售全渠道模式在时尚行业的实战普及，使服装企业进行数字化转型迫在眉睫。数字营销模式的要素是企业形成数据驱动文化，利用数据做市场和客户研究，通过企业下沉数据驱动决策，实现数据业务化及数据智能化。

在渠道商上，重点在于提升营销、实体门店和线上电商的运营水平。通过会员管理，将线下顾客导入线上，结合社群营销裂变新顾客，提升复购率及客单价。在运用全渠道增加前端触点的同时，收集用户数据建立用户画像，实现精准营销。例如，在门店设立智能试衣镜等硬件产品实现数字智能化，根据智能设备收集的数据来打造智能平台，建立数据中心。在服装加工厂上，"智能+"的重点在于提升柔性生产能力。数字智能化将大大缩短传统服装行业从设计打板到物流销售的周期。

总的来说，建设线上线下协同新营销模式，在产能端的实现主要体现在数字化设计、供应链数字化、智能生产和数字化仓储物流，采用多种创新智能的工业软硬件，提升生产与营销效率，缩短产品周期；在流通端主要包括数字化营销、线下智慧门店和线上渠道数字化。

（七）案例思考

互联网时代的营销模式是一种新的形态，让传统行业致力于线上化与数据化的转型，利用互联网的跨时空与智能交互性，结合线下渠道的实体体验性，企业才会进一步发展。因此，在信息化时代，只有多要素协同创新才能起到更好的营销效果。服装企业也应该不断完善营销模式，进行创新调整，而不能墨守成规。同时在双渠道营销时也应注意，线上与线下并不是孤立存在的，两者需要有机结合而不能头重脚轻。

在线上营销中，应注重用户的重要性，重视粉丝效应，结合各大互联网信息平台的优势制订营销计划，在一定程度上简化购买流程；在线下营销中提升消费者体验效果，使消费者对服装各个方面都有进一步的认识，激发购买欲望，注重品牌文化的建设，增强消费者视觉体验。

最后，线上线下营销渠道也存在着一定程度的因目标差异、资源稀缺、认知差异、沟通不足而产生的渠道冲突问题，需要企业更加重视渠道融合、建立合理高效的沟通机制等方面的建设。

六、在"营销信息与消费心理"中论"海澜之家"的POP广告设计

（一）消费心理学内容

营销因素与消费心理——营销信息与消费心理。

（二）案例目标

1. 知识目标

了解和掌握服装消费心理学的基本内容和研究方法；理解消费者的心理特征及行为规律；了解营销信息对消费心理和行为的影响。

2. 能力目标

培养学生对服装消费者心理及行为的分析能力；培养学生对服装消费案例的专业分析能力；培养学生对不同类型消费者和商品制订合理的营销策略的能力。

3. 素质目标

培养学生运用科学的价值观和方法论分析和处理问题的能力；提升职业素养，培养创新精神，传播和谐法治的营销信息。

（三）案例知识点

（1）POP广告的概念与特征。
（2）广告营销对消费行为的影响。
（3）广告营销的内涵及营销策略。
（4）服装品牌投放广告要素。

（四）重点与难点

1.重点

结合案例理解服装品牌广告设计对消费行为的影响。

处理方法：通过案例设计、案例描述、案例分析、案例思考等环节的设计，创造情境深入理解案例，分析广告设计对消费心理及行为的影响。

2.难点

运用思政内容分析"海澜之家"POP广告设计要素，对科学的营销策略进行研究，以科学的价值观和方法论进行理论学习和实践应用，探索营销信息传播中的广告策略。

处理方法：深入挖掘案例问题根源，以思政指导思想帮助学生树立科学的价值观和方法论，进行正确的营销策略分析，总结服装广告策略要素。

（五）案例描述

海澜之家集团股份有限公司是以男装为主业的大型企业集团，其品牌定位是中高端市场。海澜之家主要针对的消费群体是追求品质生活、注重个性表达的中青年男性。在品牌形象上始终坚持"高品质、中价位"的市场定位，以满足广大消费者对于时尚与品质的追求。产品线涵盖休闲装、商务装、正装等多个系列，旨在满足不同场合和消费者的需求。海澜之家线下门店的一大特色是通过媒介集中展示信息使消费者充分感知，主要手段即采用各种类型的"POP广告"进行营销信息的传达。在每个品类区域都会放置关于材料、折扣等相关介绍，结合人台展示以及陈列布局的设计以最大程度展现营销信息。

（六）案例分析

1."海澜之家"的POP广告设计

（1）服装墙："海澜之家"将同色系的衣服叠放在一起，形成巨大的视觉冲击效果，吸引消费者注意力，广告效果好（图8-15）。

图8-15 "海澜之家"服装墙

（2）产品介绍背板：在"海澜之家"的门店中，会放置介绍材料、设计、款式板型、搭配、价格折扣等信息的背板，使消费者更直观地了解商品信息并进行自主选择（图8-16）。

图8-16 "海澜之家"产品介绍背板

（3）人体模特展示："海澜之家"一般都摆放着人体模特展示，相较于其他几种展示方法，人体模特是消费者关注度最高的POP广告。借助灯光等元素与服装元素的融合，以展示方式给消费者留下深刻的印象，吸引消费者注意（图8-17）。

图8-17　"海澜之家"人体模特展示

2.POP的概念及其特点

POP是英文"Point of Purchase"的缩写，又被称为"售卖点广告""售卖场所广告""购买点广告""店头广告"等，即在有利的时间和有效的空间位置上，为宣传商品，吸引顾客、引导顾客了解商品内容或商业性事件，从而诱导顾客产生参与动机及购买欲望的商业广告。广义上的POP广告指凡是在售卖点的周围和内部摆放的广告物，如店内装饰、店内橱窗、店内悬挂的海报、店内摆放的广告刊物等。因此服装POP广告可以分为在门店内悬挂式广告、橱窗陈列式广告、展示式POP广告。

服装卖场的POP广告形式齐全，以挂式广告为主，且可以通过灯光效果使展示式POP广告的传播效果达到最好，具有强烈的视觉冲击力，从而增强消费者的关注度，吸引消费者进店选购。

3.广告设计的要点

POP广告设计首先要明确受众定位，明确目标消费群体，针对消费人群的年龄阶段与购买喜好进行设计；其次，POP广告的作用是抓人眼球，故其文字、图形、色彩、造型等视觉设计要突出其特点，做到图文得当、内容明了、视觉舒适、通俗易懂，进而吸引消费者的眼光；再次，在商场中的广告设计多采用悬挂海报，原因之一是其布置灵活便捷，方便调换移动，从而提高消息传递效率；最后，信息营销最关键的因素是其时效性，POP广告大多都是以宣传新产品、推广促销活动为主要目的，因此准确利用营销时间可促进销售额。

4.消费心理研究

（1）POP广告设计中文字对消费心理的影响。文字是最直接表达意图与信息的因素，因此，在广告设计中的文字要简洁精练，给人留下好的印象。

（2）POP广告设计中图形对消费心理的影响。图形设计是最鲜明的视觉效果，其传播速度比文字快，富有内涵意义的图形设计更能够抓住消费者的视觉重点。

（3）POP广告设计中色彩对消费心理的影响。色彩设计具有提高商品销售数量的决定性作用。成功的色彩设计能给消费者留下印象深刻的第一视觉记忆，从而产生购买的心理欲望。通过色彩设计形成的视觉冲击可以引起消费者心理上的反应，而不同的色彩设计可以使人产生不同的心理联想。

（七）案例思考

POP这一广告形式在商场中广泛运用，是激发消费者购买欲的重要策略之一。服装品牌通过POP广告吸引消费者传达其营销信息，让消费者通过多种途径了解产品，因此，提高销售业绩需要通过信息营销的手段来实现，其中POP广告设计的传播是非常有效的。

七、在"营销服务与消费心理"中论电商服装品牌售后服务举措

（一）消费心理学内容

营销因素与消费心理——营销服务与消费心理。

（二）案例目标

1.知识目标

了解和掌握服装消费心理学的基本内容和研究方法；理解消费者的心理特征及行为规律；了解营销服务对消费心理和行为的影响。

2.能力目标

培养学生对服装消费者心理及行为的分析能力；培养学生对服装消费案例的专业分析能力；培养学生对不同类型消费者和商品制订合理的营销策略的能力。

3.素质目标

培养学生运用科学的价值观和方法论分析和处理问题的能力；提升职业素养，增强服装品牌的服务品质，培养科技服务、时尚服务的能力和意识，秉承公正法治的服务原则。

（三）案例知识点

（1）售后服务的内容与举措。

（2）服务因素对消费心理与行为的影响。

（3）营销服务的内涵及营销策略。

（4）电商服装品牌优质售后服务的要素。

（四）重点与难点

1.重点

结合案例理解售后服务对消费心理与行为的影响。

处理方法：通过案例设计、案例描述、案例分析、案例思考等环节的设计，创造情境深入理解案例，分析服装品牌售后服务对消费心理与行为的影响。

2.难点

运用思政内容分析电商服装品牌制订售后服务策略的要素，对科学的营销策略进行研究，以科学的价值观和方法论进行理论学习和实践应用。

处理方法：深入挖掘案例问题根源，以思政指导思想帮助学生树立科学的价值观和方法论，进行正确的营销策略分析。

（五）案例描述

目前电子商务体系已十分成熟，网上购物也成为人们消费的主要途径之一，相比于线下渠道，电子商务有方便快捷的优势，但对消费者和商家来说，最大的问题是售后服务的问题。消费者因产品质量、尺码、色差等问题而产生的售后需求屡见不鲜，因此，售后服务也成为影响消费者购买决策的因素之一，服务营销对服装品牌的推广作用也越来越大。

（六）案例分析

1.电商服装品牌售后服务举措

售后服务是指销售者在消费者购买其产品后为实现商品的应有作用，继续为消费者提供的各项服务工作。其主要内容包括安装、保证、换货、修理、客户问题的全面处理、投诉、索赔、产品跟踪、向客户提供后续信息、针对一些要求修理或换货可获取的暂时性替代品的信息等。由于服装产品的特性，决定了服装产品售后服务的主要内容有：服装的换货、退货、清洗、保养、选配服饰等（图8-18）。

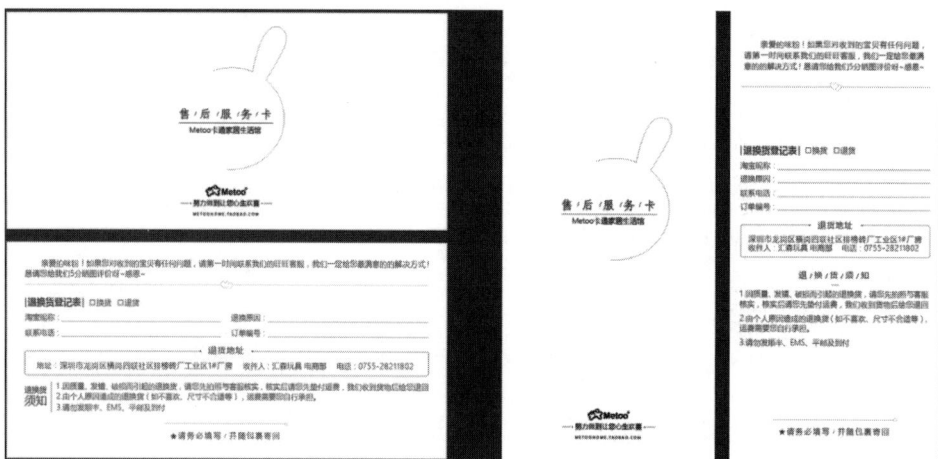

图8-18　售后服务内容

良好的售后服务让消费者容易忽略商品的小瑕疵，对其产生好感，在下一次需求出现时第一时间考虑购买过的商家，减弱了重新去别家购买的欲望。

2.售后服务的作用及其对品牌形象的影响

售后服务是在商品购买流程结束后必不可少的工作。如果消费者对于售后工作不满意，将会影响之后的购买意向，甚至在"口碑营销"流行的互联网平台引起连锁反应，降低其他潜在消费者的购买意愿。现今越来越多的品牌更加注重售后情况，服装品牌靠产品质量赢得消费者的青睐，更需要优质的售后服务来提高用户黏性，这是维持市场份额稳定性的必要途径。

服装行业的售后服务是通过客服人员这一媒介来维系的。客服人员是品牌面向消费者的一张名片，与顾客的直接接触几乎决定顾客对服务质量的感受，因此培养具有专业素养的客服人员是实现优质售后的必要条件。售后服务人员要进行服装相关专业知识的培训，及时掌握产品的最新状况，让消费者感受到品牌诚挚的态度，及时解决消费者的问题，维持品牌形象。

3.服务营销在品牌塑造中的作用

除了售后服务外，售前服务与售中服务也属于服务营销的范畴。消费者在购买服装产品时，一般要经过五个阶段：确认购买意向、搜集产品信息、备选产品评估、购买决策、购后行为。商家结合各个阶段消费者可能会出现的对于产品的疑问，进行有针对性的服务。

售前服务，是企业根据消费者特征挖掘潜在顾客，主动向潜在消费者提供相关商品信息，激发消费者的购买欲望，引起消费者的需求，向消费者全方位介绍产品信息，以达到营销的目的。

售中服务是在售货过程中针对消费者提供的服务，向消费者提供产品信息，解答消费者产生的疑问，采取适当的形式介绍和展示产品。

因此，做好服务营销的每个阶段都至关重要，三者之间要有机结合，不能忽略其中任何一个方面。只有完善三个方面，才能更好地打造品牌形象。

4. 电商服装品牌优质售后服务的要素

为了实现服务质量目标化，打造优质的售后服务应从以下四个方面入手。

（1）完善服务程序，达到客户服务程序尽量完美化的程度。

（2）把握客户心理，提升服务质量和水平以满足客户的心理需求。

（3）增强人员素质，使一线客户服务人员的服务素质显著提升。

（4）加强科技应用，运用科技手段提高服务的速度和效率。

（七）案例思考

服装品牌在注重产品营销的同时，也应当注重服务营销，把售前、售中、售后服务看作一个整体，建立一个完善的服务体系，不仅可以节约营销成本，加速销售过程，促进消费者购买决策的完成，同时可以使消费者对品牌的服务产生认同感，获得消费者对品牌的忠诚度，取得更大的销售量，增强企业的竞争力，使企业在激烈的市场中取得有利的地位。但在注重服务营销的同时，服装品牌也应当更加注重产品品质的打造。

第四节　实践目标

在服装营销服务与消费心理的教学案例内容中，通过对营销服务涉及因素的分析，使学生了解服装营销服务包含的主要内容、营销策略以及职业规范。了解营销人员职责，树立服务至上的营销理念，平等互惠，诚信无欺，恪守销售承诺，廉洁奉公。理解诚信经营、质量保证对于服装企业发展的重要意义。培养学生诚信观念，践行诚信价值观，提高职业素养，培育德学兼备的人才。

在服装营销环境与消费心理的教学案例内容中，通过对营销外部环境与内部环境的分析，使学生了解服装营销环境的主要影响因素与消费心理。了解服装营销环境的设计创新对于消费者心理的影响以及对于营销的积极作用，为消费者提供科技服务、时尚服务是服装营销管理创新的重点。培养学生管理能力及创新精神，为专业领域新技术新应用研究培养具备创新思维的人才。

在服装营销信息传播与消费心理的教学案例内容中，通过对各种广告营销手段的分析，使学生了解服装营销信息传播的主要方式与消费心理。了解服装营销信息传播中诚信价值观对于消费者心理影响以及对于营销的积极作用。使学生认识到诚信是立身进业之本，是中华民族的传统美德，树立尊重事实、真诚待人、遵守规则的观念，在学习、生活和未来工作中践行诚信价值观，树立法治思维，在职业发展中培育正确的价值观和职业理念。

思考题

1.分析新零售环境对消费心理与行为的影响。

2.服装陈列如何影响消费心理？

3.橱窗设计的功能和意义是什么？

4.体验式购物满足了哪些消费心理？

5.说明新时代服装品牌营销模式的建设要素。

6.阐述POP广告的概念及服装POP广告特点。

7.如何提升电商服装品牌售后服务质量？

扫码可见
思考题答案

第九章

在"服装商业伦理"中的思政案例设计

📖 **课题内容：**

    1. 思政解读

    2. 教学设计

    3. 案例设计

    4. 实践目标

▷ **课题时间：** 3 课时

◎ **教学目的：**

    1. 知识目标：了解服装时尚与伦理观念对消费心理和行为的影响；了解雅俗标准与底线对服装消费心理和行为的影响；了解文化敏感心理对消费心理和行为的影响；了解特殊人群消费心理；了解服装行业的社会责任与可持续发展；了解服装企业的价值取向对服装企业发展的作用。

    2. 能力目标：培养对服装消费者心理及行为的分析能力；培养对服装消费案例的专业分析能力。

    3. 素质目标：提升职业素养，培养服装专业人才的社会伦理观念；培养服装从业者的底线意识，提高大众正确的审美观念；培养种族平等和服饰文化自由的理念；培养人文关怀精神；培养专业人才责任担当与可持续发展理念；培养专业人才环境保护意识。

📈 **教学方式：** 文献调查法，阅读指导法。

✐ **教学要求：** 解读服装消费正反面案例，剖析案例背后的消费心理。分析各种消费者的心理活动过程，理解对消费行为的积极与消极影响。以思政指导思想提升案例理解高度和深度，掌握科学的价值观和方法论，培养分析和处理问题的专业能力。

👥 **课前（后）准备：**

    1. 课前进行相关案例资料的搜集整理、章节心理学知识点预习、相关概念理解。

    2. 课后完成配套练习、案例视频的学习，结合专业技能培养目标进行课程实践。

第一节　思政解读

一、思政要点

在"服装商业伦理"中的思政体现为职业素养、责任担当、战略价值、可持续发展原则、生态环境保护。

二、思政内容

（一）职业素养

商业伦理精神的培育，从根本上说，就是要破除所谓的"商业无道德神话"，改变"利润至上"的商业环境和商业观，塑造"价值优先"的商业文化。在商业生活中重塑伦理精神，有助于培养真正的成就感、职责感、荣誉感、诚信精神、工匠精神、敬业精神这些带有超越性质的价值诉求。在社会主义市场经济条件下，重塑商业伦理精神可以从以下两个方面入手：其一，以开发社会成就评价工具为抓手，用社会主义核心价值观引领职业伦理建设，通过评价活动把社会主义核心价值观融入组织经营管理过程和组织文化，在各个层面提高组织管理的伦理质量。其二，开展面向行动的职业道德培训活动，以社会主义核心价值观为指导，把规范伦理学理论和道德心理学知识转化成以行动为导向的分析框架和测度工具，摆脱以往僵化的道德说教模式，开发有针对性和可操作性的道德培训方式。

（二）责任担当

企业作为社会经济生产的基本单位，要树立正确的价值观，控制欲望，顺其自然而不强求；看开名利，宠辱不惊，得意之时，平常心待之，受辱之时，不怒不争；对事对人，恪守诚信，此习惯为成功必备要求；无论做企业还是做人都要扮演好自己在社会中的角色，为社会树立积极榜样，规范自己的行为，遵守商业道德。与"强起来"的国家形象相适应的企业责任与伦理形象也是相得益彰的，国家"站起来"主要强调国家利益至上；"富起来"要兼顾国家利益、企业利益和个人利益；但要想真正"强起来"，还要强调社会利益。从企业的角度来讲，企业对股东、员工、消费者、竞争者、社区、环境、社会等的责任和伦理理念至关重要。

（三）战略价值

企业实施战略管理而创造的战略价值主要体现在以下五个方面：指明企业的发展方向；提高企业资源整合程度；提升企业核心竞争能力，使企业保持持续的竞争优势；实现企业赢利目标；满足利益相关者的需求。关键因素包括：诚信经营、和谐关系、保护环境、慈善捐助、传承文明。中国民族企业作为社会基本细胞，要为中华民族发扬光大作出贡献。

（四）可持续发展原则

可持续发展是一个涉及经济、社会、文化、技术及自然环境的综合概念。它是一种立足于环境和自然资源角度提出的关于人类长期发展的战略和模式。这并不是一般意义上所指的在时间和空间上的连续，而是特别强调环境承载能力和资源永续利用对发展进程的重要性和必要性。可持续发展的三个内涵是经济可持续发展、生态可持续发展、社会可持续发展。可持续发展的原则是公平性原则、持续性原则、共同性原则。可持续发展是当前中国纺织服装行业面临的重要课题，服装企业要树立正确的发展观，为消费者提供安全、舒适、高品质的服装产品，美化人们生活的同时又尽可能不破坏环境。

（五）生态环境保护

生态环境保护是全球面临的首要问题之一。服装行业作为全球经济发展中的重要产业，已经拥有了完整、配套的产业链体系，同时也在全球产业链中形成了一定的资源优势。然而，服装行业也面临着前所未有的环保问题，如资源过度消耗、生产工艺过程对生态环境的污染、绿色贸易壁垒等。

第二节　教学设计

一、导入方式

采用文献调查法，这种方式指搜集、鉴别、整理文献，并通过对文献的研究形成对事实的科学认识的方法。该方法通常根据一定的研究目的或课题，通过调查文献来获得资料，从而全面、正确地了解、掌握所要研究问题的一种方法。通过该方法可以了解有关问题的历史和现状，帮助确定研究课题；能形成关于研究对象的一般印象，有助于观察和访问；能得到现实资料的比较资料，有助于了解事物的全貌。

二、教学方法

教学方法采用阅读指导法，这种方法指教师指导学生通过阅读教科书或参考书，以获得知识、巩固知识、培养学生自学能力的一种方法。该方法要求教师有目的、有计划地指导学生阅读，充分发挥教科书的作用，并根据教科书编写阅读提纲；指导学生精读与略读结合、读思结合，掌握一定的阅读方法，使学生养成朗读、默读和速读等阅读能力和习惯；利用图书馆、资料室、计算机网络，寻找参考资料，学会使用各种工具书，养成记读书笔记的好习惯；注意引导学生课外阅读，帮助学生选择书籍，制订阅读计划，广泛涉猎，扩大知识领域，并采取多种方式组织一些读书经验交流会，总结阅读经验，培养学生阅读兴趣和能力，指导学生阅读，提高阅读效果。此外，注意读书指导法与其他教学方法的配合。

三、过程设计

（一）案例一

1.案例名称

在"服装时尚与伦理观念"中论皮毛服装的消费心理。

9-1 伦理观念
与消费心理视频

2.设计思路

本案例设计思路如下。

（1）先由皮毛服装文献调查入手。

（2）阅读皮毛服装背后的时尚与伦理问题等相关文献。

（3）引入时尚与伦理观念的概念及其之间的联系。

（4）分析皮毛服装的消费心理。

（5）基于伦理营销的消费行为研究（以皮毛服装为例）。

（6）以生态保护、与自然和谐共处为前提，探索服装时尚发展之路。

3.设计内容

案例过程设计中的步骤及内容见表9-1。

表9-1 在"服装时尚与伦理观念"中论皮毛服装的消费心理课程过程设计

设计步骤	设计内容
案例导入	皮毛服装消费争议
案例讨论	消费者对皮毛服装时尚与伦理的思考
提出问题	皮毛服装背后的时尚与伦理问题
概念理解	时尚与伦理观念的概念与联系
案例分析	皮毛服装的消费心理
案例思考	服装时尚追求与生态保护、自然和谐之间的冲突如何化解；分析哪些服装消费行为体现了消费者伦理观念、有哪些积极与消极的方面及其心理和原因
策略研究	服装伦理的内涵；皮毛服装消费心理与行为研究；基于生态保护的服装时尚策略研究
知识点总结	时尚与伦理观念的概念与联系；服装时尚与伦理观念对消费心理与行为的影响；皮毛服装的消费心理；以生态保护、与自然和谐共处为前提的服装时尚发展要素

（二）案例二

1.案例名称

在"服装品牌的人文关怀"中论特殊人群消费心理守护。

2.设计思路

本案例设计思路如下。

（1）由植物人群体难以得到有效的治疗与基本关怀的问题引出。

（2）分析国内外在护理服或病号服可拆卸设计方面的研究。

（3）引入服装品牌中人文关怀的概念。

（4）分析人文关怀视角下的功能性老年服装。

（5）人文关怀视角下的孕妇服装。

（6）人文关怀视角下肢体残障者的无障碍服装。

（7）基于特定人群需求的特殊关怀策略。

3.设计内容

案例过程设计中的步骤及内容见表9-2。

表9-2 在"服装品牌的人文关怀"中论特殊人群消费心理守护课程过程设计

设计步骤	设计内容
案例导入	植物人群体难以得到有效的治疗与基本关怀
案例讨论	护理服或病号服可拆卸设计方面的研究现状
提出问题	如何对特殊人群的需求给予人文关怀

设计步骤	设计内容
概念理解	服装品牌中人文关怀的概念
案例分析	基于特定人群需求的特殊关怀
案例思考	服装品牌发展重视人文关怀的意义；基于人文关怀的特殊人群服装的营销策略
策略研究	人文关怀视角下的服装设计及服务策略
服装开发	功能性老年服装开发；孕妇服装开发；肢体残障者的无障碍服装开发
知识点总结	服装品牌中人文关怀的概念；特殊人群服装消费心理；基于特定人群需求的人文关怀策略
实践内容	针对某一特殊群体设计开发一系列智能服装，说明设计特色、消费需求、营销策略

（三）案例三

1.案例名称

在"服装行业的社会责任"中论社会责任与纺织服装行业可持续发展。

2.设计思路

本案例设计思路如下。

（1）由鸿星尔克捐款事件入手。

（2）分析服装企业的社会责任感体现。

（3）引入社会责任的概念与内涵、可持续发展的概念。

（4）分析服装行业的社会责任与可持续发展理念对于行业发展的重要作用。

（5）分析如何更好地培养服装行业人员社会责任感与可持续发展理念。

3.设计内容

案例过程设计中的步骤及内容见表9-3。

表9-2　在"服装行业的社会责任"中论社会责任与纺织服装行业可持续发展课程过程设计

设计步骤	设计内容
案例导入	鸿星尔克捐款事件
案例讨论	案例中体现的服装企业的社会责任感
提出问题	还有哪些服装行业体现社会责任感的战略或举措
概念理解	引入社会责任的概念与内涵、可持续发展的概念
案例分析	服装行业的社会责任与可持续发展理念对于行业发展有着哪些重要作用
案例思考	如何更好地培养服装行业人员社会责任感与可持续发展理念
策略研究	可持续发展的内涵；服装行业社会责任感与可持续发展战略；营销策略研究
知识点总结	社会责任感概念与内涵；可持续发展的概念及其与服装行业之间的联系；服装行业的社会责任与可持续发展理念；服装行业社会责任感的培养

（四）案例四

1.案例名称

在"服装企业的价值取向"中论服装公司的环保战略。

2.设计思路

本案例设计思路如下。

（1）由服装公司品牌落实可持续发展目标入手。

（2）分析产品生命周期可持续环保管理经验。

（3）引入绿色消费的概念。

（4）分析服装绿色消费心理需求。

（5）可持续发展战略对我国服装企业的启示。

（6）服装企业的价值取向：和谐发展。

（7）纺织服装业绿色发展战略。

9-2　企业价值
取向与消费心理
视频

3.设计内容

案例过程设计中的步骤与内容见表9-4。

表9-4　在"服装企业的价值取向"中论服装公司的环保战略课程过程设计

设计步骤	设计内容
案例导入	全球报告倡议组织（GRI）提出了解决经济增长、社会包容和环境保护这三要素问题的框架和实施策略
案例讨论	服装公司落实可持续发展目标
提出问题	服装公司的具体环保战略有哪些
概念理解	绿色消费；绿色消费心理需求；服装绿色消费心理需求
案例分析	可持续发展战略对我国服装企业的启示
案例思考	服装产业可持续发展的意义及方法；分析当前我国部分服装制造企业并未采用绿色环保技术生产的原因并提出解决策略
策略研究	服装产业可持续发展策略
服装开发	绿色服装生产开发；环境和谐理念在服装设计中的体现
知识点总结	绿色消费的概念；服装绿色消费心理需求；产品生命周期可持续环保管理经验；纺织服装业绿色的发展战略
实践内容	设计一系列服装，在服装设计中体现出环境和谐理念

第九章　在「服装商业伦理」中的思政案例设计

第三节　案例设计

一、在"服装时尚与伦理观念"中论皮毛服装的消费心理

（一）消费心理学内容

服装商业伦理——服装时尚与伦理观念。

（二）案例目标

1. 知识目标

了解和掌握服装消费心理学的基本内容和研究方法；理解消费者的心理特征及行为规律；了解服装时尚与伦理观念对消费心理和行为的影响。

2. 能力目标

培养学生对服装消费者心理及行为的分析能力；培养学生对服装消费案例的专业分析能力；培养学生对不同类型消费者和商品制订合理的营销策略的能力。

3. 素质目标

培养学生运用科学的价值观和方法论分析和处理问题的能力；提升职业素养，培养服装专业人才的社会伦理观念。

（三）案例知识点

（1）时尚与伦理观念的概念与联系。
（2）服装时尚与伦理观念对消费心理与行为的影响。
（3）皮毛服装的消费心理。
（4）以生态保护、与自然和谐共处为前提的服装时尚发展要素。

（四）重点与难点

1. 重点

结合案例理解消费者的服装时尚与伦理观念对消费行为的影响。

处理方法：通过案例设计、案例描述、案例分析、案例思考等环节的设计，创造情境深入理解案例，分析服装时尚与伦理观念对消费心理及行为的影响。

2. 难点

运用思政内涵分析服装时尚与伦理观念间的冲突、服装行业发展与生态和谐的课题，对科学的营销策略进行研究，以科学的价值观和方法论进行理论学习和实践应用。

处理方法：深入挖掘案例问题根源，以思政指导思想帮助学生树立科学的价值观和方法论，进行正确的营销策略分析，以自然和谐共处为前提探索服装时尚发展之路。

（五）案例描述

棉袄是人们过冬御寒的传统服装，随着比棉袄更轻柔保暖、更美观的羽绒服的出现，棉袄逐渐被淘汰。除了棉袄和羽绒服之外，动物皮加工的服饰，即皮草，也开始流行。与羽绒服和棉袄相比，皮草不仅更加美观时尚，在保暖方面也更具优势，因此备受世界各地人们的喜爱。此外，在20世纪90年代前后，欧美国家十分流行用动物毛纱织成的外衣、围巾、帽子、手套、袜子等服饰，其柔软的质感受到众多消费者的青睐。但随着人造皮草等更多服装材料的逐渐发展，皮毛服饰引来了动物保护等伦理方面的争议。

（六）案例分析

1. 皮毛服装的消费趋势

近年来，随着各种绿色人造毛皮面料的出现，人们可供选择的产品丰富多彩，并且相对于天然皮草更加经济实惠。天然动物毛织物和皮草服装及制品的产业链逐渐被冷落，众多养殖户和加工厂倒闭，梳绒加工厂也歇业转行。毛皮动物养殖及服装加工需求迅速下滑，除了全球范围内气候变暖、世界经济低迷外，主要原因是国内外群众对动物保护意识的增强，对天然毛皮服装的需求热度逐渐减退。

近几年，我国政府加强了对动物保护法的完善。保护动物、保护生态平衡的意识已深入人心。另外，动物毛皮服装日常保养也较为烦琐，对日常清洗和高温高湿的夏季保养也很讲究，这也是人们对皮草消费兴趣降低的原因之一。

随着时代发展，人们对天然动物毛皮服装需求热度的减退是必然的。同时，人造皮草的兴起也为毛皮服饰行业提供了一条新的出路。人造皮草在触感、品质、保暖性能上和天然皮草极为相似，再加上环保理念的影响以及众多奢侈品牌对人造皮质的营销造势，人们对人造皮草的需求量日益提升。

2. 毛皮服装背后的时尚与伦理问题

自皮草流行以来，野生动物的皮张服饰一直是国内外的奢侈品，因其雍容华贵的质感备受推崇，是富贵的象征。市场需求量的增加就需要捕杀大量野生动物来制作服装、包饰、皮鞋、大衣领，甚至其他的装饰等，来满足消费者的需求。

人类在饲养用于取皮的动物时，采用的饲养和杀戮方式使得动物遭受很大的痛苦。人们会使用电、活剥毛皮的残忍方法杀死这些动物，因为这样可以保全毛皮，却没有考虑到会给动物带来难以想象的痛苦。同时，过度的捕杀也会导致生物环境失去平衡与保护。因此，有大量动物保护人士对皮草服饰持反对意见。

据网易新闻介绍，一件芬兰野生的紫色貂皮大衣，在欧洲售价100万欧元（约合735万元人民币），而加工一件需要杀害20~30只野生紫貂。芬兰因特殊的寒冷气候成为世界北极狐的生产基地，据统计，仅2014年就有180万只北极狐被宰杀。为了获得质量好的皮张，这些养殖场大量注射激素和饲喂高脂肪食物，使动物体格变形并且生活在痛苦的狭小空间里。

没有买卖，就没有杀戮。近几年来，在动物保护组织的宣传、呼吁、感召和芬兰政府共同努力下，该国已经通过立法在2022年完全淘汰狐皮和貂皮生产。此外，在2000年，英国就立法禁止为采集毛皮而养殖动物；德国通过严格的法规，迫使境内最后6家采集毛皮的养殖场关闭；英国、澳大利亚、挪威和欧洲最大的皮草产地荷兰也逐渐关闭皮草农场（养殖场）；美国的西好莱坞、旧金山、伯克利等地区禁止皮草买卖。

动物保护意识是经济与文化发展的产物，是人类文明进步的标志，不仅体现在人与动物和自然界的和谐相处，还体现在尊重动物生命权利和粗暴行为的规避上。

3.消费心理研究

属于奢侈品类的皮草服装表现出了消费群体对于昂贵制造材料的追求与盲目崇拜，很大一部分原因是消费者的炫耀性消费心理引起的。一身皮草象征着雍容华贵，通过服饰来彰显个人地位赢得他人尊重，正是这种"面子至上"的炫耀风气助长了不良的消费观。

而人造皮草的广泛运用将消费群体扩大到普通百姓。皮草不再是贵族的专属服饰，设计风格也更加多种多样，最大限度地满足了消费群体的心理需求。

（七）案例思考

减少天然动物皮毛的使用，关注服装行业的伦理问题，需要各行各业的支持，时尚服装行业的价值引领显得十分重要。因此，服装企业应传达正确的消费观与价值观。相关人造皮草制造企业也应当更加注重产品个性化以及设计手法的创新，将人造皮草打造成新的时尚潮流。

有关动物皮草服装的争议从未停止，人们在考虑伦理道德问题时也应当注意建立健全积极的消费心理与消费观念，避免不良的消费习惯。

二、在"服装品牌的人文关怀"中论特殊人群消费心理守护

（一）消费心理学内容

服装商业伦理——特殊人群消费心理。

（二）案例目标

1.知识目标

了解和掌握服装消费心理学的基本内容和研究方法；理解消费者的心理特征及行为规律；了解特殊人群消费心理。

2.能力目标

培养学生对服装消费者心理及行为的分析能力；培养学生对服装消费案例的专业分析能力；培养学生对特殊人群消费者和商品制订合理的营销策略的能力。

3.素质目标

培养学生运用科学的价值观和方法论分析和处理问题的能力；注重社会主义核心价值观的指导作用，培养人文关怀精神，提升职业素养。

（三）案例知识点

（1）服装品牌中人文关怀的概念。
（2）特殊人群服装消费心理。
（3）基于特定人群需求的人文关怀策略。

（四）重点与难点

1.重点

结合案例理解特殊人群服装消费需求。

处理方法：通过案例设计、案例描述、案例分析、案例思考等环节的设计，创造情境深入理解案例，分析特定人群的心理及需求。

2.难点

分析基于特定人群需求的服装品牌人文关怀要素，对科学的营销策略进行研究，以科学的价值观和方法论进行理论学习和实践应用。

处理方法：深入挖掘案例问题根源，以思政指导思想帮助学生树立科学的价值观和方法论，进行正确的营销策略分析。

（五）案例描述

随着经济社会的发展与医疗水平的进步，很多疑难杂症都可以得到有效根治，但植物人复杂的发病机制导致现阶段仍然缺乏对其治疗的有效方法。目前，中国"植物人"群体基数庞大，但对患者的治疗尚未形成一个标准化的体系。医疗费用高、护理难度大成为现阶段植物人治疗的两大难题，医院、家庭与养老院三方各自存在的缺陷导致现阶段植物人群体难以得到有效的治疗与基本的关怀。

目前，"植物人"群体的护理服为传统护理服，在结构功能与面辅料舒适性上均有所欠缺，不利于患者的治疗与护理。从人文关怀的角度考虑，为了让"植物人"群体有尊严地活着，增加其康复的可能性，需提升患者护理服的功能性与舒适性，便于护理人员更好地进行护理工作（图9-1）。

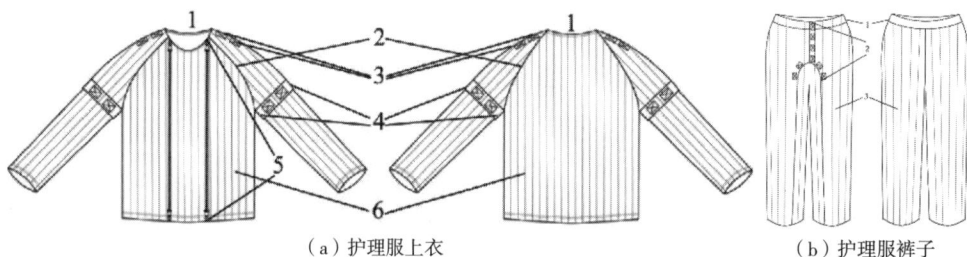

（a）护理服上衣　　　　　　　　　　　　　　（b）护理服裤子

图9-1　"植物人"护理服设计

目前，国内外在护理服或病号服可拆卸设计方面的研究多数是针对某种疾病或环境，覆盖并不全面，针对"植物人"群体的可拆卸服装尚存在研究空白。程锦珍等运用部件间拆卸组合的方法，对病号服的袖子与裤腿两处进行可系合纵向开口处理，提升了穿脱便利性；王淑华等运用部件间拆卸组合的方法，对手臂骨折病人的护理服增加挂吊设计，提升了着装舒适性；GRASSICK B等运用部件间拆卸组合的方法，将门襟拼接转移至侧缝处，提升生理障碍患者的穿脱便利性。

（六）案例分析

1.服装品牌中人文关怀的概念

人文关怀，顾名思义就是强调对人真切的关注。具体来说，人文关怀充分尊重人的人格、尊严、思想和情感；关心贴近人的精神层面的问题，肯定人的价值和主体性；关怀个体的自我实现与自由，追求人性的完善。人文关怀的核心是尊重人、关怀人、强调人的价值，主张以人为本。

服装品牌中的人文关怀除了满足消费者的产品需求，把更多的关注点放在满足人们精神需求这一层面。如今，大多数消费者在获得品牌的商品信息之后，更多的是希望从品牌中体会到文化、精神、道德和情感层面对消费者的关怀和精神情感需要。总之，服装品牌的人文关怀要体现出对消费者产品需求和精神情感需求的双重满足。

另外，服装品牌中的人文关怀不仅关注个人，而且对社会赋予极大的尊重。服装品牌的人文关怀，所关注的不仅是社会中的某个人或者是某一群人，而是关注人们所处的社会以及人们普遍接受的文化。也就是说，它不仅是对消费者个体的关怀，同时也要充分考虑到整个社会和文化的发展，这本身也体现出了服装品牌对消费者以及品牌自身的长远关怀。

2. 对特定人群的特殊关怀

人文关怀所传达的信息本身是根据范围更广的大众需求，但随着人性化社会的发展与文明社会的进步，人文关怀逐渐开始关注社会弱势群体的需求，对孕妇、老人、肢体残障者等弱势群体的关怀逐渐被重视。每个人都有享受生活的权利，都有对生活品质的追求，特殊群体在社会中受到的特殊关照是人文关怀最高表现。

3. 人文关怀视角下的功能性老年服装

随着人口老龄化趋势的日益严峻，全球许多国家已经进入老龄化社会。与其他国家的老年人口相比，中国已经成为全球老年人口最多的国家，也是老龄化人口增速最快的国家之一。面对老龄化人口比例的持续增长，老年人的医疗保健、人文关怀和日常护理等问题日益凸显，给社会经济的可持续发展带来了巨大压力。

在此背景下，为了保障老年人的身心健康，提高老年人的生活积极性，研究者不断开发出各类功能性老年产品，如智能手表、心率监测老年服装、防走失老年服装、防摔倒智能裤等，有效地解决了老年人生活中遇到的各种困难。

功能性老年服装需要遵循舒适性、审美性、趣味性、安全性、智能化、经济性、特殊性、可持续性等设计要素。功能性老年服装设计需要满足以下几点要求：服装结构设计符合人体工程学，有利于人体的生理健康；服装款式与普通服装一致，不影响人体的正常活动，穿戴轻松便捷，且洗涤方便；在保障人身安全的前提下，选择实现功能化的面料或电子装置；服装生产工艺及成本控制要合理；制作服装的材料和工序要达到环保标准。

4. 人文关怀视角下的孕妇服装

当今社会的工作和生活节奏，对刚生育的女性来说，不仅要面对来自工作和家庭的压力，还要兼顾孩子的哺乳问题，而越来越多的科学证实母乳喂养的益处远高于奶粉，因而无形中也在增加着女性的负担。为方便职场妈妈在工作中能够及时吸取和保存母乳，市面上的吸奶器层出不穷。传统吸奶器存在很多弊端，如噪声大、不适感，最关键的是对于隐私的保护不够。所以一款名为Willow的智能母乳吸奶器诞生，它是一款智能穿戴式吸奶器，实现了智能化创新，除了能够安静舒适地吸取和保存母乳外，也最大限度地解决了吸奶时带来的尴尬问题（图9-2）。

图9-2　Willow智能母乳吸奶器

5. 人文关怀视角下肢体残障者需求的无障碍服装

在近20年的时间里，国内外学者和商业机构陆续开展了无障碍服装设计、心理研究、面料评价、服装结构研究以及无障碍服饰的商业化等工作。M.Dolores Quinn归纳了从服装审美角度设计肢体残障者服装的基本原理，但他们却缺乏对残障人群着装心理的调查研究以及功能性的需求设计。学者吴雪蒙对80名肢体障碍者进行了走访和问卷调研，提出适合肢体障碍者穿着服装需要考虑的六个方面，包括肢体障碍形式、开襟方向、独立穿脱性、宽松度、可否单手操作、面料舒适性。孙军男等学者对肢体残障人士进行了调查，发现肢体残疾受访者的受教育程度高且群体呈现年轻化，他们对服装的个性化需求很明确，且88%的人很难买到适合自身需求的服装。

作为无障碍服装之一的轮椅快穿裤，是一条增加了助力装置的侧面开合裤子。助力装置利用裤后片腰带的弹力，将腰带与轮椅扶手结合起来，可辅助提起后片，降低了穿脱裤子的难度，减少了穿脱时间。轮椅快穿裤的结构是将普通裤子的前门襟拉链改到大腿两侧，同时在裆底位置增加横向拉链，以增加在轮椅上更换卫生用品的空间，且便于裆部透气。其口袋方向及形状适合坐姿状态下使用。材料方面，选择了有弹性的面料，外层能够防风防水，内层可以防尿液渗出。拉链头为环状，以便于操作（图9-3）。

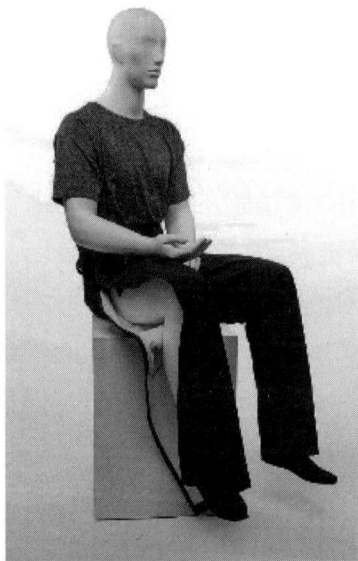

图9-3　轮椅快穿裤设计

（七）案例思考

在注重以产品和顾客为中心理念的同时，服装品牌发展势必要重视人文关怀。在实践的过程中，以一种人文的视角来关注它所对应的消费者，是品牌在新时代的竞争中所要具备的新的战略。品牌关注消费者内心的真实情感，关注自然环境的平衡，并且具有强烈的社会责任意识，这些具有人文关怀的举动会使自身赢得更多的消费者。这样的发展过程，赋予了品牌灵魂，它能够与消费者不断地形成新的互动与交流，从而不断地进行反馈和调整，有效地延长了品牌的生命力。品牌拥有比较持久的生命力，便会不断地积累自身的价值，使品牌的价值观与文化得以广泛传播，以至于深刻地烙印在消费者的心里。

三、在"服装行业的社会责任"中论社会责任与纺织服装行业可持续发展

（一）消费心理学内容

服装商业伦理——服装行业的社会责任。

（二）案例目标

1. 知识目标

了解和掌握服装消费心理学的基本内容和研究方法；理解消费者的心理特征及行为规律；了解服装行业的社会责任与可持续发展。

2. 能力目标

培养学生对服装消费者心理及行为的分析能力；培养学生对服装消费案例的专业分析能力；培养学生对不同类型消费者和商品制订合理的营销策略的能力。

3. 素质目标

培养学生运用科学的价值观和方法论分析和处理问题的能力；提升职业素养，培养专业人才责任担当与可持续发展理念。

（三）案例知识点

（1）社会责任的概念与内涵。

（2）可持续发展的概念。

（3）服装行业的社会责任与可持续发展理念。

（4）服装行业社会责任感的培养。

（四）重点与难点

1. 重点

结合案例理解服装行业的社会责任与可持续发展。

处理方法：通过案例设计、案例描述、案例分析、案例思考等环节的设计，创造情境深入理解案例，分析服装行业的社会责任与可持续发展理念对于行业发展的重要作用。

2.难点

运用思政内容分析我国服装行业如何增强社会责任感，对可持续发展战略进行研究，以科学的价值观和方法论进行理论学习和实践应用。

处理方法：深入挖掘案例问题根源，以思政指导思想帮助学生树立科学的价值观和方法论，进行正确的营销策略分析。

（五）案例描述

2021年7月20日，河南遭遇罕见持续性强降雨，郑州、新乡等多地受灾严重。"一方有难、八方支援"，河南水灾迅速引起了全国关注，众多企业、明星及民众纷纷捐款捐物，如运动品牌鸿星尔克。7月21日，鸿星尔克在微博宣布向河南捐赠5000万元物资引起网友热议。鸿星尔克并不算是一线品牌，却在营收并不突出的情况下捐助这样一笔巨款，充分彰显了鸿星尔克的社会责任感，也因此迅速引爆了网络舆论。

（六）案例分析

1.服装企业社会责任感的体现

鸿星尔克在河南灾情中的表现之所以能够引起网友的广泛关注，原因是这些年来该企业一直在亏损，但是每逢国家有难，鸿星尔克的捐赠额度却不菲，彰显了企业的责任担当。

一个企业不应该仅仅以营利为目的，还应该服务社会、回报社会。鸿星尔克多年来助力社会发展，充分证明了企业将社会责任融于发展之中也必然会受到社会消费群体的尊重与支持。

2.服装行业践行可持续发展理念

全球范围内消费者每年购买超过800亿件新衣服，随着经济的发展，人们对于服装消费的品质也越来越重视，时装的生产在过去15年里增加了1倍多。在美国，平均每个人每五天半就会买一件新衣服，按照目前的轨迹预测，到2050年，时尚产业将使用全球25%的碳预算。

一些快时尚品牌几乎每周都有新品。基于快时尚的特点，每一种产品的销售时间都不会太长，但由于快时尚品牌的特点加速了服装消费频率，从而导致了过度消费。在智利广袤的阿塔卡马沙漠，汇集着来自全球各地的废弃衣服垃圾。每年数以万吨的快销品牌服装被丢弃在这里，造成了巨大的能源、水资源、制造原材料的浪费。这些衣物释放的有毒物质丝毫不亚于塑料制品，而造成这种人为污染的主要原因之一就是消费主义理念的盛行（图9-4）。

图9-4　废弃衣物垃圾

　　人们对于可持续发展的理念越来越重视，许多企业也为可持续发展制订了目标。积极减少塑料使用量、致力于改善环境，一方面是企业社会环境责任实践的重要内容，另一方面也有利于企业明确发展方向，提升绿色竞争力，获得更多的发展机会。行业内知名服装品牌企业，如李宁、安踏等已发布企业的可持续发展报告，向公众展示企业在可持续发展领域的目标、举措和成效。这些服装品牌企业致力于推动绿色材料在服装生产材料的选择与广泛使用，更加注重可持续原材料的利用，开发环保材料与可回收材料为原料的产品，此外也极力节约能源，减少水资源消耗，对染整等过程所使用的化学品也进行了严加控制，使可持续理念得到了有效贯彻落实。

　　3.企业社会责任与可持续发展激发的服装消费热潮

　　（1）从社会责任方面来看。自鸿星尔克因捐款进入大众视野以来，极大程度地引起了消费者的共情，引发了"野性消费"的热潮。众多消费者纷纷购买鸿星尔克的产品以表支持，涌进鸿星尔克直播间买空所有产品。鸿星尔克的抖音账号在短时间内涨粉千万，多个线上销售平台在两日内均出现了断货现象，直播销售总额达2.06亿元，仅在两日内销售额就已超过了2021年上半年的总额；线下门店也在短时间内客流暴增，广大消费者都不遗余力地彰显对鸿星尔克的支持。

　　（2）从消费意识来看。科学技术发展的同时也带来了环境污染的难题，现如今人们对生活质量和生态环境的关注逐渐加强，越来越认可绿色消费、可持续消费的理念。服装行业的可持续发展目标必然是未来的发展趋势，可持续发展对标绿色健康这一话题，也备受消费者的认同。因此，各大品牌基于可持续发展所推出的绿色服装也备受消费者的支持，在进行决策时消费者往往愿意购买对人体、环境无害的环保服装。

4.消费心理研究

消费者对鸿星尔克扫荡式的消费被网友称为野性消费，野性消费与冲动性消费、报复性消费有本质上的不同。野性消费所表现的是消费者对于企业价值的认同，是因爱国情怀而产生的情感共鸣。正是鸿星尔克低调、不刻意营销的价值观念，让其赢得了消费者的认可与回馈。这种消费行为虽然具有盲目性，但是基于消费者满足情感需求的心理，承载了爱国情绪与文化认同，同时也增加了消费者对于品牌的认可度与忠诚度。野性消费建构在理性价值的基础之上，是爱国情怀、公益事业、正能量价值观等的承载与群体展现方式，它将演化成一种长期的消费趋势，而非一时的短期热点现象，也可能是中国文化背景下特有的消费潮流。

随着时代的发展，消费者对购物的态度逐步偏向环保化、可持续化。服装企业对于可持续发展上的贯彻程度会影响消费者对企业的认可度。提高消费者的认可度，其本质上也使消费者做出价值观上的认同，从而影响消费行为。因此，服装企业树立可持续发展意识，通过研发新产品加强对可持续发展的践行，有效促进消费者的购买意愿，满足消费者心理需求。

（七）案例思考

服装行业积极响应可持续发展目标，制订和实施相关计划可以在一定程度上减轻环境资源负担，这同样是企业行使社会责任的体现。一个有社会责任感的企业更容易令消费者动容，主动承担相应的社会责任对品牌形象的塑造以及企业的发展是十分有利的，但同时，企业也应当注意，正向价值观的塑造是长期积累、不带有功利心态的，始终致力于做更有价值的产品，传播正能量的价值观，才能获得长远发展，否则会引起消费者的反感，反而影响品牌价值。

四、在"服装企业的价值取向"中论服装公司的环保战略

（一）消费心理学内容

服装商业伦理——服装企业的价值取向。

（二）案例目标

1.知识目标

了解和掌握服装消费心理学的基本内容和研究方法；理解消费者的心理特征及行为规律；了解服装企业的价值取向对服装企业发展的作用。

2.能力目标

培养学生对服装消费者心理及行为的分析能力；培养学生对服装消费案例的专业分析能力；培养学生正确的职业价值观。

3.素质目标

培养学生运用科学的价值观和方法论分析和处理问题的能力；注重社会主义核心价值观的指导作用，提升职业素养，培养专业人才环境保护意识。

（三）案例知识点

（1）绿色消费的概念。

（2）产品生命周期可持续环保管理。

（3）服装绿色消费心理需求。

（4）纺织服装业绿色发展战略。

（四）重点与难点

1.重点

结合服装公司的环保战略了解绿色消费理念对服装企业的影响。

处理方法：通过案例设计、案例描述、案例分析、案例思考等环节的设计，创造情境深入理解案例，分析产品生命周期可持续环保管理。

2.难点

对服装环保战略进行研究，以科学的价值观和方法论进行理论学习和实践应用。

处理方法：深入挖掘案例问题根源，以思政指导思想帮助学生树立科学的价值观和方法论，进行正确的服装环保战略分析。

（五）案例描述

全球报告倡议组织（GRI）提出了解决经济增长、社会包容和环境保护这三要素问题的框架，包括17个大目标和169个具体的实施策略。许多服装公司从多方面实施环保策略，实现绿色生产。

（1）可持续材料。用来制造产品的材料来自大自然，选择什么材料、如何利用这些材料、对环境有什么影响等都需要考虑。从长远来看，这不仅是一项商业任务，也是公司的使命，更能展示一个企业的价值观。在选择材料时，公司要考虑诸如水的使用、土地利用、动物保护、化学利用与人类健康。常用的纤维和材料包括棉花、粘胶、涤纶、羊毛和皮革。利用回收材料作为减少浪费和排放的策略，使用《回收声明标准》（RCS），以确保回收材料确实是可使用的。RCS可以从一件成衣中确认回收材料的存在以及数量。

（2）可持续生产。在整个供应链中尽可能地减少废物排放，消除危险化学品，实施更有效的运输和仓储方式，延长服装使用周期，确保产品的安全和智能。通过促进清洁生产来对以上因素产生影响。精准测量、过程控制、资源管理和优化都可以使水、能量和化学物质消耗降到最低。公司以可持续服装联盟（SAC）的Higg指数为标准，同时还是危险化学品零排放组织（ZDHC）的成员，提倡使用更安全的化学品，强调精准、改进和透明度。

（3）可持续消费。衣物护理标签上提供可持续的信息，如衣物的洗涤、干燥和熨烫。减少洗涤温度降低整体能耗，可以减少对环境的影响。除此之外，将原产地标在每个服装标签上。所有非纺织品动物来源的成分，如皮革、角扣、羽毛和羽绒也在护理标签上注明。护理指南帮助消费者确保自己的衣服可以穿着很长一段时间。例如，解释如何正确护理丝绸或羊毛服装，并对护理符号进行解释。当产品生命结束时，积极推动循环经济，回收和再利用服装是一个延长纺织品使用寿命的可持续解决方案。大约95%的捐赠服装可以重复使用或回收利用。

（六）案例分析

1.绿色消费的概念

绿色消费是以生态保护为出发点，公众健康和环境保护为基本内涵，在消费中符合居民健康和绿色标准的行为与模式的总称。绿色消费的内容不仅包括产品方面的健康化，还包括有关材料的循环回收利用，以及能源和资源的有效利用、生态环境的保护等方面。绿色消费还要求我们在消费方面注意理性绿色化。对于"绿色"的内容，国际上通常与"生命、节能、环保"方面挂钩。纺织服装对于绿色消费理念有所不同，通常是指在环保意识和健康意识不断增强的背景下，为满足绿色理念和消费需求的双重目标，经济效益、消费需求和环境效益的统一，通过一系列环保工作来生产满足于大众消费的服装。

2.服装绿色消费心理需求

（1）绿色消费心理需求。基于人类及其子孙后代生存的需求，人们意识到需要节约资源、保护环境，于是产生了对具有环保属性的绿色产品的需求；绿色产品天然无害的品质可以满足人们对于人身安全、健康的需求；人有爱与被爱，获得归属感的需求，绿色消费作为环保行为的具体体现，消费者希望通过参与环保活动实现社会互动；人有希望获得稳定的社会地位，个人能力和成就获得社会认可的需求，绿色消费者希望通过实施环保行为，为环境保护有所贡献而获得他人尊重；人们有实现个人抱负与理想、发挥个人能力与价值的需要，绿色消费心理需求的最高层次是消费者希望通过绿色消费行为传递其环保价值观和绿色生活方式，以环保主义者的自我认知，实践其环境保护的理想。

（2）服装绿色消费心理需求。消费者期望所消费的绿色服装应当符合以下三方面要求。

①生产生态学，即生产上的环保；

②用户生态学，即在穿着和使用过程中对用户不带来任何毒害；

③处理生态学，指织物或服装使用后的处理全过程均环保化、健康化。另外，通过消费绿色服装产品获得心理上的满足，而这种满足源于对绿色产品的消费，从而体现出自身的环保意识或获得他人的认同。消费者眼中绿色产品被象征化、符号化，通过消费绿色产品传递自身环保信仰和价值观。

3.可持续发展战略对我国服装企业的启示

（1）产业与社会。纺织产业是国民经济的支柱产业、重要的民生产业、国际竞争优势明显的产业。这个产业对国民经济的支柱地位在相当长一段时间内不会改变。另外，纺织产业还是重要的民生产业，特别是在目前城镇化的过程中，纺织产业还肩负着吸纳大量的农民转移劳动力的任务。

（2）产业与消费。纺织服装业已经跨越了制造产品的层面，生产出来的产品很大部分是面对最终消费者，肩负着改善消费者生活，甚至是引领生活方式的责任。对于目前面临的生态环境方面的新挑战，纺织服装业的生态文明建设有以下三个方向。

①要建立一个机制，在国家层面，有相关环境保护政策的出台及相关标准的提升，在行业层面，要加紧构建技术协同创新机制，建立相关的人才培养机制；

②环保生态技术和产品的产生，要针对环保生态、环境保护等相关的技术研发，推出一些新的环保型产品和绿色产品；

③循环经济，既包括负责任地生产，又包括负责任地消费，要使资源得到有效利用，实现资源利用最大化。

（3）产业与生态。目前，环境保护已经上升至我国国家战略层面，与之相关的行业标准在逐步提升，相关的政策逐渐对产业形成越来越大的压力。如果产业忽视对生态的保护，没有改善好同生态的关系，那么可持续发展将无从谈起。

4.纺织服装业的绿色发展战略

（1）推进纺织业"绿色"技术和绿色供应链发展。在生产过程中，企业应把采用绿色生产设备和技术放在首位。在利用清洁能源的同时，还需要注意定时更换节能设备。在生产过程中严格控制污染物的排放，采用产品回收技术和废水反渗透水处理工艺，尽可能地对不可再生能源的利用达到最大化。企业为达到绿色发展水平，应制订相应的绿色生产计划，保证纺织服装生产的顺利发展和能够最大限度地实现土地集约利用，以及原料无害化、清洁生产、废弃物循环利用和低碳能源的实现，从而达到可持续发展的战略。

（2）通过移动社交新消费引擎方式刺激消费者对"绿色"服装的消费。发现和引导用户的消费，不仅可以通过移动社交网络平台来实现，还可以利用社交平台来共享信息，进一步促进消费者的需求，形成裂变式的网络传播，提升产品美誉度。并且加强熟人的"体验式消费"和用户之间的沟通，可以更好地将产品推向消费者，并且利用消费者对产品进行免费的代言，进而增加用户的消费信心，进一步取得消费者的信任，不断提升购买频率和增强用户黏性，使品牌与客户的沟通更加细腻，从而建立起一种类似于社会"朋友"的亲密关系，更好地满足消费者的定制化需求。

（3）智能制造、赋能产业升级为纺织服装绿色消费提供道路。服装行业智能制造对于数字化、网络化的升级改造同样重要。作为服装行业的重要环节，加强人工智能技术的应用已经迫在眉睫，具体可体现在互联网、云技术、物联网等方面。而对于智能机器人在产销的环节来说，可以显著提高缝制设备的自动化和智能化水平。加强消费者与科技的互动，对于我们辅助创意、设计和产品开发具有重要作用，进而让消费者获得更加立体的购物体验。

（七）案例思考

虽然许多服装制造企业已经意识到了绿色环保技术的发展情况，但是由于种种原因，导致服装制造企业并不愿意采用绿色环保技术进行服装成品的制造工作。这可能是绿色环保技术研发的瓶颈问题，也可能是因为绿色环保技术的使用成本问题，致使一部分服装制造企业面对绿色环保技术一直处于观望状态。然而还有一部分服装制造企业根本没有意识到绿色环保技术的实际应用效果，一直都采用原有的高能耗、高消耗、高成本、低效率和低质量的服装制造技术。

探索绿色环保服装制造技术的具体研发与推广过程，也是服装产业可持续发展的重要途径。在绿色环保服装制造技术研发的过程中，要注意技术研发资金方面的投入，可以将服装制造企业的一部分经营与发展资金投入服装技术的研发工作之中。在保证绿色环保服装制造技术研发效率的同时，提高绿色环保服装制造技术的研发速度。并且在服装产业内形成绿色环保服装制造技术方面的流通与交流体系，进一步促进服装产业之间的技术交流与合作。

第四节　实践目标

通过本章的学习，引导学生勇于担当、有所作为，了解改革开放以来市场经济的发展历史、成功案例和基本经验，让初心薪火相传，聚焦落实立德树人根本任务，推动学校各项事业改革发展，助力学校高质量发展奋勇争先、走在前列。

在学习中，要明确企业要理解社会责任与伦理的目的；降低企业犯伦理错误的可能性；树立企业形象。重点讲明原因，从微观和宏观上分析企业不讲伦理的利害关系，消费者在消费服务和产品的过程中不仅能享受到服务和产品本身得到满足，还要从其他方面（如研发、制作过程、销售等方面）得到满足，即从生活当中消费的某一个产品而得到的快乐属于伦理消费。使学生理解伦理消费的内涵和重要性，增强社会责任感，树立正确的消费观。

工业革命既是创造财富、提高幸福的过程，也是破坏的过程，主要表现为耕地减少、森林破坏、淡水短缺、水质污染、空气恶化、能源危机、健康问题等。虽然有《中华人民共和国环境保护法》的规定，但人们的环保意识仍有所欠缺。《中华人民共和国民法总则》将环境保护原则单独作为一项民法原则来规定，其中第九条："民事主体从事民事活动，应当有利于节约资源、保护生态环境。"通过教学使学生时刻牢记绿色发展与生态安全是职业的使命。

思考题

1. 分析皮毛服装消费心理与行为。
2. 阐述人文关怀的概念及相应的服装品牌建设要素。
3. 阐述服装行业行使社会责任的要素。
4. 说明服装产业可持续发展策略。

扫码可见
思考题答案

参考文献

[1] 戴冰. 青年思想政治工作学引论[M]. 上海：上海交通大学出版社，2018.

[2] 王玉环，张敦松，高元恒. 思想政治与道德修养(上)[M]. 济南：山东科学技术出版社，2016.

[3] 郭艳文，李海军. 思想政治素质教育导论[M]. 长春：吉林科学技术出版社，2006.

[4] 王易. 传统文化与思想政治教育[M]. 北京：中国人民大学出版社，2018.

[5] 徐洪军，崔岩，阚莹莹. 高校思想政治教育前沿问题研究[M]. 哈尔滨：黑龙江大学出版社，2014.

[6] 王玉环，张敦松，高元恒. 思想政治与道德修养(下)[M]. 济南：山东科学技术出版社，2016.

[7] 毛文璐. 高校思想政治教育与当代大学生政治社会化研究[M]. 长春：吉林人民出版社，2016.

[8] 冯刚，彭庆红，佘双好，等. 高校思想政治教育学原理[M]. 北京：人民出版社，2021.

[9] 刘松涛，龚秀勇. 思想政治理论课阅读文献精选与导读[M]. 2版. 成都：电子科技大学出版社，2012.

[10] 中国服装协会. 2020—2021中国服装行业发展报告[M]. 北京：中国纺织出版社有限公司，2021.

[11] 中国纺织工业联合会. 2020—2021中国纺织工业发展报告[M]. 北京：中国纺织出版社有限公司，2021.

[12] 杨承训，王立胜. 中国特色社会主义政治经济学新飞跃[M]. 济南：济南出版社，2019.

[13] 贺永泉，李君才. 社会主义核心价值观概论[M]. 兰州：甘肃人民出版社，2018.

[14] 朱庆磊，弘扬社会主义核心价值观积极传播真善美传递正能量[J/OL]. 思想政治教育，2022 [2022-08-16].

[15] 张帆，刘浩. 市场营销中的晕轮效应分析[J]. 商业研究，2004 (20)：13-15.

[16] 熊晓娟. 网络狂欢节对消费者冲动消费的影响研究[D]. 开封：河南大学，2016.

[17] 沈超红，程飞，尉春霞. 锚定效应与消费者购买意愿关系研究[J]. 消费经济，2016，32(2)：57–63.

[18] 周业程. 从行为经济学视角看盲盒经济之谜[J]. 国际商务财会，2021(16)：88–90.

[19] 王晟添. 买家秀——广告的"二次传播"[J]. 新闻知识，2015(12)：85–87.

[20] 赵平，吕逸华，蒋玉秋. 服装心理学概论[M]. 北京：中国纺织出版社，2004.

[21] 侯鹏飞. 李宁品牌年轻化策略研究[D]. 哈尔滨：黑龙江大学，2021.

[22] 许子威. 消费认同视角下我国民族品牌回归现象分析[D]. 兰州：兰州大学，2020.

[23] 杜庆华. 一些青年热衷符号消费为哪般[J]. 人民论坛，2020(17)：102–103.

[24] 刘林涛. 文化自信的概念、本质特征及其当代价值[J]. 思想教育研究，2016，(4)：21–24.

[25] 王兴. 文化自觉视域下"国潮"品牌崛起的传播战略[D]. 西安：西北大学，2021.

[26] KEVIN L K. Conceptualization, Measuring, and Managing Customer-Based Brand Equity[J]. Journal of Marketing，1993，57(1)：1–22.

[27] AKER J L. Dimensions of Brand Personality[J]. Journal of Marketing Research，1997，34(3)：347–356.

[28] 谢锐. 试析品牌建设的人格化问题[J]. 现代商业，2007(2)：32–33.

[29] SUSAN F. A Consumer-Brand Relationship Framework for Strategic Brand Management unpublished doctoral dissertation[D]. Gainesville: University of Florida，1994.

[30] 侍雅慧. 新媒体环境下品牌人格化的价值与塑造策略研究[D]. 杭州：浙江传媒学院，2018.

[31] 彭聃. 普通心理学[M]. 北京：北京师范大学出版社，2004.

[32] 罗纪宁. 市场细分与消费者气质研究[J]. 商场现代化，2005(17)：43–44.

[33] MANN S. Wearable computing：toward humanistic intelligence[J]. IEEE Intelligent Systems，2001，16 (3)：10–15.

[34] LIU Y，SUN S. Smart sport underwear design[C]. Computer-aided Industrial Design and Conceptual Design，2006：1–3.

[35] 吴茂林. 2016年智能可穿戴式设备的那些事儿[J]. 通信世界，2016 (1)：60–61.

[36] MASLOW A H. A theory of human motivation[J]. Psychological Review，1943，50(4)：370–396.

[37] 王裕，邓咏梅，杨小渝. 乳腺监测智能内衣的研究现状与发展趋势[J]. 针织工业，2018(5)：62–65.

[38] 季婷婷，丛杉. 智能健康监测服装的研究现状与发展趋势[J]. 针织工业，2021(3)：82–85.

[39] 王朝晖，程宁波. 智能服装的应用现状及发展方向[J]. 服装学报，2021，6(5)：451–456.

[40] 吴洪清. 影响中国母婴纺织品装购买决策的因素分析[D]. 上海：上海交通大学，2018.

[41] 史清源，杨峥，杜军. 关于纺织服装产品质量安全风险监测的思考[J]. 纺织报告，2021，40(6)：48–49.

[42] 时代. 亲子装产品设计研究[D]. 北京：北京服装学院，2016.

[43] 刘宝垚. 基于情感化设计的亲子装研究[J]. 花炮科技与市场，2020(1)：243–245.

[44] 邹佳薇. 基于情感体验的互动型情侣装设计与应用研究[D]. 大连：大连工业大学，2019.

[45] 朱丹彤. 侏儒症患者的服装服饰材料设计研究[J]. 艺术教育，2021(8)：237–240.

[46] 崔行健. 我国肢体残障人士功能型服装需求市场调查[J]. 现代商贸工业，2015，36(8)：68–69.

[47] 阎珺. 当代中国定制服装设计价值研究[D]. 杭州：中国美术学院，2018.

[48] MASLOW A H. Motivation and personality[M]. New York: Harper&Row，1970.

[49] 董亚辉. 消费者在线定制购买意愿的影响研究[J]. 电子商务，2020(7)：47–49.

[50] 孙慧. 基于消费心理的包装设计性别差异化表现策略[J]. 包装工程，2012，33(6)：96–99.

[51] 肖洞松. 消费心理学[M]. 北京：电气工业出版社，2017.

[52] 林琦琪. 江浙沪地区青少年服装消费心理与消费行为研究[D]. 无锡：江南大学，2008.

[53] 鲜维葭. 不同年龄阶段女性服饰心理特点分析[J]. 攀枝花学院学报，2009，26(5)：93–97.

[54] 李艳梅，王伟. 老年防跌伤材料应用及防护服装发展趋势[J]. 服装学报，2021，6(3)：189–195.

[55] 方东根. 面向婴儿睡眠监护的安全性服装研究与开发[D]. 无锡：江南大学，2015.

[56] 陈一迎. 面向弱势群体需求的产品人性化设计研究[D]. 济南：齐鲁工业大学，2017.

[57] 李璇娇. 现代儿童服装安全性设计探究[D]. 沈阳：沈阳师范大学，2017.

[58] 姚林青．"国潮"热何以形成[J]．人民论坛，2019(35)：132–134.

[59] 赵廷斌．民国时期社会风俗的变迁——以"旗袍"为例[J]．大理大学学报，2022，7(1)：70–75.

[60] 周文杰．论21世纪我国服装流行民主化的变革[J]．东华大学学报(社会科学版)，2004(3)：37–40.

[61] 潘鑫．嘻哈文化下的流行服饰研究[D]．青岛：青岛大学，2019.

[62] 王泽蕊．传统文化继承与现代文化消费心理演变的关联性[J]．文化学刊，2019(3)：147–150.

[63] 孙青青．服装色彩偏好研究评述[J]．纺织科技进展，2011(6)：83–86.

[64] 甘丽桦．浅析消费习俗对消费者心理与行为的影响及营销对策[J]．市场论坛，2014(8)：62–63.

[65] 黄冉．现代制造环境下新产品开发团队的知识集成以及个体认知差异对其影响研究[D]．重庆：重庆大学，2011.

[66] 周江．面向新产品开发的市场调查理论及应用研究[D]．重庆：重庆大学，2004.

[67] 刘泽才．歌力思服饰公司品牌并购的动因与绩效研究[D]．上海：东华大学，2019.

[68] 赵娜，孙虹．品牌文化在歌力思品牌中的应用研究[J]．现代装饰（理论），2015(3)：222–225.

[69] 陈悦，范周．破洞牛仔裤的文化解读[J]．美与时代（上旬刊），2017(7)：109–111.

[70] 安妮，郑祯，邱春婷．浅谈服装产品的包装设计[J]．纺织科技进展，2009(6)：84–86.

[71] 蒋诗萍．品牌命名三原则：寻找命名失败的原因[J]．贵州社会科学，2012(11)：124–127.

[72] 刘鑫．管理经济学视角下天猫"双十一"现象分析[J]．价值工程，2021，40(22)：47–50.

[73] 杨燕．对服装与服饰设计中存在盗版和山寨现象的探讨[J]．科技视界，2013，(19)：110.

[74] 李红红．基于消费心理的国际贸易经济领域商品标识翻译分析[J]．大众标准化，2020(15)：67–68.

[75] 汪淼．退货政策对服装消费者网购行为的影响研究[D]．上海：上海工程技术大学，2017.

[76] 马歇尔．经济学原理(上册)[M]．朱志泰，译．北京：商务印书馆，1981.

[77] 李维. 零售业发展新零售模式研究[D]. 石家庄：河北经贸大学，2019.

[78] 李佳璇. 服装品牌艺术性橱窗对消费者进店决策的影响研究[D]. 大连：大连工业大学，2019.

[79] 孙智宏. 增强我国高校青年教师思想政治工作实效性研究[D]. 石家庄：河北师范大学，2021.

[80] 刘雪花. "互联网＋"背景下服装营销模式探析[J]. 轻纺工业与技术，2021，50(12)：90–92.

[81] 张琳菊. 服装POP广告传播效果研究[D]. 大连：大连理工大学，2013.

[82] 洪涛敏，李敏. 服装零售企业的核心竞争力分析[J]. 针织工业，2006(9)：65–67.

[83] John C.Mowen. 消费者行为学 [M]. 黄格非，等译. 北京：清华大学出版社，2003.

[84] 苗莉，王文革. 服装心理学 [M]. 2版. 北京：中国纺织出版社，2000.

[85] 郝彩，邱笑笑，王晓蓬，等. 纺织服装行业可持续发展的量化与评价[J]. 染整技术，2021，43(7)：1–5.

[86] 陈可，李晓楠，朱凤. 消费心理学[M]. 北京：北京理工大学出版社，2016.

[87] 邹巍，刘步平，张静. 消费心理学[M]. 成都：电子科技大学出版社，2020.

[88] 魏山森，梁建芳. 基于人文关怀的可拆卸式植物人护理服改进设计[J]. 服装学报，2021，6(3)：203–207.

[89] 陈宇刚，闫晓梅. 人文关怀视角下功能性老年服装设计特点分析[J]. 黑龙江纺织，2020(3)：16–18.

[90] 李丹. 基于人文关怀视角下的医疗可视化设计研究[D]. 北京：北京服装学院，2020.

[91] 王琪. 无障碍服装设计模型研究与应用[J]. 艺术设计研究，2020(3)：37–40.

[92] 汪瑾. 售行业服装导购胜任力模型的研究[D]. 上海：东华大学，2017.

[93] 张天舒. 中国文化背景下消费者价值观对绿色消费意愿影响机制研究[D]. 吉林大学，2017.

[94] BIE Y. Consumer Psychology Analysis of Sinking Users Based on E-Commerce Platform－Taking Pinduoduo as an Example[C]. 2020 International Conference on E-Commerce and Internet Technology (ECIT)，2020：28–31.

[95] DEMIREL H. The Influence of personality traits and psychological characteristics of Individuals on their clothing purchase behaviors[J]. TEKSTIL VE KONFEKSIYON，2013，23(1)：67–76.

[96] CHUN Z. Dynamic Clustering Collaborative Modeling of Visual Communication Design

in the New Converged Media Era[C]. 2022 4th International Conference on Smart Systems and Inventive Technology (ICSSIT), 2022: 464–467.

[97] 孙方姣，杨琴. 高校大学生服饰品消费行为分析与心理教育探究[J]. 服饰导刊，2020，9(6)：75–79.

[98] 卢砚. 电商预售消费者权益保护法律问题探究[D]. 天津：天津大学，2018.

[99] 刘永贵. 公平竞争战略对纺织企业绩效影响的研究[D]. 上海：东华大学，2012.

[100] 黄梓桢. 公平贸易的企业社会责任效应研究[D]. 南昌：江西财经大学，2010.

[101] 李万军. 全球公平贸易运行机制与发展潜力研究[D]. 武汉：华中农业大学，2011.

[102] 刘道云，李建晨. 新型电子商务不正当销售行为及其规制完善[J]. 中国市场监管研究，2021(1)：58–62.

[103] 李泽，刘雅玲. 常见服装质量问题的改善建议[J]. 天津纺织科技，2020(1)：42–46.

[104] 刘慧. 对服装产品质量问题投诉的分析探讨[J]. 中国纤检，2019(5)：40–42.

[105] 徐昊. 论大数据背景下算法价格歧视的法律规制——以消费者权益保护为视角[J]. 江苏工程职业技术学院学报，2021，21(3)：109–112.

[106] 蔡树堂，白广琦，高程. 应急背景下制造企业成功转产的决定因素研究——基于企业能力理论的视角[J]. 创新科技，2022，22(1)：80–92.

[107] 吴烨. 纺织品服装的跨境电商发展策略探究[J]. 山东纺织经济，2020(6)：41–43.

[108] 丁聆天，唐韵清，丁昕，等. 服装出口企业跨境电商贸易面临的问题与转型策略[J]. 纺织报告，2020(1)：54–56.

附录

课程思政案例教学效果分析

附录1 各章节思政案例设计方法与目的

1.结合教学案例,分析正确与错误消费观,树立正确价值观,坚持理性消费。

2.结合心理学概念和案例,分析不同气质消费者服装消费行为,制订科学的营销策略。

3.以小组为单位搜集整理案例相关资料,以报告的方式对满足服装消费者动机与需要的策略深入研究,理解服装行业以人为本,科学发展的重要性。

4.通过不同消费群体案例故事讲解,加深掌握其消费心理和行为差异,了解智慧沟通、平等原则及人文关怀对群体间互动及营销方面的重要性。

5.通过对不同事件的讨论,了解社会文化对消费心理和行为的影响,理解文化创新传承的重要意义,培养爱国情怀,肩负中国服装文化内涵传播与发展的历史使命。

6.通过设置服装商品因素相关问题,结合案例寻找分析得出答案,了解商品因素对消费心理和行为的影响,理解改革精神、时代精神、创新精神、工匠精神在服装新产品设计开发中的重要意义,树立正确的审美观及诚信价值观。

7.通过市场调研及案例分析,了解营销因素对消费心理和行为的影响,理解公正法治的营销环境以及敬业、友善、和谐营销服务的重要性,立足新格局,优化服务推动行业高质量发展。

8.通过文献调查及阅读分析,了解服装商业中的伦理问题,理解可持续发展原则、责任担当、生态环境保护理念等对服装行业发展的重要意义,重视服务于国家的战略价值、服务于行业的共同价值、服务于员工的切身价值,树立正确的价值观和职业素养。

附录2 教学效果分析

以往教学中发现学生在案例分析方面比较生硬和表面,对知识的灵活运用能力有待提升。教师在教学中应注重讲授如何通过现象挖掘本质的方法,培养学生运用课程专业知识进行实战分析的能力。例如,对于国潮服装消费热潮的消费心理分析,可先由学生自主思考给出最初的答案,教师帮助学生在这些答案中提炼和补充所学专业知识，总结出最终的答案，在此过程中梳理研究思路，熟悉研究过程，锻炼研究方法，培养分析能力。

另外，由于学生学习水平差异，在案例教学中应考虑学生特点，教学方法适当差异化，因材施教。对个别学生的学习及作业完成过程进行重点监督管理。

案例设计中，更加细化各个课程目标的考核内容，突出作业对课程目标达成度的考核作用。并鼓励学生扩展作业内容，增加案例研究落地性。

思政内容与课程教学结合方面，注重案例反映的思政内涵分析，让思政不仅仅是作为一句口号出现在课程资料中，而是切实有佐证和指导的体现，在课程体系及培养目标中落实思政作用。

结合本教材中的案例教学设计方法和过程进行教学，增加学生对案例对应的课程教学内容的理解，使教师明确教学目标，加强能力和素质培养，并提升实践分析处理能力。